Helga Simchen

ADS. Unkonzentriert, verträumt, zu langsam und viele Fehler im Diktat

Diagnostik, Therapie und Hilfen für das hypoaktive Kind

9., aktualisierte Auflage

Verlag W. Kohlhammer

Zur Autorin:
Dr. med. Helga Simchen war zunächst Oberärztin der Kinderklinik und dann wissenschaftlich sowie klinisch in der Kinder- und Jugendpsychiatrie und Neurologie der Medizinischen Akademie Magdeburg tätig. Dort arbeitete sie in enger Kooperation mit dem Institut für Neurobiologie und Hirnforschung auf dem Gebiet der Aufmerksamkeits-, Lern- und Leistungs- sowie Verhaltensstörungen bei Kindern und Jugendlichen. In der ehemaligen DDR galt sie als Spezialistin für die Problematik der hyperaktiven Kinder. Schwerpunkte waren dabei die Früherfassung von Teilleistungsstörungen (z. B. Legasthenie), der Komorbiditäten des Hyperkinetischen Syndroms (HKS) sowie der Tic- und Tourette-Symptomatik. Im Vorstand der Gesellschaft für Rehabilitation war sie über viele Jahre als Arbeitsgruppenleiter tätig. Sie hielt Vorlesungen über Kinder- und Jugendpsychiatrie und Entwicklungsneurologie und hatte einen Lehrauftrag am Institut für Rehabilitationspädagogik. Ihr Arbeitsschwerpunkt waren die neurobiologischen und psychosozialen Ursachen der Aggressivität bei Kindern und Jugendlichen.

Dr. med. Helga Simchen hat eine abgeschlossene Ausbildung als Facharzt für Kinderheilkunde, Kinder- und Jugendpsychiatrie und Neurologie, Verhaltenstherapie und tiefenpsychologische Psychotherapie, Hypnose und Systemische Familientherapie. Der breite Fundus ihres Wissens und die täglichen Erfahrungen aus ihrer Spezialpraxis für ADS und Teilleistungsstörungen verleihen Frau Dr. Simchen eine besondere Befähigung, sich mit dem zukunftsweisenden Thema der Begleiterscheinungen und Folgeerkrankungen des ADS zu beschäftigen. Dabei behandelt sie nicht nur die betroffenen Kinder und Jugendlichen, sondern ebenso die mit dem ADS verknüpfte Problematik der Familie und des sozialen Umfeldes in deren Psychodynamik.

Dieses Werk einschließlich aller seiner Teile ist urheberrechtlich geschützt. Jede Verwendung außerhalb der engen Grenzen des Urheberrechts ist ohne Zustimmung des Verlags unzulässig und strafbar. Das gilt insbesondere für Vervielfältigungen, Übersetzungen, Mikroverfilmungen und für die Einspeicherung und Verarbeitung in elektronischen Systemen.

Die Wiedergabe von Warenbezeichnungen, Handelsnamen oder sonstigen Kennzeichen in diesem Buch berechtigt nicht zu der Annahme, dass diese von jedermann frei benutzt werden dürfen. Vielmehr kann es sich auch dann um eingetragene Warenzeichen oder sonstige gesetzlich geschützte Kennzeichen handeln, wenn sie nicht eigens als solche gekennzeichnet sind.

9., aktualisierte Auflage 2017

Alle Rechte vorbehalten
© W. Kohlhammer GmbH, Stuttgart
Gesamtherstellung: W. Kohlhammer GmbH, Stuttgart

Print:
ISBN 978-3-17-031216-6

E-Book-Formate:
pdf: ISBN 978-3-17-031217-3
epub: ISBN 978-3-17-031218-0
mobi: ISBN 978-3-17-031219-7

Für den Inhalt abgedruckter oder verlinkter Websites ist ausschließlich der jeweilige Betreiber verantwortlich. Die W. Kohlhammer GmbH hat keinen Einfluss auf die verknüpften Seiten und übernimmt hierfür keinerlei Haftung.

Inhalt

Vorwort zur 9. Auflage 9

Vorwort zur 4. Auflage 11

Vorwort 13

1 Das hypoaktive Kind – was ist das für ein Kind? 15

2 Das ADS ohne Hyperaktivität – Informationen auf einen Blick
  über Ursachen, Diagnose und Therapie 17
  Ursachen des ADS 18
  Diagnose des ADS 20
  Therapie des ADS 23

3 Beispiele aus der Praxis 29
  Sandra, 8 Jahre, Schulversagen bei Lese-Rechtschreibschwäche,
  Sprachprobleme und Regression 29
  Anna-Maria, 12 Jahre, Schulangst, Konzentrations- und
  Rechtschreibschwäche 31
  Manuel, 8 Jahre, Probleme in der Fein- und Grobmotorik, im
  Arbeitstempo und in der sozialen Reife 33
  Jennifer, 10 Jahre alt, Alpträume, Bauchschmerzen, beginnendes
  Stottern 35
  Torsten, 12 Jahre, depressive Verstimmungen,
  Rechtschreibschwäche 36
  Annette, 9 Jahre, Rechenschwäche 38
  Mandy, 11 Jahre, Einnässen, Kopf- und Bauchschmerzen,
  gelegentliches Stehlen 40
  Thomas, 7 Jahre, Lese-Rechtschreibschwäche 40
  Marc, 11 Jahre, besucht mit überdurchschnittlicher Intelligenz die
  Lernbehindertenschule 42
  Patrick, 9 Jahre, 3. Klasse, drohende Versetzung auf eine
  Lernbehindertenschule 44
  Maximilian, ein 18 jähriger Gymnasiast mit Rechenschwäche 45
  Diskussion der Beispiele 45

4	**Wie kann ich erkennen, ob mein Kind hypoaktiv ist?**	47
	Die wichtigsten Symptome eines hypoaktiven Kindes	47
	Die Symptomatik im Überblick	49
	Mütter schildern ihre Kinder	50
	Typische Zeugnisse von hypoaktiven Kindern	54
	ADS und Hochbegabung	55
5	**Neurobiologische Ursache des ADS**	57
6	**Die Diagnostik des hypoaktiven Kindes**	60
	Die Säulen der Diagnostik	60
	Was verstehen wir unter Lernstörungen?	61
	Psychopathologische Befunderhebung (wie leidet das Kind, wie auffällig ist es?)	63
	Entwicklungsdiagnostik	64
	Was heißt Fehlentwicklung?	74
	Gestörtes beidäugiges Sehen	77
	Das EEG und seine Besonderheiten beim ADS-Kind	78
	Die Diagnostik im Überblick	80
7	**ADS und Teilleistungsstörungen**	82
	Der Zusammenhang zwischen ADS, Lese-Rechtschreibschwäche und Rechenschwäche	82
	Die Vererbung des ADS	87
	ADS und Allergie	89
8	**Die Therapie des ADS bei Hypoaktivität**	90
	Aufklärung der Eltern	90
	Die Eltern als Co-Therapeuten	93
	Verhaltenstherapie	96
	Die medikamentöse Therapie	104
	Die Bedeutung von Entspannungsverfahren	111
	Therapie von Jugendlichen und Erwachsenen	112
	Familientherapie	115
	Gruppentherapie	116
	Warum bleibt die Behandlung eines hypoaktiven Kindes manchmal erfolglos und warum ist die Einnahme von Tabletten allein keine ausreichende Therapie?	117
9	**Trainingsprogramme**	119
	Training der Daueraufmerksamkeit und Konzentration	119
	Training der Grob- und Feinmotorik	121
	Training bei Wahrnehmungsstörungen	122
	Training schulischer Fertigkeiten – erfolgreich lernen trotz ADS	125

	Selbstwertgefühl und soziale Kompetenz verbessern – zwei wichtige Ziele jeder ADS-Therapie	139
	Soziales Kompetenztraining	141
10	**So kommt Ihr Kind voran**	**144**
	Allgemeine Hinweise	144
	Tipps im Umgang mit hypoaktiven Kindern	144
	Wie die Schule erfolgreich in die Behandlung mit einbezogen wird	146
11	**Was sind die Folgen einer unzureichenden oder fehlenden Behandlung von ADS mit Hypoaktivität?**	**149**
	Angststörungen	152
	Zwangsstörungen	153
	Impulshandlungen	153
	Selbstwertkrisen	155
	Depressionen	156
	Essstörungen	157
	Einnässen und Einkoten	157
12	**Therapiebegleitende Maßnahmen**	**159**

Ausblick ... **162**

Literatur für Eltern und Therapeuten ... **164**

Hilfreiche (Internet-)Adressen ... **166**

Mein Verhaltenstagebuch ... **168**
Eine Hilfe für Kinder und Jugendliche zum alltäglichen Umgang mit ADS mit Hyper- oder Hypoaktivität ... 168

Vorwort zur 9. Auflage

> ADS ist eine Persönlichkeitsvariante,
> die von Kindheit an die Entwicklung prägt:
> Zu deren Vorteil, wenn man frühzeitig aktiv gegensteuert,
> zu deren Nachteil, wenn man dem ADS hilflos und unverstanden ausgeliefert ist.

Noch immer werden Kinder und Jugendliche mit einem ADS ohne Hyperaktivität viel zu spät diagnostiziert und nicht intensiv und lange genug behandelt, denn sie fallen nicht durch störendes Verhalten auf, sondern sie haben vorrangig Probleme im Lernen und können ihre Interessen meist nicht sozial angepasst durchsetzen. Mit diesem Buch möchte ich den Betroffenen weit mehr als nur Ratschläge geben, denn diese erhielten sie bisher von allen Seiten genug. Das Besondere bei einem Aufmerksamkeitsdefizitsyndrom (ADS) mit und ohne Hyperaktivität ist, dass bei ausgeprägter Symptomatik Ratschläge und Vorsätze nur mit Hilfe individueller Lern- und Verhaltensstrategien erfolgreich umgesetzt werden können, was eine aktive und motivierte Mitarbeit in Form eines Selbstmanagements erfordert. Dafür möchte dieses Buch den Betroffenen, deren Eltern und Therapeuten eine konkrete Anleitung geben.

In den letzten Jahren hat sich sowohl in der Diagnostik, als auch in der Therapie des AD(H)S sehr viel zum Positiven verändert. Fortschritte in den bildgebenden Verfahren führten zu neuen neurobiologischen Erkenntnissen, die in Verbindung mit den Erfahrungen aus der Praxis, Diagnostik und Therapie des ADS mit und ohne Hyperaktivität wesentlich verbesserten. Nicht mehr die Behandlung einzelner Symptome steht jetzt im Vordergrund, sondern eine ursachenorientierte Therapie mit individuellen Lern- und/oder Verhaltens-strategien. Je besser die Betroffenen, deren Eltern, Therapeuten und Lehrer die Besonderheiten der ADS-Problematik verstehen, umso erfolgreicher kann die Behandlung auf Dauer sein, d.h. über ein gutes Selbstwertgefühl und über ein altersentsprechendes Sozialverhalten zu verfügen. Voraussetzung dafür ist eine Reduzierung der Reizüberflutung des Gehirns, die eine Folge der AD(H)S-typischen Stirnhirnunterfunktion ist. Sie beeinträchtigt die Ausbildung dichter Lernbahnen, als eine Grundlage für schnelle Kommunikation zwischen wichtigen Gehirnzentren, wie dem Arbeitsspeicher und dem Langzeitgedächtnis. Gleichzeitig besteht beim AD(H)S in den Nervenverbindungen verschiedener Hirnbereiche ein Mangel an Botenstoffen, die für die Weiterleitung von Informationen in den neuronalen Bahnen wichtig sind. Deshalb ist z. B. Gelerntes nicht schnell und korrekt genug wieder abrufbar, eine wichtige Ursache für die AD(H)S-bedingten Teilleistungsstörungen, wie Leserechtschreib- und Rechenschwäche. Unter der Behandlung des AD(H)S, verbunden mit intensivem, motiviertem, regelmäßigem und gezieltem Üben können sich dann feste Lernbahnen entwickeln, die das Lernen erleichtern, weil Denken und Handeln sich automatisieren können und sich dadurch auch Teilleistungsstörungen verbessern.

Diese Buch möchte vermitteln, wie man eine Therapie des ADS bei hypoaktiven Kindern erfolgreich gestalten kann, damit auch diese Kinder über ihr altersentsprechendes Lernpotential verfügen können und dieses nicht durch Resignation verloren geht. Nur eine Integration dieser Kinder in eine altersgerechte Gruppe kann verhindern, dass ihre angeborenen Fähigkeiten verkümmern. Es gilt, ihre individuellen Fähigkeiten zu erkennen und durch gezieltes Fordern und Fördern weiter zu entwickeln, um von ihnen profitieren zu können.

Dezember 2016 *Helga Simchen*

Vorwort zur 4. Auflage

Seit 24 Monaten ist dieses Werk auf dem Markt und schon legt der Verlag hiermit die vierte Auflage vor. Die zahlreichen positiven Resonanzen von Kindern und Jugendlichen mit ADS und ihren Familien, die den Erfolg des Buches widerspiegeln, sind ein Anlass großer Freude und Dankbarkeit für mich.

Die letzten zwei Jahre haben – zum Glück aller Betroffenen – zahlreiche neue wissenschaftliche Erkenntnisse erbracht, welche die Diagnose des Aufmerksamkeitsdefizitsyndroms (ADS) stützen und die Richtigkeit der bisherigen Behandlung bestätigen. Der Bedarf an sachgerechter Information über das ADS ohne Hyperaktivität ist in den Familien und Schulen jedoch nach wie vor ungebrochen groß. Aus diesem Grund habe ich den Inhalt des Buches noch einmal aktualisiert und leicht erweitert. Einen neuen Schwerpunkt möchte ich dabei auf die Frühdiagnostik und Frühbehandlung des ADS ohne Hyperaktivität setzen, damit die betroffenen Kinder und Jugendlichen gar nicht erst über eine reaktive Fehlentwicklung in eine für sie ausweglose Situation gelangen. Diese Gefahr besteht, wenn Eltern infolge von falschen Informationen verunsichert werden, resignieren und auf professionelle Hilfe verzichten.

Der Zusammenhang von ADS, Lese-Rechtschreibschwäche und Rechenschwäche wird heute durch die medizinische Forschung und Praxis immer häufiger erkannt, wobei das Aufmerksamkeitsdefizitsyndrom die Ursache und nicht die Folge der Lese-Rechtschreibschwäche und Rechenschwäche ist. Dadurch bieten sich auch im Hinblick auf diese, neue und erfolgreichere Behandlungsmöglichkeiten.

Besonders die mittel- und langfristigen Folgen des ADS ohne Hyperaktivität, dem eine oft schwer einzuordnende Symptomatik eigen ist, sind nicht zu unterschätzen: Die typischen Symptome – ein nach innen gerichtetes »stilles« Leiden mit anhaltender Selbstbeschuldigung, innerer Verunsicherung, negativem Selbstbild und multiplen Ängsten – können bei Nichtbehandlung schwere psychische Störungen verursachen, die die Lebensqualität der betroffenen Kinder, Jugendlichen und deren Eltern wesentlich beeinträchtigen. Solche Störungen können z. B. Zwangserkrankungen, Angststörungen, affektive Störungen, Essstörungen, Suchterkrankungen, Persönlichkeitsstörungen und vor allem Depressionen sein.*

Damit es soweit erst gar nicht kommt, habe ich diesen Ratgeber geschrieben. Möge er den Betroffenen, ihren Familien, Lehrern, Erziehern und Therapeuten eine

---

* Vgl. mein zweites Buch »Die vielen Gesichter des ADS. Begleit- und Folgeerkrankungen richtig erkennen und behandeln«, das 2003 ebenfalls im W. Kohlhammer Verlag erschienen ist.

gute Hilfe sein, die Problematik des ADS in ihrer ganzen Vielschichtigkeit zu verstehen. Allen betroffenen Kindern und Jugendlichen soll er den Weg zu einer erfolgreichen Therapie weisen.

Bedanken möchte ich mich schließlich vor allem bei meinem Mann, der mir immer ein guter Ratgeber ist, und bei meinem Lektor, Herrn Dr. Poensgen, der das Buch mit Sachverstand gestaltet hat.

Mainz, Februar 2004 *Dr. med. Helga Simchen*

Vorwort

Manchmal wird die Seele eines Kindes schon geknickt, ehe sie sich entfalten kann und niemand bemerkt es.

In diesem Buch möchte ich über Kinder berichten, die nicht so auffallen wie ihre »Geschwister«, die Zappelphilippe, die aber mindestens genauso oder noch mehr leiden.

Das hypoaktive Kind wird für faul, dumm, unbegabt, verträumt, ungeduldig und widerspenstig gehalten. »Alle Erziehung nützt nichts – es wird nur noch schlimmer«, sagen die Einen. »Es verwächst sich«, sagen die Anderen, aber das ist nur selten der Fall. Eine Besserung bringt nur professionelle Hilfe.

Verhaltensauffälligkeiten in der Kindheit können den Weg bahnen für eine spätere psychische Erkrankung. Im Alter von sieben bis elf Jahren nehmen die psychischen Auffälligkeiten bei Kindern rapide zu. Daran ist nicht die Schule schuld, diese bringt nur durch ihre besonderen Anforderungen angeborene und erworbene Defizite des Kindes an das Tageslicht.

Das Buch ist das Ergebnis meiner langjährigen praktischen Tätigkeit und Erfahrung in der Diagnostik und Behandlung von Kindern mit Aufmerksamkeitsdefizitsyndromen. Dabei konnte ich auf meine vielschichtige und langjährige Ausbildung sowie auf meine frühere wissenschaftliche Tätigkeit auf diesem Gebiet zurückgreifen.

Nach intensivem Studium der aktuellen Fachliteratur und regelmäßigen Besuchen von Fachkongressen stellte ich immer wieder fest, dass über die Diagnostik und Therapie des hypoaktiven Kindes wenig bekannt ist. Ein ADS ohne Hyperaktivität wird zwar immer häufiger erwähnt, aber wie es konkret aussieht und behandelt wird, das wird nur selten beschrieben. So wundert es nicht, dass hypoaktive Kinder oft erst nach einem langen Leidensweg einen Arzt finden, der ihnen und ihrer Familie Aufklärung und Hilfe anbietet. Dabei werden diese Kinder in der Praxis schon seit ca. zehn Jahren erfolgreich behandelt, wenn auch nur bisher von wenigen Therapeuten.

Vorwort

Abb. 1: Ein 10-jähriges hypoaktives Kind (4. Klasse) berichtet über seine Schwierigkeiten.

> Den vielen hypoaktiven Kindern und ihren Familien, deren Leidensweg ich kennen gelernt habe, widme ich dieses Buch. Durch die therapeutische Begleitung konnte ich erfahren, wie aus leidenden Kindern und genervten Familien fröhliche Kinder und glückliche Eltern wurden. Dieser Weg ist nicht einfach, er fordert Mut, Kenntnisse und Vertrauen. Er hat viele Hindernisse, aber er lohnt sich. Einen Weg zum besseren Verständnis des hypoaktiven Kindes möchte ich mit meinem Buch aufzeigen. Diesen Kindern wünsche ich Eltern, die nicht aufgeben, sondern die Kraft, Mut und die nötigen Kenntnisse aufbringen, sich von alten und neuen Vorurteilen zu trennen. Ich wünsche den Eltern, dass sie für diesen Weg Begleiter finden, es gibt sie.

1 Das hypoaktive Kind – was ist das für ein Kind?

> Es ist viel zu langsam – es ist verträumt – es vergisst viel – ist zu empfindlich – weint leicht – ist leicht ablenkbar – kann sich nicht konzentrieren – es lernt fleißig – es vergisst das Gelernte schnell – es kann zu Hause alles, versagt aber in der Schule – es schreibt im Diktat zu Hause zwei Fehler, in der Schule aber zwanzig Fehler – es macht stundenlang Hausaufgaben – es verrechnet sich dauernd – es hat Probleme in der Rechtschreibung, beim Rechnen und im Aufsatz schreiben – es kann Textaufgaben nicht lösen – es schreibt den Aufsatz viel zu lang oder viel zu kurz – es ist von sich enttäuscht – es glaubt von keinem geliebt zu werden – es kann viel mehr, als es zu Papier bringt – es macht lauter Leichtsinnfehler – es hat eine schlechte Schrift – es kann nicht gut zeichnen – **es hat eine gute bis sehr gute Intelligenz und erhält trotzdem schlechte Noten** – es will nicht mehr in die Schule gehen – es lernt nicht aus Fehlern – es sagt gleich: »das kann ich nicht« – es gerät schnell in Panik – resigniert – es wünscht sich die Kindergartenzeit zurück – es verfällt in Babysprache – es spielt am liebsten allein oder mit jüngeren Kindern – es klagt oft über Bauch- oder Kopfschmerzen – es spricht nicht über sich und verschließt sich – es hat wenig Freunde – es kann sich nicht behaupten – manchmal möchte es am liebsten tot sein.

Dabei macht kein einzelnes Symptom die Diagnose, sondern eine Summe von mehreren wesentlichen Faktoren, vom Facharzt untersucht und ausgewertet, kann nach Ausschluss vieler anderer möglicher Ursachen auf die richtige Diagnose hinweisen.

Viele Erkrankungen wie Depressionen, Zwangskrankheiten, Angststörungen, psychosomatische Beschwerden, Persönlichkeitsstörungen und Essstörungen kommen erst im Jugend- und Erwachsenenalter zum Ausbruch, nach dem sie sich schon über viele Jahre innerlich aufgebaut haben.

In wissenschaftlichen Untersuchungen konnte der Zusammenhang zwischen Verhaltensauffälligkeiten im Kindesalter und späteren psychischen Erkrankungen mehrfach nachgewiesen werden. Durch intensives Beschäftigen mit dem hypoaktiven Kind und seiner Problematik **wird immer häufiger ein gemeinsames Auftreten von Lese-Rechtschreibschwäche und Rechenschwäche mit einem Aufmerksamkeitsdefizitsyndrom diagnostiziert.** Leider ist dieser Zusammenhang noch viel zu wenig bekannt, so dass eine entsprechende wirksame Hilfe vielen Kindern vorenthalten bleibt.

1 Das hypoaktive Kind – was ist das für ein Kind?

Bei diesen hypoaktiven Kindern dominieren nicht so sehr die Verhaltensstörungen, sondern die Lern- und Leistungsstörungen, worunter sie seelisch leiden, bis hin zu einem erheblichen Leidensdruck mit negativem Selbstbild, was sie krank macht.

Vorwiegend Mädchen, aber auch Jungen, sind davon betroffen. Neben der Therapie der Lernstörung ist es vor allem wichtig, die psychische Situation dieser Kinder zu verbessern, um bleibende Schäden für das weitere Leben zu verhindern. Diese seelischen Folgen sind später gar nicht mehr oder nur unvollständig mit viel Aufwand zu korrigieren. Vor allem muss man frühzeitig die Diagnose stellen, um diesen Kindern zu helfen, ein gutes Selbstbewusstsein aufzubauen, das sie in der heutigen Zeit mehr denn je brauchen. Denn sie sind oft gut bis sehr gut intellektuell befähigt und spüren das auch. Sie haben aber Probleme, mit ihrem Arbeitstempo in der Schule mitzuhalten und am Unterricht teilzunehmen. Sie »triefen vor sich hin«, sind langsam, träumen und sind in Gedanken abwesend. Dabei gehen ihnen so viel wichtige Informationen verloren.

Die Fähigkeit zur Daueraufmerksamkeit und zur Konzentration besitzen diese Kinder, aber nur, wenn sie sich auf etwas ganz besonders konzentrieren und fasziniert sind.

Was die Ursache dieser Problematik ist und wie man diesen Kindern wirksam helfen kann, versuche ich in den folgenden Kapiteln zu erklären. Denn diese Kinder sind weder faul, dumm, fehlerzogen oder ungeliebt. Sie haben auch Eltern, die sich sehr um sie sorgen.

Es sind kluge Kinder, die fleißig lernen, aber trotzdem in der Schule versagen. Nicht selten droht ihnen eine Umschulung in die Lernbehindertenschule, wo sie – und das ist meine feste Überzeugung – nicht hingehören. Rechtzeitig behandelt sind sie lernmotiviert, glücklich und zufrieden über ihre neu erworbenen Fähigkeiten.

2 Das ADS ohne Hyperaktivität – Informationen auf einen Blick über Ursachen, Diagnose und Therapie

Zwischen dem Aufmerksamkeitsdefizitsyndrom mit Hyperaktivität und dem ohne Hyperaktivität gibt es viele Varianten und Zwischenstufen im Erscheinungsbild. Diese haben jedoch die gleichen Ursachen und kommen nicht selten in ein und derselben Familie in verschiedenen Ausprägungen vor.

Der neueste amerikanische Diagnoseschlüssel DSM-V (diagnostisches und statistisches Manual psychischer Störungen) der amerikanischen psychiatrischen Gesellschaft teilt die Aufmerksamkeitsdefizit- und Hyperaktivitätsstörungen ein in:

- einen Mischtyp
- einen vorwiegend unaufmerksamen Typ
- einen vorwiegend hyperaktiv-impulsiven Typ

Die Symptome der Unaufmerksamkeit treten nach DSM-IV wie folgt auf:

Das betroffene Kind

a) beachtet häufig Einzelheiten nicht oder macht Flüchtigkeitsfehler bei den Schulaufgaben, bei der Arbeit oder bei anderen Tätigkeiten
b) hat oft Schwierigkeiten, längere Zeit die Aufmerksamkeit bei Aufgaben oder beim Spielen aufrechtzuerhalten
c) scheint häufig nicht zuzuhören, wenn es von anderen angesprochen wird
d) führt oft Anweisungen anderer nicht vollständig aus und kann Schulaufgaben, andere Arbeiten oder Pflichten am Arbeitsplatz nicht zu Ende bringen
e) hat oft Schwierigkeiten, Aufgaben und Aktivitäten zu organisieren
f) vermeidet häufig, hat eine Abneigung gegen oder beschäftigt sich häufig widerwillig mit Aufgaben, die länger andauernde geistige Anstrengungen erfordern
g) verliert häufig Gegenstände, die für Aufgaben oder Aktivitäten benötigt werden
h) lässt sich oft durch äußere Reize leicht ablenken
i) ist bei Alltagstätigkeiten häufig vergesslich

Ursachen des ADS

Neueste wissenschaftliche Erkenntnisse weisen darauf hin, dass es sich beim Aufmerksamkeitsdefizitsyndrom um eine Funktionsstörung im Stirnhirnbereich und einiger Nervenzentren, mit denen das Stirnhirn in Verbindung steht, handelt. PET- und SPECT-Untersuchungen (PET = Positronenemissionstomografie, SPECT = Single Photonen-Emissions-Computertomografie) haben gezeigt, dass bei ADS-Kindern das Stirnhirn wenig oder kaum Glucose verbraucht. Beides sind hochmoderne diagnostische Verfahren, die wegen der Kosten und dem Einsatz radioaktiver Substanzen nur der Forschung vorbehalten sind.

Das Prinzip dieser modernen Bildgebungsverfahren ist die Untersuchung des Zuckerstoffwechsels im Gehirn. Wenn das Gehirn arbeitet, verbraucht es Zucker, arbeitet es nicht, ist der Zuckerverbrauch minimal und kaum zu registrieren. Bei ADS-Kindern sieht man, dass das Stirnhirn und einige wichtige Hirnzentren kaum Zucker verbrauchen, auch nicht wenn sie »arbeiten«. Erst die Gabe von stoffwechselanregenden Mitteln (Stimulanzien) aktiviert diese Zentren, so dass sie wie bei einem »gesunden« bzw. einem nicht betroffenen Kind funktionieren können. Ein typischer Befund bei allen ADS-Kindern.

Diese Untersuchungen wurden erst Ende der 1980er Jahre in den USA durchgeführt, Anfang der 1990er Jahre auch bei uns bekannt und in einzelnen Hirnforschungszentren kontrolliert und bestätigt. Sie sind aber nicht für die allgemeine Anwendung geeignet.

Neuerdings dient auch die funktionelle Magnetresonanztomografie der Erforschung des ADS. Das Prinzip beruht auf der Untersuchung der lokalen Änderung des Sauerstoffgehalts im Blut während der Hirntätigkeit. Hierbei wird der Anteil des Sauerstoffs im Blut als Kontrastmittel verwendet und über einen Rechner die Intensität der Hirntätigkeit ermittelt. Das sauerstoffreiche Blut in den aktivierten Hirnbezirken führt zur Signalverstärkung im registrierten Magnetfeld.

In den letzten Jahren konnte bei ADS-Patienten eine Dopamin-Transporterstörung mittels bildgebender Verfahren nachgewiesen werden, so z. B. in Philadelphia und in München.

Leider sind diese Untersuchungen sehr teuer, recht aufwendig und durch die Verwendung radioaktiv markierter Substanzen nur begrenzt einsetzbar und somit der Wissenschaft vorbehalten. Sie können nicht zur Diagnostik in der Praxis dienen und schon gar nicht bei Kindern.

Aber mit diesen Untersuchungen konnte erstmalig nachgewiesen werden: Gibt man Patienten mit einem Aufmerksamkeitsdefizitsyndrom ein Stimulans, so arbeitet ihr Stirnhirn wie bei Nichtbetroffenen. Damit konnte auch die Richtigkeit und Wirksamkeit der bislang durchgeführten Therapie mit Stimulanzien bestätigt werden.

Die Ursache der beeinträchtigten Funktion des Stirnhirns und einiger Nervenzentren beim ADS besteht auf Neurotransmitterebene. Neurotransmitter sind Botenstoffe (auch Überträgersubstanzen genannt), die eine Hirntätigkeit erst ermöglichen, wie z. B. Dopamin, Katecholamin, Acetylcholin, Noradrenalin, Serotonin und andere. Welche Substanz hierbei vorwiegend betroffen ist und das gestörte Gleichgewicht im Zusammenspiel der verschiedenen Botenstoffe bedingt, entscheidet, ob das Kind hypo- oder hyperaktiv ist. Beides sind also zwei verschiedene Seiten ein und derselben Veranlagung (Disposition). Ganz einfach gesagt, führt möglicherweise eine Störung des Dopamin-Noradrenalin-Systems zur Hyperaktivität, eine Störung im Serotonin-Noradrenalinstoffwechsel zusätzlich dagegen zur Hypoaktivität. Über den genauen Zusammenhang besteht jedoch weiterhin noch großer Forschungsbedarf.

Serotoninmangel spielt eine Rolle bei der Entstehung von Angst- und Zwangskrankheiten, Depressionen sowie bei der Störung der Impulskontrolle. Es kommt aber letztlich wie bei einem Orchester auf das harmonische Zusammenspiel aller Botenstoffe an und darauf, dass im Bedarfsfall auch sofort ausreichend von jeder Sorte vorhanden ist.

Durch ihre mangelhafte neuronale Steuerung (infolge Reizüberflutung und Botenstoffmangels) können diese Kinder ihre Aufmerksamkeit nicht lange aufrechterhalten. Sie müssen sich ständig durch motorische Bewegungen, ständiges Reden, alles anfassen, stetes »Wackeln« mit irgendeinem Körperteil immer wieder aktivieren. Andere nicht äußerlich unruhige Kinder verfallen in ein Träumen, sie dösen einfach nur vor sich hin und sind auffallend antriebsschwach. Sie verspüren aber auch eine innere Unruhe und müssen immer Finger oder Füße bewegen, an der Kleidung spielen oder Nägel knabbern.

Das Stirnhirn filtert alle von außen kommenden Informationen, es werden nur die aufgenommen, die im Moment wichtig sind. Bei einer Unterfunktion des Stirnhirns gelangen dagegen viel zu viele Informationen in das Gehirn, auch solche, die unwichtig sind. Infolge dieser Reizüberflutung wird ein weit verzweigtes, feinmaschiges neuronales Netz aus. Die Anlage dichter Lernbahnen wird beeinträchtigt. Diese besondere Art der neuronalen Vernetzung ist bei allen ADS-Formen eine der Hauptursachen für die bestehenden Probleme beim Lernen und in der Verhaltenssteuerung. Alle aufgenommenen Außenreize werden aufgenommen und im Arbeitsgedächtnis abrufbereit zwischen gespeichert. Das Stirnhirn ist auch verantwortlich für die Verhaltens- und Impulskontrolle und für die Wahrnehmungsverarbeitung. ADS-Kinder haben Schwierigkeiten, einmal abgerufene Antworten zu überprüfen und eventuell zu korrigieren. Deshalb sagen sie im Affekt oft unüberlegt böse Worte, die ihnen hinterher Leid tun. Sie haben eine oberflächliche Wahrnehmung und eine ungebremste, unkontrollierte Reaktion. Sie können nicht »automatisieren«, deshalb lernen sie nicht aus Fehlern. Sie haben kein funktionstüchtiges Arbeitsgedächtnis.

Diagnose des ADS

Wann sollte man an das Krankheitsbild eines hypoaktiven Kindes (ADS) denken?

> **Welche Symptome zeigt das hypoaktive Kind?**
>
> - Es ist unkonzentriert
> - Es hat Störungen in der Feinmotorik
> - Es ist leicht ablenkbar und verträumt
> - Es hört schlecht, d. h. es hört gut, aber denkt und reagiert oft langsam
> - Es vergisst viel, es hat eine Merk- und Filterschwäche
> - Es ist affektlabil und weint leicht
> - Es regt sich schnell auf und ist schnell gekränkt
> - Es fühlt sich ungeliebt und missverstanden
> - Es macht stundenlang Hausaufgaben und arbeitet in der Schulstunde zu langsam
> - Es zeigt oft Ängste und Schuldgefühle

Das hypoaktive Kind ist eher ruhig, verträumt, es kann dem Unterricht nur schwer folgen und sitzt stundenlang an seinen Hausaufgaben. Trotz guter oder sehr guter Intelligenz erreicht das Kind oft das Klassenziel nicht. Spätestens im dritten Schuljahr, wenn sich Probleme in der Rechtschreibung, im Rechnen als Folge seiner Beeinträchtigung der Konzentration, seiner visuellen und auditiven Wahrnehmungsstörungen bemerkbar machen, neigt dieses Kind zu Versagensängsten, Alpträumen und Selbstwertkrisen. Häufig besteht eine Schulangst mit Bauch- und Kopfschmerzen; auch Trennungs- und Dunkelangst können auftreten. Manchmal beginnt das Kind wieder einzunässen oder einzukoten.

Sehr intelligente Kinder und Jugendliche können ihre psychische Beeinträchtigung oft über viele Jahre kompensieren. Die Umgebung registriert erst viel zu spät, wie diese Kinder und Jugendlichen eigentlich leiden und sich oft bis an die Grenze der Belastbarkeit anstrengen müssen, um die gleichen Leistungen zu erbringen wie ihre Klassenkameraden. Manchmal machen erst depressive Verstimmungen oder Blackout-Reaktionen darauf aufmerksam. Oft wird die Ursache dieser Beschwerden lange nicht erkannt und nicht ernst genommen.

Hypoaktive Kinder sind zugleich sehr therapiemotiviert. Sie arbeiten fleißig, resignieren aber schnell, wenn der Erfolg ausbleibt. Für jede Hilfe sind sie äußerst dankbar.

Differenzialdiagnose

Wichtig ist es, das ADS von anderen Krankheitsbildern mit teilweise ähnlicher Symptomatik abzugrenzen, wie z. B.

- intellektuelle Minderbegabung
- Schädigungen in der Schwangerschaft und unter der Geburt
- chromosomale Schäden
- Funktionsstörungen der Schilddrüse
- verwöhnende Erziehung mit wenig Arbeitsmotivation
- depressive Erkrankungen
- posttraumatische Störungen (z. B. Schädelhirntrauma mit organischer Schädigung des Gehirns)
- Zustand nach schweren Gehirninfektionen
- epilepsiebedingte Anfallsformen
- Trennungsproblematik mit schweren familiären Konflikten
- Narkolepsie im Kindesalter

▶ Die Diagnostik des ADS ohne Hyperaktivität setzt neurologische, entwicklungs- und psychodynamische sowie psychiatrische Kenntnisse voraus und sollte nur den Fachleuten vorbehalten bleiben. ◀◀

Wesentlich ist immer eine deutliche Differenz zwischen dem vorhandenen individuellen Leistungspotenzial und der real in der Schule, im Kindergarten oder zu Hause erbrachten Leistung. Es muss eine deutliche Diskrepanz zwischen dem intellektuellen Leistungsvermögen des Kindes und dem bestehen, was es wirklich leistet und wie es sich verhält.

Eine ausführliche Anamnese erbringt fast immer Hinweise auf eine familiäre Veranlagung (Disposition). Wenn man diese Kinder genau beobachtet, zeigen sie schon in den ersten Lebensjahren Auffälligkeiten. Ihre Mütter sagen sehr häufig: »Das Kind war von Anfang an anders.«

Was zeigen viele hypoaktive Kinder bereits im Kleinkind- und Vorschulalter für Besonderheiten?

- motorische Auffälligkeiten im Säuglingsalter (krabbeln nicht, robben)
- Auffälligkeiten in der Mundmotorik (beim Trinken, sabbern viel und lange)
- Verzögerungen in der Sprachentwicklung
- verstärktes »Motzen« im 2. Lebensjahr
- wenig Kontaktaufnahme zu gleichaltrigen Kindern
- unmotiviertes Weinen
- Auffälligkeiten im Kindergarten: Rückzugs- und Regressionstendenzen, verbunden mit Problemen in der Fein- und Grobmotorik
- sie malen und basteln nicht gern
- sie ziehen sich aus dem Stuhlkreis zurück, weinen leicht, wirken ängstlich und unsicher

2 Das ADS ohne Hyperaktivität – Informationen auf einen Blick über Ursachen

- sie spielen allein in der Puppenecke, haben nur wenige Kontakte zu anderen Kindern, weil die Eingliederung in die Gruppe für sie zu anstrengend ist
- sie haben oft über viele Jahre hinweg immer den gleichen Freund mit intensiver Beziehung
- sie klettern nicht gern und lernen nur schwer Rad fahren und schwimmen
- sie vergessen viel
- ihre emotionale Steuerungsfähigkeit, Daueraufmerksamkeit und verbales Reaktionsvermögen sind unter Belastung vermindert.

Diese Symptome müssen nicht alle bei hypoaktiven Kindern vorkommen! Aber aus der Summe vieler einzelner Symptome ergibt sich oft schon zeitig ein Verdacht, man muss nur darauf achten.

Wie wird nun das ADS mit Hypoaktivität festgestellt?
Hier sollte man unbedingt den Fachmann zu Rate ziehen, der erfahren und ausgebildet ist. Denn die Diagnostik basiert auf dem Erkennen und Beschreiben einzelner beeinträchtigter Hirnfunktionen, die möglichst über einen längeren Zeitraum von Jahren vorhanden sein sollten.

Das manifeste Bild eines ADS beinhaltet drei Ebenen:

- die neuromotorischen Funktionen
- die kognitiven Fähigkeiten
- die Verhaltensproblematik

Dazu können die verschiedenen Formen von Teilleistungsstörungen und sekundären Fehlentwicklungen kommen.

> **Die Säulen der Diagnostik sind:**
>
> - die körperliche Untersuchung
> - die neurologische Untersuchung einschließlich EEG
> - die Entwicklungsdiagnostik mit Suche nach Lernfähigkeits- und Teilleistungsstörungen
> - das Überprüfen der Fein- und Grobmotorik
> - die Leistungsdiagnostik mit Entwicklungs- und Intelligenztesten
> - die psychologische Diagnostik mit Suche nach Hinweisen auf eine beginnende Fehlentwicklung mit Hilfe psychometrischer Verfahren
> - das Bewusstmachen und Erkennen von besonderen Fähigkeiten des Kindes
> - das Kennenlernen der Familiendynamik und des sozialen Umfeldes

 ▶ Die Diagnose eines ADS ohne Hyperaktivität kann weder mit Hilfe der sog. Conners-Skala noch mittels Fragebogen gestellt werden, sondern allein aus dem direkten Erleben des Kindes in verschiedenen Situationen, seiner Lebensgeschichte, der Familienanamnese, einer gründlichen neurologischen, psychiatrischen und psychologischen Untersuchung. ◄◄

> **Informationen zur Conners-Skala und zum Conners-Fragebogen**
>
> Conners ist ein amerikanischer Arzt und ADS-Spezialist. Er hat verschiedene Tabellen mit typischen ADS-Symptomen zusammengestellt, die dann je nach Ausprägungsgrad bewertet werden können. Dadurch sind annähernd vergleichbare Angaben über die Schwere des Betroffenseins und den Behandlungsverlauf möglich. Dieser orientierende ADS-Check ist allerdings sehr subjektiv. Eine fachärztliche Diagnostik kann damit nicht ersetzt werden. Der Conners-Fragebogen ist eine Punktwert-Tabelle mit einzelnen Eigenschaften, die bei ADS-Kindern vermehrt vorkommen und in der Summe typisch für ADS sind. Hypoaktive Kinder erreichen oft nicht die für ADS geforderte Punktzahl, weil sie ein ADS ohne »auffällige« Hyperaktivität haben.

Eine frühzeitige Diagnose erlaubt eine rechtzeitige Behandlung. Diese wiederum verhindert, dass Entwicklungsphasen ungenutzt verlaufen und es beim betroffenen Kind zu Defiziten kommt, die später nicht wieder oder nur ganz schwer aufgeholt werden können.

Therapie des ADS

Die Therapie umfasst die Behandlung des Kindes und seiner Familie. Alle ADS-Kinder verfügen über viele Fähigkeiten, derer sie sich nur bewusst werden müssen. Diesen Kindern und Jugendlichen zu helfen, aus ihrer »Hypoaktivität« herauszukommen, muss das Ziel jeder ärztlichen Therapie sein.

► Wichtig: Das ADS ist keine Krankheit an sich, sondern die Kinder mit ADS sind eben anders, aber nicht schlechter, in manchem sogar besser. Unerkannt, in ausgeprägter Form und unter zu großer Belastung kann das ADS aber zur Krankheit werden mit schweren Folgen für die seelische und körperliche Gesundheit akut und für die Zukunft des betroffenen Kindes. ◄◄

Nach eingehender Diagnostik wird mit den Kindern und deren Eltern ein individuelles Förder- und Therapieprogramm entworfen. Diese vielschichtige Therapie ist immer eine individuelle, systematisch organisierte Vorgehensweise, die das Verhalten, die Wahrnehmungsfähigkeit, die Empfindungen, die Reaktionen, die Aufmerksamkeit, die Sozialbeziehungen und die Eigenheiten des Kindes berücksichtigen muss.

> **Beispiel eines Behandlungskonzepts in der Praxis:**
>
> - Annahme des Kindes, so wie es ist. Das Kind ist immer die »Hauptperson«
> - Schaffung eines Vertrauensverhältnisses zwischen Kind, Eltern und Therapeut
> - Formulierung der Probleme mit dem Kind und seinen Eltern
> - Schließen eines Arbeitsbündnisses und Anbieten von Hilfen zur Lösung der Probleme des Kindes und seiner Eltern
> - Aufklärung der Eltern und des Kindes über ADS, Aufzeigen seiner negativen und positiven Seiten und des Unterschiedes von Nicht-wollen und Nicht-können
> - Mitgabe von Informationsmaterial über ADS und Literaturempfehlungen, Kontaktaufnahme zu anderen betroffenen Eltern, Teilnahme am Elternseminar, Hinweise auf Bestehen einer Selbsthilfegruppe
> - Entlastung der Eltern von Schuldgefühlen und Akzeptieren des Andersseins des Kindes
> - Strukturierung und Konsequenz in der Erziehung, Vermittlung eines konsequenten, aber liebevollen Erziehungsstils
> - Erarbeitung von Therapiezielen vor allen Dingen mit dem Kind und seinen Eltern unter Einbeziehung der Schule
> - Anleitung der Eltern zur Mitarbeit als Co-Therapeuten nicht nur momentan, sondern auch für die nächsten Jahre
> - Verhaltens- und Konzentrationstraining
> - Soziales Kompetenztraining

► Für eine erfolgreiche Therapie sollte sich nicht nur das Kind in seinem Verhalten ändern, sondern auch seine Eltern. ◄◄

Die Ziele der Behandlung sind:

- ein sozial angepasstes Verhalten, das dem Leistungsvermögen des Kindes entspricht
- der Aufbau eines positiven Selbstwertgefühls durch eine veränderte Reaktions- und Wahrnehmungsweise
- die Zufriedenheit des Kindes mit sich selbst und seinem Umfeld

Schwerpunkte der Therapie bilden:

- die Beratung und Aufklärung der Eltern und des Kindes über ADS und seine Ursachen
- die verhaltenstherapeutische Begleitung
- das Training zur Beseitigung der Defizite (im motorischen Bereich – oft sind Fein-, Grob-, Sprach- und Visuomotorik betroffen –, der Konzentrations- oder der Teilleistungsstörungen wie Lese-Rechtschreibschwäche und Rechenschwäche)
- die Gabe von Stimulanzien, sofern erforderlich

Hypoaktive Kinder kommen erfahrungsgemäß meist sehr spät in ärztliche Behandlung, wobei sie und ihre Eltern oft einen langen Leidensweg hinter sich haben. Nicht selten stand die Aufnahme in eine Sonderschule kurz bevor, trotz guter Intelligenz. Aufgrund ihres langsamen Arbeitstempos und ihrer schlechten Konzentration jedoch können sie den Schulstunden nicht folgen. Sie träumen vor sich hin und sind in Gedanken abwesend. Selbst wenn sie wollten, sie könnten nicht anders. Dieses Bild vom ADS ist bisher noch viel zu wenig bekannt. So fallen nur die Lernstörungen und die psychischen Beeinträchtigungen auf, die oft zu einem erheblichen Leidensdruck führen. Deshalb wird leider noch viel zu häufig nur symptomorientiert behandelt, ohne die wahre Ursache zu erkennen und zu beseitigen.

Erwünschte und mögliche Therapieerfolge beim Schulkind, die bei guter Mitarbeit von jedem hypoaktiven Kind erreicht werden können, sind:

- eine Verbesserung der schulischen Leistungsfähigkeit durch Steigerung der Konzentration, des Arbeitstempos, der Daueraufmerksamkeit und des Arbeitsgedächtnisses
- eine Verbesserung der Schrift
- Frustrationen können leichter ertragen und besser verarbeitet werden
- vieles, worum sich das Kind bisher erfolglos bemühte, gelingt ihm jetzt leichter und schneller. Es beginnt wieder Freude an der Schule und am Lernen zu haben
- durch seine veränderte Wahrnehmung und verbesserte Anpassung knüpft es wieder vermehrt soziale Kontakte. Es wird von Klassenkameraden akzeptiert, hat viel mehr Freunde und wird häufiger zu Geburtstagen eingeladen. Es fühlt sich nicht mehr als Außenseiter
- in der Familie wird es durch die Übernahme von Pflichten, durch das angemessene Signalisieren seiner Rechte mittels sozialem Kompetenztraining einen gleichberechtigten Platz unter den Geschwistern einnehmen

Wird zu spät behandelt, kommt es dagegen zu reaktiven Fehlentwicklungen mit der Gefahr der psychischen Beeinträchtigung.

Was ist eine reaktive Fehlentwicklung?

Eine reaktive Fehlentwicklung ist eine nachhaltige erlebnis-bedingte Störung der Person-Umwelt-Beziehung mit psychischer und/oder körperlicher Symptomatik, die infolge einer nicht mehr kompensierbaren, länger dauernden seelischen Belastung entsteht. Sie ist eine reaktive Störung mit Beeinträchtigung der Lebensqualität.

Beispiele reaktiver Fehlentwicklungen sind:

- Psychoreaktive Schmerzzustände (Kopf- und Bauchschmerzen)
- Ängste

- Schlafstörungen
- Einnässen
- Einkoten
- Magen-/Darmbeschwerden
- Essstörungen
- Stammeln und Stottern
- Tic-Erscheinungen und Grimassieren

Solche Fehlentwicklungen müssen ebenfalls in die Behandlung mit einbezogen werden. Um diese zu verhindern, ist bei ausgeprägter Symptomatik und großem Leidensdruck eine medikamentöse Therapie mit Stimulanzien von Anfang an erforderlich. Sie schafft in solchen schweren Fällen erst die Voraussetzung für eine erfolgreiche Verhaltenstherapie.

> **Wirkungsweise der Stimulanzien**
>
> Sie wirken im Bereich der Synapsen, wo sie die Menge der dort wirksamen körpereigenen Botenstoffe erhöhen und vor allem stimulieren sie die Bereiche des Gehirns bei denen eine Unterfunktion besteht. Dies entspricht etwa der Behandlung anderer Mangelerkrankungen, wie dem Mangel an Schilddrüsenhormon oder dem Insulinmangel bei der Zuckerkrankheit. Synapsen sind die Schaltstellen zwischen den Nerven, sie dienen der Weiterleitung von Reizen. Stimulanzien gleichen die Unterfunktion des Stirnhirns aus, Reizüberflutung wird vermieden, dadurch können sich wichtige Nervenbahnen im Gehirn besser vernetzen, was eine Automatisierung von Lernprozessen ermöglicht.

Eine medikamentöse Behandlung wird bei hyperaktiven Kindern in den USA seit 1937 und in Deutschland seit 1946 praktiziert, mit Ritalin seit 1971.

In den zurückliegenden 30 Jahren wurde bisher weder in den USA noch in Deutschland oder in einem anderen Land ein einziger Fall von Medikamentenabhängigkeit bei einem ADS-Kind bekannt.

Die medikamentöse Behandlung erfolgt mit den Stimulanzien Methylphenidat, d-Amphetamin und als Mittel der zweiten Wahl mit Strattera, einem Noradrenalin-Wiederaufnahmehemmer in den Synapsen (▶ S.97). Diese Medikamente regen wichtige Zentren im Gehirn an, die ansonsten nur ungenügend arbeiten. Dies entspricht einer Substitutionstherapie, wie sie bei Unterfunktionen vieler Organsysteme gebräuchlich ist. Die Besonderheit dieser Behandlung liegt einerseits darin, dass das ADS im Kopf »angesiedelt« ist und andererseits an der Art des Medikaments. Wenn es von nicht ADS-Betroffenen genommen wird, kann es eine aufputschende Wirkung haben. Dagegen führt es bei ADS-Kindern zu weit reichenden Therapieerfolgen und nicht zur »Ruhigstellung« des Kindes. Die Medikamente sollten mit kontinuierlicher Wirkung über den ganzen Tag, auch an den Wochenenden und in den Ferien eingenommen werden. Nur so können die Lernbahnen, die durch die Therapie bereits angelegt wurden, stabil erhalten bleiben.

Nicht nur die hyperaktiven Kinder sollten bei ausgeprägtem Krankheitsbild eine Therapie mit Stimulanzien erhalten, sondern auch die hypoaktiven Kinder wie z. B. die brav träumerischen Mädchen (»Les enfants lunatiques«), ehe sie bleibende seelische Schäden davontragen. Natürlich wirken die Tabletten nicht von allein, eine verhaltenstherapeutische Begleitung der Patienten und ihrer Eltern ist unbedingt erforderlich.

▶ Zu der kombinierten medikamentösen, lern- und verhaltenstherapeutischen Behandlung von Kindern mit ADS gibt es bisher keine entsprechenden Alternativen ◀◀

Der Schwerpunkt der Behandlung liegt also nicht in der Einnahme des Medikamentes, sondern in den dadurch erst möglichen psychomotorischen Übungsbehandlungen. Die Stimulanzien schaffen somit die *Voraussetzung* für eine erfolgreiche Therapie durch bessere Aufmerksamkeit, veränderte Wahrnehmung und gesteuerter Reaktion bei innerer Ruhe.

Zur Behandlung von Jugendlichen mit ADS

Die Behandlung von Jugendlichen ist schwieriger. Als Therapeut muss man sich ihren anspruchsvollen Fragen stellen und viele Zweifel ausräumen. Sie erwarten klare und überzeugende Antworten, Verständnis und keine Belehrungen, sondern eine plausible Aufklärung über die Ursachen ihres Andersseins. Vor allem wollen sie nicht als »psychisch krank« gelten. In der Behandlung von Jugendlichen sollten auch folgende geschlechtsspezifische Unterschiede beachtet werden: Weibliche Jugendliche sind deutlich stressanfälliger und mehr außen orientiert in Bezug auf ihre Selbstbeurteilung. Die Anerkennung der anderen ist für die wichtiger als bei den männlichen Jugendlichen. Diese streben mehr nach eigener Anerkennung, die Meinung der anderen zählt für sie weniger. Auch ihre Art Probleme zu lösen zeigt Unterschiede. weibliche Jugendliche suchen das Gespräch, um Lösungswege zu finden, männliche Jugendliche ziehen sich lieber zurück, um allein nach Lösungen zu suchen. Neurobiologisch könnten man das mit der unterschiedlichen Art der neuronalen Vernetzung in den Gehirnen beider Geschlechter erklären. Beim weiblichen Gehirn sind die beiden Gehirnhälften viel mehr miteinander vernetzt, als beim männlichen. Das Denken der Frauen sei deshalb sozialer, das der Männer strategischer. Da bisher viel zu wenig Kinder behandelt wurden, ist der Anteil der durch ein unbehandeltes ADS ohne Hyperaktivität psychisch beeinträchtigten Jugendlichen sehr hoch. Seit etwa 1992 sah man sich deshalb, den positiven Erfahrungen in den USA folgend, auch in Deutschland vor die Notwendigkeit gestellt, Jugendliche zu behandeln. Natürlich ist diese Behandlung an einige Bedingungen geknüpft, zudem setzt sie eine gründliche Diagnostik mit viel Erfahrung und Verantwortung voraus. Aber wenn sie dann durchgeführt wird, zeigt sie oft überraschende Erfolge, die selbst durch langjährige Psychotherapien allein nicht annähernd erreicht werden können.

Zur Behandlung von Erwachsenen mit ADS

Ein ADS bei Erwachsenen ist ein in Deutschland bisher noch viel zu wenig bekanntes Erscheinungsbild. Eltern mit einem ausgeprägten ADS bilden bei der Behandlung ihrer Kinder mit ADS ein zusätzliches Problem. Manchmal erschweren sie – natürlich ungewollt – die Behandlung. Sie sind selbst unkonzentriert, innerlich und oft auch äußerlich voller Unruhe. Ihr Erziehungsstil ist inkonsequent, ihr Lebensstil ein bisschen »chaotisch«. Sie sind leicht erregbar und werden schnell laut. So können sie ihren Kindern nicht den nötigen Halt geben, da sie ebenfalls ein geringes Selbstwertgefühl haben. Da sich ADS vererbt, können ebenfalls betroffene Eltern manchmal die Therapie ihrer Kinder ungewollt erschweren. Denn die ADS-Therapie benötigt konsequente, ruhige Eltern, die nicht viel reden, sondern durch Vorbildwirkung erziehen.

Ein noch größeres Problem dabei ist, dass es zur Zeit kaum Psychiater und Psychologen gibt, die Erwachsene nach entsprechender Diagnostik behandeln können. Hier liegt für die ärztliche Forschung und Weiterbildung noch ein weites Betätigungsfeld.

Fazit

Das ADS (mit und ohne Hyperaktivität) ist also eine neurobiologisch verursachte veränderte Steuerungsfähigkeit der Wahrnehmung, der verstandes- und gefühlsmäßigen Verarbeitung mit den daraus resultierenden spezifischen Reaktionen und Verhaltensweisen. In Deutschland dürften nach neuesten epidemiologischen Untersuchungen etwa eine Million Kinder und Jugendliche eine ADS-Konstitution mit verschiedengradiger Beeinträchtigung im Verhalten und in der schulischen Leistungsfähigkeit aufweisen. Im Erwachsenenalter sind es fast eben so viele Personen mit hoher Komorbidität für Angst- und Zwangserkrankungen, Depressionen und Suchtverhalten.

Nutzen wir die uns heute gegebenen Möglichkeiten, diesen Menschen zu helfen.

3 Beispiele aus der Praxis

Mit Hilfe von anschaulichen Beispielen möchte ich im Folgenden auf die häufigsten Beschwerden aufmerksam machen, mit denen Kinder in meiner Praxis vorgestellt werden, als deren Ursache sich dann eine ADS-Disposition mit Hypoaktivität herausstellte. Die Geschichten dieser Kinder sind wahr, alleine ihre Namen habe ich geändert.

Sandra, 8 Jahre, Schulversagen bei Lese-Rechtschreibschwäche, Sprachprobleme und Regression

Sandra besucht die 2. Klasse. Sie hat große Sprachprobleme, sie stammelt, kann **g** und **k** nicht sprechen, trotz dreijähriger logopädischer Behandlung.

In der Schule hat sie ein sehr langsames Arbeitstempo, sie kann schlecht lesen und noch schlechter schreiben. »Wahrscheinlich hat sie eine Legasthenie«, meint die Mutter. Es besteht ein hochgradiger Entwicklungsrückstand. Sandra verfällt in Babysprache und verhält sich kleinkindhaft. Wegen dieser Probleme ist eine Rückversetzung in die 1. Klasse geplant. Sandras Mutter war als Kind auch Legasthenikerin, konnte es aber durch intensives Üben ausgleichen. Sie sei jetzt noch leicht erregbar und werde schnell laut.

Sandra sei als Säugling sehr lebhaft gewesen, habe schon mit fünf Monaten gesessen und sei mit einem Jahr gelaufen. Die Sprachentwicklung war von Anfang an verzögert. Im Kindergarten fiel sie durch Rückzugstendenzen auf und durch babyhafte Sprache. Sie habe gern gemalt und gebastelt und sich auf die Schule gefreut.

Die 1. Klasse sei unauffällig verlaufen. Im Zeugnis der 1. Klasse steht: »Dein Arbeitstempo ist viel zu langsam; obwohl du schnell zu begeistern bist, fällt gegen Ende des Schulmorgens ein enormer Konzentrationsabbau auf. Du musst erst nachdenken, bevor du die Laute benennst. Einfache Worte kannst du lesen, schwierige Buchstabenkombinationen bereiten dir Probleme. Zu loben ist dein häuslicher Fleiß, den du unbedingt beibehalten musst. Viel Freude hast du beim Rechnen. Beim Sport zeigst du Ausdauer und großen Eifer. Leider gelingt es dir immer noch nicht, verschiedene Laute auszusprechen, wie z. B. g und k, weshalb deine Sprache kleinkindhaft wirkt.«

Sandra wurde in einer Klinik untersucht, es wurde eine multiple Sprachstörung, eine Einschränkung der visuellen Wahrnehmung, der Gedächtnisleistung und der Hörverarbeitung festgestellt, eine Weiterführung der logopädischen Behandlung und eine Ergotherapie wurden dringend empfohlen sowie weitere pädagogische Fördermaßnahmen und eine Kontrolluntersuchung.

Die Untersuchung in meiner Praxis ergab, dass Sandra eine überdurchschnittliche intellektuelle Ausstattung besitzt. Hohe Werte erreichte sie im Intelligenztest (HAWIK) im Allgemeinwissen und im logischen Denken. Dagegen lagen ihre Werte im Handlungsteil und beim Entwicklungstest im unteren Bereich der Norm.

> **Informationen zum HAWIK**
>
> Der HAWIK (Hamburg-Wechsler-Intelligenztest für Kinder) ist ein standardisierter Test zur Erfassung des allgemeinen Intelligenzniveaus. Mittels Untertests (gegliedert in einen Handlungs- und Verbalteil) werden die praktische, die allgemeine und die verbale Intelligenz im Sinne eines Leistungsprofils erfasst. Damit ist eine vergleichbare Untersuchung des allgemeinen geistigen Entwicklungsstandes und eine weitestgehend objektive Erfassung von verschiedenen Leistungsstörungen möglich. Der Normalbereich der Intelligenz liegt zwischen 80 und 120 %, wobei der durchschnittliche Wert einem Intelligenzquotienten von 100 entspricht. Im HAWIK-Test werden Normen für die einzelnen Altersgruppen vorgegeben.

Die weiteren Untersuchungen ergaben eine erhebliche Störung der Konzentration, der Daueraufmerksamkeit, der auditiven und visuellen Wahrnehmung. Die psychometrischen Verfahren zeigten ihren Wunsch nach mehr Anerkennung, deutliche Versagensängste, eine Regressionstendenz und einen Mangel an Selbstwertgefühl. Die Körperkoordination blieb deutlich unter dem Altersniveau. Die über mehrere Stunden erfolgte Diagnostik ergab die Problematik eines hypoaktiven Kindes mit Lese-Rechtschreibschwäche infolge ausgeprägter Funktionsstörungen.

Mit der Mutter und dem Mädchen wurden eine Verhaltenstherapie, kombiniert mit Gabe von Stimulanzien, bei gleichzeitigem Atem- und Sprachtraining vereinbart.

Sandra lernte Entspannungsübungen. Unter dieser Behandlung besserte sich die Sprache deutlich, was die Logopädin bestätigte. Die Lese-Rechtschreibleistung und das Arbeitstempo verbesserten sich in der Schule wesentlich, so dass Sandra in die 3. Klasse versetzt wurde. Für den Behandlungserfolg spricht das Testdiktat, (▶ Abb. 2) das vor und nach Beginn der Behandlung geschrieben wurde. Die Sprache hat sich inzwischen völlig normalisiert. Sandra geht gern in die Schule und erbringt in der 3. Klasse gute Schulleistungen.

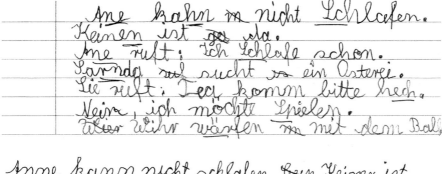

Abb. 2: Sandra, Schreibprobe vor Beginn der Behandlung und drei Monate danach.

Anna-Maria, 12 Jahre, Schulangst, Konzentrations- und Rechtschreibschwäche

Anna-Maria ist 12 Jahre alt, sie besucht die 6. Klasse und ist, wie manche hypoaktiven Kinder, leicht übergewichtig. Sie wird in der Praxis wegen Schulangst, Konzentrationsproblemen und schlechter Schrift vorgestellt. Anna-Maria übt sehr fleißig, zu Hause gelingen ihr die Diktate fast fehlerfrei, in der Schule macht sie viele Fehler. Obwohl sie gut lesen kann, liest sie niemals ein Buch. Im Englischen hat sie jetzt auch Probleme.

Die statomotorische Entwicklung sei unauffällig gewesen. Anna-Maria war ein ruhiges Kind. Ihre Hauptbeschäftigung war puzzeln, gemalt hat sie nicht so gern. Im Kindergarten spielte sie meist in der Puppenecke. Die Schwierigkeiten begannen in der 2. Klasse. Hier machte sie trotz regelmäßigen Übens viele Fehler beim Abschreiben und auch im Diktat. Im Zeugnis steht immer wieder: »Anna-Maria müsste sich besser konzentrieren, sie müsste zu Hause mehr üben und sie dürfte nicht so viel träumen, sie müsste sich in der Schrift mehr Mühe geben.«

Die Untersuchung ergab ein Aufmerksamkeitsdefizitsyndrom ohne Hyperaktivität und eine Rechtschreibschwäche bei Störung der Daueraufmerksamkeit, der auditiven und visuomotorischen Wahrnehmung bei langsamen Arbeitstempo. Die psychometrischen Verfahren zeigten Hinweise auf Regression, Schulangst, gehemmter Aggressivität, Selbstwertproblematik und einen deutlichen Leidensdruck. Im Satzergänzungstest schrieb Anna-Maria:

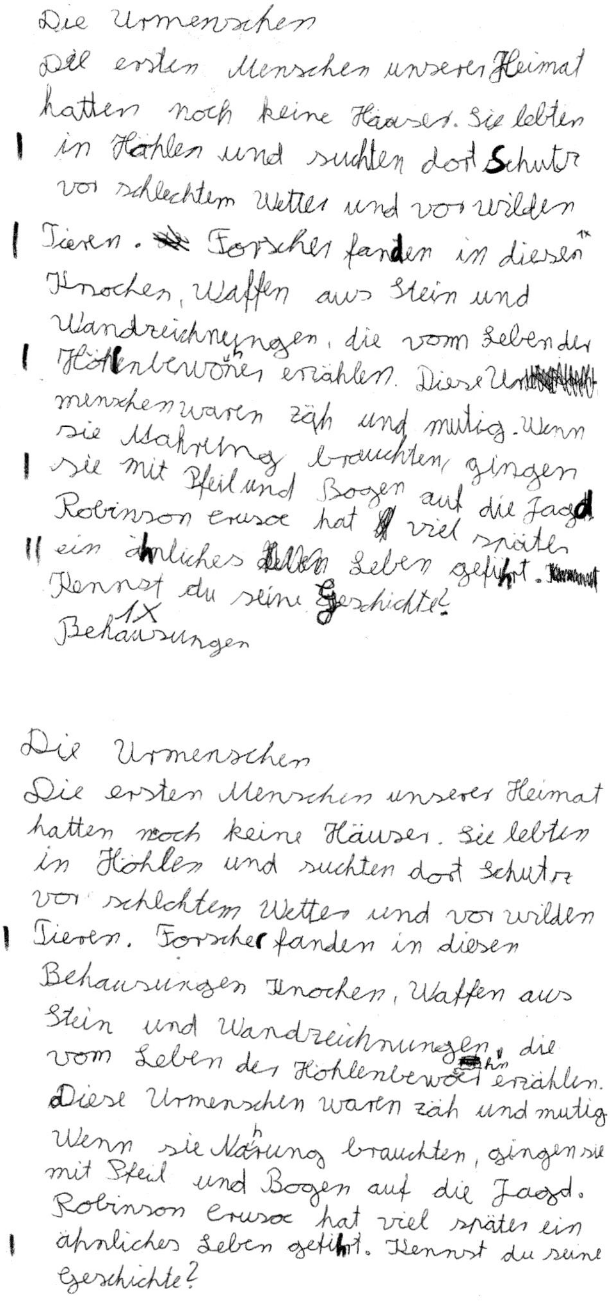

3 Beispiele aus der Praxis

Die Urmenschen
Die ersten Menschen unserer Heimat hatten noch keine Häuser. Sie lebten in Höhlen und suchten dort Schutz vor schlechtem Wetter und vor wilden Tieren. Forscher fanden in diesen Knochen, Waffen aus Stein und Wandzeichnungen, die vom Leben der Höhlenbewohner erzählen. Diese Urmenschen waren zäh und mutig. Wenn sie Nahrung brauchten, gingen sie mit Pfeil und Bogen auf die Jagd. Robinson Crusoe hat ein viel später ein ähnliches Leben geführt. Kennst du seine Geschichte?
Behausungen

Die Urmenschen
Die ersten Menschen unserer Heimat hatten noch keine Häuser. Sie lebten in Höhlen und suchten dort Schutz vor schlechtem Wetter und vor wilden Tieren. Forscher fanden in diesen Behausungen Knochen, Waffen aus Stein und Wandzeichnungen, die vom Leben des Höhlenbewohners erzählen. Diese Urmenschen waren zäh und mutig. Wenn sie Nahrung brauchten, gingen sie mit Pfeil und Bogen auf die Jagd. Robinson Crusoe hat viel später ein ähnliches Leben geführt. Kennst du seine Geschichte?

Abb. 3: Anna-Maria, Diktat vor (oben; 6 Fehler) und eine halbe Stunde nach (unten; 2 Fehler) der Medikamenteneinnahme

- Angst habe ich nur vor einem Diktat,
- am meisten leide ich unter meinen schlechten Diktatnoten,
- für mich ist das Wichtigste im Leben meine Familie und gute Noten zu bekommen.
- am besten fühle ich mich, wenn ich eine Eins schreibe.

Anne-Marias Behandlung erfolgt mit Stimulanzien, wodurch sich ihre Rechtschreibnoten prompt besserten. Im Probediktat vor und nach Einnahme einer Tablette war das Verhältnis der Fehler drei zu eins.

Anna-Maria übt jetzt fleißig und macht große Fortschritte in der Rechtschreibung und im Englischen. Beide Noten konnte sie innerhalb eines halben Jahres von Fünf auf Vier verbessern. Bei Anna-Maria besteht außerdem eine Störung des beidäugigen dynamischen Sehens. Die Vorstellung beim Augenarzt ergab zunächst einen unauffälligen Befund, aber eine Überweisung zu einem Spezialisten bestätigte den Befund.

Auch bei Anna-Maria bestand eine Diskrepanz zwischen ihrer überdurchschnittlichen intellektuellen Begabung, ihrer Leistungsfähigkeit in der Schule und ihrer Zufriedenheit mit diesen Schulleistungen. Sie litt unter ständigen Enttäuschungen, denn sie spürte, dass sie mehr wusste, als sie zu Papier brachte. Insbesondere die Diskrepanz zwischen mündlich und schriftlich erarbeiteten Noten war groß. Das Schriftbild ist jetzt besser. Eine Schulangst besteht seit langem nicht mehr. Anna-Maria geht inzwischen gern und erfolgreich zur Schule. Natürlich muss sie noch weiterhin intensiv üben, um das Versäumte nachzuholen, aber sie tut es mit spürbar größerem Erfolg.

Manuel, 8 Jahre, Probleme in der Fein- und Grobmotorik, im Arbeitstempo und in der sozialen Reife

Manuel besucht die 2. Klasse. Er wurde mir vorgestellt, weil er zu langsam sei und jetzt von der 2. Klasse in die 1. Klasse zurückversetzt werden soll, da er nicht richtig schreiben und lesen könne. Manuel regt sich schnell auf. Er hat seit mehreren Jahren Ergotherapie wegen der gestörten Körperkoordination und Problemen in der Fein- und Visuomotorik.

Diagnose der Ergotherapeutin: sensomotorische Wahrnehmungsstörungen.

Die Mutter beschreibt ihn als sehr ängstlich. Obwohl er sich Mühe gibt, vergisst er viel. Er schreibt sehr verkrampft, resigniert oft und macht stundenlang Hausaufgaben. Zur Zeit befindet er sich in homöopathischer Behandlung wegen seiner Neurodermitis. Manuel habe sich auf die Schule gefreut. Im Kindergarten war er sehr ruhig, hat vor sich hin gespielt, meist in der Bauecke, wenig gemalt und wenig Kontakt zu anderen Kindern gehabt. Seit der Einschulung fällt auf, dass er für alle

Aufgaben viel zu lange Zeit benötigt. Lange braucht er, um überhaupt anzufangen. Sein Arbeitsmaterial ist nie vollständig. Somit schafft er nur einen Teil der schriftlichen Aufgaben in der Schule.

Im Zeugnis der 1. Klasse steht, dass er »sich im Laufe des ersten Schuljahres positiv entwickelt habe, er müsse nur noch selbstständiger werden, schneller arbeiten und sich nicht immer von anderen Dingen ablenken lassen. Bei all deinem Tun verlierst du dich noch zu sehr im Detail und träumst vor dich hin.«

Im Zeugnis der 2. Klasse steht: »Du vergisst sehr viel. Wenn du alleine einen schriftlichen Auftrag ausführen sollst, versinkst du häufig in einer Traumwelt und vergisst die sofortige und ordentliche Erledigung deiner Arbeit. Sehr oft kannst du deshalb die gesetzte Zeit nicht einhalten, zumal dir das Schreiben mit dem Füllhalter sehr schwer fällt.«

Wenn Manuel aufgeregt ist, kann er sich schlecht ausdrücken und beginnt zu stammeln. Er kann die Lautstärke seiner Stimme oft nicht kontrollieren und begleitet sein Handeln mit lauten Kommentaren.

Die Untersuchung ergibt auch bei Manuel das Vorliegen eines Aufmerksamkeitsdefizitsyndroms mit deutlicher Beeinträchtigung der Körperkoordination, der Fein-, Visuo- und Grobmotorik (▶ Abb. 4) sowie ein sehr langsames Arbeitstempo,

Abb. 4: Manuel (2. Klasse), beim Versuch ein Kreuz zu malen.

da er im Denkprozess sehr umstellungserschwert ist. Konzentration und Daueraufmerksamkeit sind stark herabgesetzt. Außerdem besteht ein Doppelbild-Sehen beim Blick nach beiden Seiten. Die Schule bereitet ihm soviel Probleme, dass er sie am liebsten nicht mehr besuchen will.

Die Eltern konnten nur schwer zu einer Behandlung mit Stimulanzien überredet werden, haben sich aber inzwischen von der positiven Wirkung einer unterstützenden medikamentösen Behandlung überzeugt. Manuel ist jetzt wesentlich schneller. Es gelingt ihm immer mehr, sein Arbeitstempo den Anforderungen der Schule anzupassen. Eine Rückversetzung in die 1. Klasse ist nicht mehr erforderlich, er kommt jetzt in die 3. Klasse.

Auch er verfügt über eine überdurchschnittlich gute intellektuelle Ausstattung. Es erfolgte auch ein Sprach- und Atemtraining wegen des Stammeln und der Atemrhythmusstörung.

Jennifer, 10 Jahre alt, Alpträume, Bauchschmerzen, beginnendes Stottern

Jennifer besucht die 3. Klasse. Ihre Mutter berichtet, dass sie als Kind ähnlich gewesen sei. Später im Jugendalter habe sie unter einer Depression gelitten, was sie unbedingt ihrem Kind ersparen möchte.

Jennifer habe sich statomotorisch normal entwickelt, sie sei zeitig gelaufen, hatte eine gute Sprachentwicklung und war ein fröhliches Kind. Im Kindergarten war sie unauffällig, sie spielte gern in der Puppenecke, hatte viele Freundinnen und freute sich auf die Schule. Dort jedoch war sie von der 1. Klasse an zu langsam und verträumt. In den Zeugnissen von Jennifer wiederholen sich folgende Aussagen: »Gelegentlich musst du zur Aufmerksamkeit ermahnt werden, denn es kommt immer wieder vor, dass du mit deinen Gedanken ganz woanders bist. Du benötigst immer zu deinen Aufgaben mehr Zeit als vorgesehen; wenn du dich bemühst und konzentrierst, kannst du aber zügig arbeiten... Bei geübten Diktaten machst du nur wenig Fehler. Du schaffst sehr vieles in der Schule nicht und musst zu Hause nacharbeiten. Das Abschreiben solltest du sorgfältiger machen, um Fehler zu vermeiden. Du rechnest meistens richtig, aber zu langsam. Für sachkundliche Themen zeigst du großes Interesse, ebenfalls zeigst du großen Einsatz im Sport.«

Die Untersuchung ergab auch bei Jennifer ein Aufmerksamkeitsdefizitsyndrom mit auffällig langsamen Arbeitstempo bei sehr guter intellektueller Ausstattung.

Unter der Behandlung mit Verhaltenstherapie, Entspannungsübungen, Sprach- und Atemtraining sowie der Gabe von Stimulanzien und intensiver Mitarbeit der Mutter besserte sich die Symptomatik sehr schnell. Jennifer konnte jetzt ruhig, selbstsicherer und ohne Angst in die Schule gehen. Die Bauch- und Kopfschmerzen waren wie weggeblasen.

Das Zeugnis der 3. Klasse bescheinigt und unterstützt den Erfolg. Sie hat einen Notendurchschnitt von 1,6. Die Lehrerin schreibt: »Du bist eine gewissenhafte, fleißige Schülerin, die mit ihren Klassenkameraden nett umgeht. Du bist stets interessiert an allen Themen und Bereichen des Unterrichtes und trägst mit passenden Beiträgen und vielseitigem Material zum Gelingen des Unterrichts bei. Besonders gut kannst du Erkenntnisse wortgewandt zusammenzufassen und Zusammenhänge erkennen. Vor der Klasse trittst du sicher auf und erklärst deutlich. Alle geforderten Arbeitsaufträge erledigst du gewissenhaft, selbstständig und in angemessenem Arbeitstempo. Hausaufgaben vergisst du nie.«

Wenn man Jennifers Zeugnisse vor und nach der Behandlung betrachtet, glaubt man kaum, dass es sich um ein und dasselbe Kind handelt.

Torsten, 12 Jahre, depressive Verstimmungen, Rechtschreibschwäche

Torsten wiederholt jetzt die 5. Klasse. Er hat im Diktat und in Englisch eine Fünf, deshalb bekommt er Nachhilfe, jedoch ohne Erfolg. Er weint leicht und isoliert sich von seinen Klassenkameraden. Am liebsten macht er Computerspiele und spielt gern mit kleineren Kindern.

Seit der 1. Klasse gibt es Probleme in der Schule im Verhaltens- und Leistungsbereich. Torsten ist verträumt, langsam und kann sich nicht konzentrieren. Er hat Probleme in der Rechtschreibung und in der englischen Grammatik. Seine Schrift ist kaum leserlich, obwohl er sich viel Mühe gibt. Zunehmend bekommt er immer mehr Angst, ganz zu versagen, wobei er es »vom Kopf her« kann. Er beginnt an seinen Fähigkeiten zu zweifeln und weigert sich in die Schule zu gehen.

In der 2. Klasse erfolgte schon einmal eine Überprüfung auf Sonderschulfähigkeit, davon wurde aber Abstand genommen, da die intellektuelle Ausstattung des Jungen überdurchschnittlich sei. Da Torsten sehr leistungsmotiviert ist und sich gute Noten wünscht, benötigt er für die Hausaufgaben viel Zeit. Er hatte bisher Ergotherapie und Psychotherapie ohne wesentlichen Erfolg. Eine familiäre Belastung mit ADS liegt vor.

Die Diagnose lautete auch bei Torsten:

- Aufmerksamkeitsdefizitsyndrom ohne Hyperaktivität
- Lese-Rechtschreibschwäche
- reaktive Fehlentwicklung mit Selbstwertproblematik, Alpträumen und depressiver Verstimmung
- Hinweise auf Störung der Fein- und Visuomotorik

Torstens geistig-intellektuelle Ausstattung ließ sich wie folgt beschreiben:

- HAWIK IQ = 117, Raven-Test IQ = 128,
- Der diagnostische Rechtschreibtest vom 13.12.1999 ergab eine Rechtschreibleistung von nur 8 % des durchschnittlichen Wertes der Klassenstufe von 50 %. Nach Behandlungsbeginn und Kontrolle wurde am 11.2.2000 ein Wert von 43 % erreicht, was fast dem Durchschnittswert der Klassenstufe entsprach.

> **Informationen zum Raven-Test**
>
> Der Raven-Test ist ein sprachfreier, kulturunabhängiger und standardisierter Intelligenztest in Form eines Matrizentests. Er erfasst insbesondere die Abstraktionsfähigkeit und das logische Denkvermögen. Auch bei diesem Test gibt es Normwerte für jede Altersgruppe.

Der Kommentar unter dem Abschlusszeugnis der 5. Klasse lautet: »Dein Problem besteht darin, dass du dich nur allzu gern ablenken lässt und auch selber andere gern ablenkst. Durch dein häufiges Träumen bekommst du entscheidende Dinge im Unterricht nicht mit. Bedenke, dass du dadurch leicht den Anschluss verpasst. Beteilige dich unbedingt mehr am Unterricht. Dass du das durchaus kannst, hast du schon mehrmals bewiesen. Achte darauf, dass du im Unterricht nicht einfach abschaltest und vor dich hin träumst. Für die Fächer Englisch und Deutsch solltest du zu Hause öfter die Texte laut vorlesen, das verbessert deine englische Aussprache und dein Lesevermögen.«

Unter der Behandlung verbesserten sich Torstens Deutsch- und Englischleistungen allmählich. Der Junge konnte seine Leistungen und sein Verhalten verbessern, bekam wieder Vertrauen zu sich selbst und geht jetzt wieder gern in die Schule. Wie Torsten die ersten Tage der Behandlung erlebte, zeigt ▶ Abb. 5.

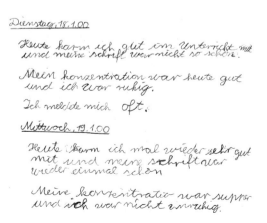

Abb. 5: Torsten, Auszug aus dem Protokoll vom Behandlungsbeginn seiner ADS-Therapie.

Annette, 9 Jahre, Rechenschwäche

Annette besucht die 3. Klasse zum zweiten Mal. Sie hat Probleme im Rechnen, ihre Noten dort liegen zwischen Fünf und Sechs. Annette denkt sehr langsam. Die Mutter schildert, dass Annette in praktischen Dingen sehr gut sei, sie kümmere sich sehr liebevoll um ihre jüngeren Geschwister. Dagegen habe sie große Probleme im Umgang mit Zahlen, so könne sie immer noch keine Uhr lesen. Jetzt ist eine Umschulung in die Sonderschule vorgesehen, wogegen sich die Mutter wehrt.

Aus der Anamnese ist erwähnenswert: normale statomotorische Entwicklung, im Alter von drei Jahren Trennung der Eltern, verzögerte Sauberkeitsgewöhnung, keine altersentsprechende Sprachentwicklung, deshalb in logopädischer, später auch in ergotherapeutischer Behandlung. Seit der Einschulung Probleme mit der Konzentration, im Arbeitstempo und im Rechnen. Der Bruder habe eine Rechtschreibschwäche.

Die Diagnose: Aufmerksamkeitsdefizitsyndrom ohne Hyperaktivität, multiple Teilleistungsstörungen, Rechenschwäche

Geistig-intellektuelle Ausstattung:

- Kramer-Entwicklungstest IQ = 94, Raven-Test IQ = 110 (damit liegt Annettes Wert 10 % über der Altersnorm
- Rechtschreibtest: überdurchschnittlich gut, Prozentrang 78
- Zürcher Lesetest: altersentsprechend (siehe Erläuterungen unten)
- Rechentest: kein Anhalt für Dyskalkulie (Rechenschwäche), aber ADS-bedingte Probleme im Rechnen, dabei besonders bei den Textaufgaben durch Störung der Konzentration, der Merkfähigkeit und der Wahrnehmung (siehe Erläuterungen unten)

Informationen zum Kramer-Test

Der Kramer-Test ist ein standardisierter Test zur Erfassung der intellektuellen Leistungsfähigkeit von Schul- und Kleinkindern. Er gibt für jede Altersgruppe unterschiedliche Aufgaben vor und kann somit gut zur Verlaufskontrolle einer Behandlung eingesetzt werden. Testerfahrung ist hierbei weitgehend vermeidbar.

Gerade im Behandlungsverlauf von ADS-Kindern ist durch die Verbesserung der Konzentration und weiterer Teilleistungsbereiche ein Anstieg der intellektuellen Leistungsfähigkeit zu erwarten. Dieser entspricht nicht selten einer Erhöhung des Intelligenzquotienten um 10–15 %, die mit dem Kramer-Test erfasst werden kann.

Informationen zum Rechentest

Der Rechentest ist ein standardisierter Test zur Beurteilung der schulklassenspezifizierten Rechenleistung (Rechenfertigkeit und Rechenverständnis) und zur Diagnostik einer Rechenschwäche und ihrer möglichen Ursache.

Annette, 9 Jahre, Rechenschwäche

Informationen zum Züricher Lesetest

Der Lesetest ist ein standardisierter Test, womit die Leseleistung nach Schulklassenzugehörigkeit, Lesegeschwindigkeit, Anzahl der Fehler und das Leseverständnis beurteil wird.

Nach der Behandlung erreichte Annette ein deutlich schnelleres Arbeitstempo. Die leistungsmotivierte und fleißige Schülerin erzielt jetzt durchschnittliche Leistungen in Mathematik bei sonst guten schulischen Noten. Inzwischen erhielt Annette eine Realschulempfehlung.

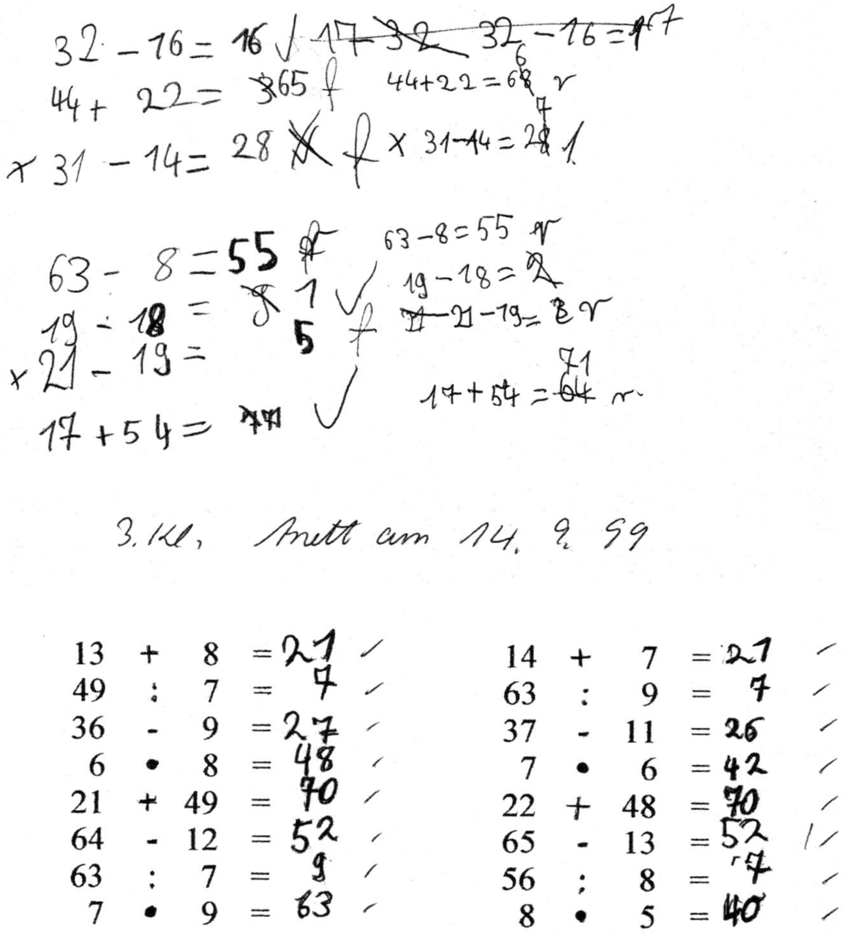

Abb. 6: Annette (3. Klasse), Rechenschwäche, vor Behandlungsbeginn (14.9.1999) und danach (22.2.2000).

Mandy, 11 Jahre, Einnässen, Kopf- und Bauchschmerzen, gelegentliches Stehlen

Mandy besucht die 5. Klasse, sie nässt mehrmals täglich ein und auch ab und zu nachts, etwa einmal pro Woche. Das Einnässen am Tage wurde schon von anderen Kindern bemerkt, was ihr sehr peinlich war. Von ihrer Mutter wird sie als lieb, verträumt und zu langsam geschildert.

Sie hat aber auch Probleme in der Schule mit der Konzentration, der Rechtschreibung und der Vergesslichkeit. Das fiel schon in der 3. Klasse auf. In letzter Zeit nimmt sie der Mutter öfter mal Geld aus dem Portemonnaie, um für sich und ihre Freundin etwas zu kaufen.

Sie soll die 5. Klasse der Hauptschule wiederholen, was aber die Eltern für wenig sinnvoll halten. Denn Mandy ist sehr fleißig und macht den ganzen Nachmittag Hausaufgaben.

Im Sport und im Tanzen hat sie schon einige Urkunden gewonnen. Wenn aber das Wort Schule fällt, bekommt sie Kopf- oder Bauchschmerzen.

Die Diagnose lautet bei Mandy:

- ADS ohne Hyperaktivität
- Rechtschreibschwäche
- reaktive Fehlentwicklung mit psychosomatischen Beschwerden und Selbstwertproblematik
- gestörtes beidäugiges dynamisches Sehen

Unter der Behandlung konnte Mandy durch erfolgreicheres Üben ihre schulischen Leistungen deutlich verbessern. Das Sauberkeitstraining zeigte erstmalig Erfolge, das Mädchen gewann an Selbstvertrauen. Natürlich war bei dem gut motivierten Mädchen eine intensive Verhaltenstherapie und die aktive Mitarbeit der Eltern erforderlich.

Spontan berichtet die Mutter, dass ihre Schwester als Kind ähnlich gewesen sei. Sie sei aber jetzt depressiv und ständig in fachärztlicher Behandlung.

Thomas, 7 Jahre, Lese-Rechtschreibschwäche

Der siebenjährige Junge mit einer überdurchschnittlichen Intelligenz hatte große Schwierigkeiten, in der 1. Klasse Schreiben zu lernen (Kramer-Test IQ = 106, HAWIK Gesamt-IQ = 136, Verbal-IQ = 140, Handlungs-IQ = 116). Damit ist Thomas ein »typisches« ADS-Kind mit einer Intelligenz im Hochbegabtenbereich, das durch seine ADS-bedingten Teilleistungsstörungen deutlich beeinträchtigt wird.

Der diagnostische Rechtschreibtest vom 22.2.1999 ergab jetzt einen Prozentrang 38, wobei der Prozentrang zu Beginn der Behandlung 0 war. (Prozentrang 0

Thomas, 7 Jahre, Lese-Rechtschreibschwäche

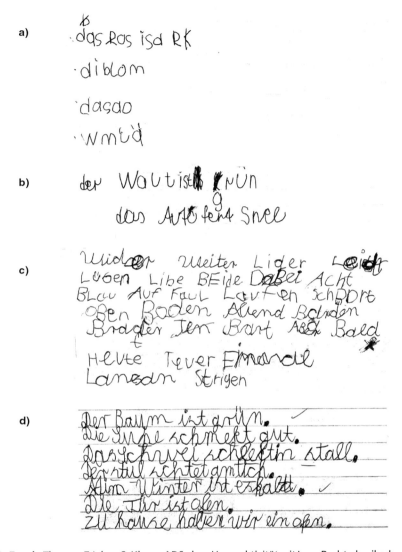

Abb. 7 a–d: Thomas, 7 Jahre, 2. Klasse, ADS ohne Hyperaktivität mit Lese-Rechtschreibschwäche

    a) Schreibprobe vom 14.1.1998. Die Sätze sollen lauten: Das Gras ist grün. – Die Blumen blühen im Garten. – Das Auto fährt schnell. – Die Schweine stehen im Stall.

    b) Schreibprobe vom 28.4.1998. Die Sätze sollen lauten: Das Gras ist grün. – Das Auto fährt schnell.

    c) Schreibprobe vom 21.9.1998 nach Therapiebeginn im Juni 1998. Einige Wörter, die wie folgt lauten: wieder, weiter, Lieder, leider, lügen, Liebe, beide, dabei, acht, blau, auf, Fall, laufen, Sport, oben, Boden, Abend, baden, braten, Bart, aber, bald, heute, teuer, einmal, langsam, stricken.

    d) Schreibprobe vom 21.1.1999.

bedeutet, dass keines der geforderten Testwörter richtig geschrieben wurde. Der Prozentrang 38 kommt dem Durchschnittwert der Klassenstufe von 50 % schon langsam näher.) Unter der weiteren Behandlung Steigerung auf Prozentrang 58 bei schon immer ausgezeichneten mathematischen Fähigkeiten.

Auch bei Thomas lag die Ursache seiner Schwierigkeiten in einem ADS mit Hypoaktivität und vielen Teilleistungsstörungen, die mit Hilfe einer medikamentösen Behandlung und regelmäßigem Üben des Jungen viel schneller, als nur mit Förderunterricht und Nachhilfe allein, gebessert werden konnten.

Thomas war dabei anfangs ein unauffälliger Schüler gewesen, der sehr gut rechnete, sich angepasst verhielt, aber am Ende der ersten Klasse weder lesen noch schreiben konnte. Die Mutter berichtete, dass er die Buchstaben vertauscht, dass sie große Mühe habe, zu Hause mit ihm schreiben und lesen zu üben. Er würde sich verweigern. Seine Hausaufgaben in Rechnen hätte er im Nu und selbstständig erledigt. Der Vater habe auch früher unter großen Rechtschreibproblemen gelitten und sei später depressiv geworden. Die Schwester von Thomas sei hyperaktiv und werde ebenfalls behandelt.

Die Untersuchung ergab, dass der Junge deutliche Störungen in der Konzentration, in der Grob-, Fein- und Visuomotorik hatte.

Die psychometrischen Tests zeigten eine Tendenz zur Regression, Hinweise auf gehemmte Aggressivität und Versagensängste. Unter der Behandlung jedoch gewann der Junge wieder Freude an der Rechtschreibung und am Lesen. Es gelang ihm innerhalb von einem halben Jahr, sein Rechtschreibniveau vom Prozentrang 0 auf Prozentrang 38 im diagnostischen Rechtschreibtest zu verbessern. Eine Schriftprobe vom Beginn der Behandlung (Juni 1998) und zwölf Monate später zeigt hier Abbildung 7. Dazwischen lag die Zustimmung der Eltern zu einer Stimulanzientherapie (Juni 1998) sowie ein intensives Training, das der Junge aber gern absolvierte, da er durch die Behandlung erste Erfolge erlebte. Der Junge brauchte so die 1. Klasse nicht zu wiederholen, sondern blieb in der 2. Klasse. Er ist inzwischen nicht nur der beste Rechner seiner Klasse, sondern steht den meisten Schülern in der Rechtschreibung nicht mehr nach.

Marc, 11 Jahre, besucht mit überdurchschnittlicher Intelligenz die Lernbehindertenschule

Marc wird mir auf Anraten der Lehrer vorgestellt, denn er passt nicht auf und stört permanent den Unterricht, weshalb er oft den Klassenraum verlassen muss. Er ist unkonzentriert und leicht ablenkbar. Interessiert ihn aber etwas, so ist er voll bei der Sache, was aber sehr selten vorkommt und nicht lange andauert. Sofort ist ihm alles zu langweilig und er beschäftigt sich mit anderen Dingen, träumt vor sich hin oder macht unpassende Kommentare. Bei den schriftlichen Arbeiten versagt er: Er habe »Aussetzer« sagen die Lehrer – er meint, er habe eine »Blockade« im Kopf. Was er auch arbeitet, es geht viel zu langsam. Er regt sich schnell auf und fühlt sich immer angegriffen.

Da ihm sowieso nichts gelingt, macht er kaum noch Hausaufgaben. Zu Hause könne er alles, nur in der Schule klappt nichts. Soll er eine Arbeit mit einer schlechten Note von den Eltern unterschreiben lassen, unterzeichnet er sie selbst oder verliert sie und gibt darüber stundenlange Erklärungen ab. Er werde sowieso immer und von allen falsch beurteilt.

Marc wurde in der 3. Klasse schon einmal wegen seiner Auffälligkeiten im Verhalten und in den schulischen Leistungen untersucht. Zwei verschiedene Intelligenzteste erbrachten damals einen IQ von über 120 (siehe Erläuterungen unten). Es wurden aber auch schwere Teilleistungsstörungen in mehreren Bereichen mit viel zu langsamer Verarbeitung von Wahrnehmungen und Informationen bei schwerer Konzentrationsstörung festgestellt. Deshalb war er dem Lerntempo der Regelschule nicht gewachsen, seine Probleme im Lesen, Rechnen und Schreiben schienen unlösbar.

Seine Hand verkrampfte sich beim Schreiben, er schrieb unleserlich und konnte die Linien nicht einhalten. Seine Buchstaben und Zahlen waren manchmal spiegelverkehrt.

Die Lehrer beschrieben ihn damals als unkonzentriert, verträumt, leicht ablenkbar und sehr sensibel, immer gleich weinend. Eine Umschulung in eine Lernbehindertenschule wurde veranlasst, aber seine Probleme blieben die gleichen.

> **Informationen zu den IQ-Werten**
>
> Ein IQ (Intelligenzquotient) von über 120 bedeutet, dass eine weit überdurchschnittliche Intelligenz vorliegt, wobei man bei IQ-Werten von über 130 von Hochbegabung spricht. Dagegen sprechen IQ-Werte von 70–50 % für eine Lernbehinderung mit Sonderschulbedarf.

Die Eltern bemerkten schon im Kindergarten, dass ihr Sohn anders als seine Geschwister und die anderen Kinder sei. Als ihm dann mangelnde Schulreife bestätigt wurde und er wider seinen Willen in die Vorschule musste, gingen sie von einem Therapeuten zum anderen. Zuletzt resignierten die Eltern. Hatten sie ihn doch fast fünf Jahre lang zur Ergotherapie gebracht, von der sie sich viel erhofften.

Auch Marc leidet unter einem ADS ohne Hyperaktivität mit multiplen Teilleistungsstörungen, die Ursache seiner Lese-Rechtschreib- und Rechenschwäche sind. Unter einer komplexen Therapie – einschließlich Stimulanziengabe – besserten sich bald seine schulischen Leistungen und sein Interesse am Unterricht. Der Junge entwickelte sich gegenüber allem viel aufgeschlossener und wurde wesentlich schneller in seinen Denkprozessen, so urteilen nun die Lehrer. Die Schule macht ihm jetzt Spaß und er will seinen Hauptschulabschluss machen, vielleicht sogar ein Fachabitur, um Computerspezialist zu werden. Jedenfalls hat er inzwischen wieder Mut, Pläne für die Zukunft zu schmieden.

3 Beispiele aus der Praxis

Patrick, 9 Jahre, 3. Klasse, drohende Versetzung auf eine Lernbehindertenschule

Patrick ist ein ängstlicher Junge, als er in meine Sprechstunde kommt. Er klammert an der Mutter und kann sich nur zögerlich von ihr trennen, nicht ohne sie geküsst und gedrückt zu haben. Er schläft noch im Bett der Eltern, hat Angst vor Dunkelheit und Gespenstern, er hat Alpträume.

Die Mutter berichtet, er könne nicht schreiben und rechnen, die Schule sei für ihn eine Katastrophe. In Sachkunde, Religion und Sport sei er sehr gut, er könne auch schnell etwas auswendig lernen. Zu Hause mache er stundenlang mit der Mutter Hausaufgaben, wobei er oft »ausflippt« und noch öfter die Aufgaben abbreche, um sich zu bewegen. Er habe einen großen Bewegungsdrang und könne dabei seine Kraft nicht dosieren. Wenn er unsicher ist, stottert er.

Die Mutter berichtet weiter, Patrick sei schon immer anders als die anderen Kinder gewesen. Er habe als Säugling wenig geschlafen und viel geschrien. Er war lebhaft, lief zeitig und war früh sauber. In den Kindergarten wollte er nicht. Er habe dort nicht gemalt und nicht gebastelt. Er spielte immer allein in der Bauecke. Den Stuhlkreis hasste er. Weil er nicht schulreif war, musste er die Vorschule besuchen, er hatte große feinmotorische Probleme. In der Vorschule sei er dann unauffällig gewesen.

In der 1. Klasse verwechselte er Buchstaben und schrieb die Zahlen spiegelverkehrt. Die Lesetexte konnte er schnell auswendig. Er lispelte und war deshalb in logopädischer Behandlung.

In der 2. Klasse hatte er Probleme im Lesen, Schreiben und Rechnen. Seine Hausaufgaben konnte er nicht allein machen. Die Lehrerin tröstete die Mutter, er sei ein Spätentwickler, denn sein Allgemeinwissen sei auffallend gut.

In der 3. Klasse bei einer anderen Lehrerin ging gar nichts mehr. Patrick verweigerte die Mitarbeit, weil er einige Male ausgelacht wurde, weinte immer gleich und schrie bei den Hausaufgaben herum. Die Lehrerin veranlasste eine Überprüfung durch einen Sonderschulpädagogen. Sie vermutete, dass er auf eine andere Schule gehört.

Die Untersuchung ergab als Ursache seiner Rechtschreib- und Rechenschwäche ein ADS ohne Hyperaktivität mit multiplen Teilleistungsstörungen. Der diagnostische Rechtschreibtest (15.2.2000) ergab einen Prozentrang 2 mit 14 Wortdurchgliederungsfehlern. (Prozentrang 2 entspricht einer sehr schweren Rechtschreibschwäche, wobei ein Großteil der Wörter nicht lautgetreu geschrieben wurde.)

Seit der Behandlung mit Stimulanzien machte der Junge deutliche Fortschritte in der sonderpädagogischen Betreuung, die bis dahin nicht so deutlich zu verzeichnen waren. Die Kontrolle des Rechtschreibtests vom 15.11.2000 ergab einen Prozentrang von 47, was einer durchschnittlichen Rechtschreibleistung entsprach.

Nicht nur seine Leistungen wurden besser, auch sein Selbstbewusstsein. Er schläft mittlerweile allein in seinem Zimmer, geht gern in die Schule, ist dort kein Außenseiter mehr, sondern schon immer häufiger der »Chef« der Gruppe.

Wie schwer Patrick psychisch beeinträchtigt war, zeigten seine psychometrischen Befunde. Übrigens hat auch Patrick eine überdurchschnittliche Intelligenz (HA-WIK IQ = 128) bei großer Differenz zwischen Verbal- und Handlungsteil. Die Umschulung in eine Lernbehindertenschule konnte gerade noch abgewendet werden.

Maximilian, ein 18 jähriger Gymnasiast mit Rechenschwäche

Maximilian hatte während der gesamten Schulzeit Schwierigkeiten im Rechnen. Er benötigte zum Lösen der Aufgaben immer viel mehr Zeit und vergaß trotzdem deren Lösungswege sehr schnell. Nur durch intensives Üben und ständiger Nachhilfe erreichte er knapp durchschnittliche Noten im Rechnen und später in Mathematik. Nun aber versagte er sowohl bei der schriftlichen, als auch bei der mündlichen Abiturprüfung in Mathematik. Er konnte sich an die Regeln der Bruch- und Prozentrechnung nicht mehr erinnern. Es war auch kein Blackout, denn sie fielen ihn auch später nicht ein. Er bestand die Prüfung und damit das Abitur nicht und suchte deshalb bei mir Hilfe. Die Ursache war ein ADS ohne Hyperaktivität bei sehr guter Intelligenz. dadurch konnte er bisher mit viel Fleiß manche Schwächen kompensieren, jedoch sein Selbstwertgefühl hatte bereits sehr gelitten. Sein IQ im Verbalteil lag bei 134, der des Handlungsteiles bei 104. Mit hilfe der multimodalen ADS-Therapie und der Stimulanzien bestand er in der Abendschule das Abitur. Hier hatte er einen Lehrer, dessen Erklärungen er gut folgen konnte, den er sehr sympathisch fand, der seinen Fleiß ständig lobte und seine Fähigkeiten erkannte. Die Mathematik begann ihn so sehr zu begeistern dass er sie zum Studium wählte. Zu seiner Überraschung war er jetzt nun den Anforderungen gewachsen. Vorher musst er aber viele Gebiete der Mathematik noch einmal intensiv wiederholen und zum Teil neu lernen.

Diskussion der Beispiele

Wir sollten bei viel mehr Kindern mit Rechtschreibschwäche, Lese-Rechtschreibschwäche und Rechenschwäche nach den Symptomen eines Aufmerksamkeitsdefizitsyndroms suchen. Das ADS ist in diesen Fällen nicht Folge, sondern Ursache der Lese-Rechtschreibschwäche oder Rechenschwäche. Natürlich muss das nicht immer so sein, es gibt auch Lese-Rechtschreibschwäche und Rechenschwäche ohne ADS. Bei guter und ausreichender Diagnostik, guter Mitarbeit der Eltern und des

Kindes ist eine Verbesserung der Lese-Rechtschreibleistung und Rechenleistung beim Aufmerksamkeitsdefizitsyndrom in jedem Fall möglich. Das erfordert tägliches Üben unter Stimulanziengabe, einmal pro Woche reicht nicht, um die entsprechenden Lernbahnen zu festigen.

▶ Jedes Kind mit Lese-Rechtschreibschwäche und Rechenschwäche sollte man einem Spezialisten vorstellen, um ein ADS auszuschließen. Die Diagnose sollte frühzeitig erfolgen, ehe diese oft sehr begabten und leistungsorientierten Kinder sich »kaputt« üben und sich zu speziellen »Dauerversagern« mit Resignation und psychosomatischen Beschwerden entwickeln. ◀◀

Jedes Aufmerksamkeitsdefizitsyndrom hat seine eigene Symptomatik. Es gibt kein einheitliches Bild, aber es gibt eine einheitliche Diagnostik mit immer wiederkehrenden Hauptsymptomen. Wird das ADS-Kind mit Lese-Rechtschreibschwäche oder Rechenschwäche nicht behandelt, kann es zur Ausbildung einer Angstsymptomatik, einer Regression, zu mangelndem Selbstvertrauen mit Selbstwertproblematik, zu Einschlafstörungen, zu Alpträumen, Schulangst, depressiver Verstimmung bis hin zu Todeswünschen kommen.

Sowohl bei dem Aufmerksamkeitsdefizitsyndrom als auch bei der Lese-Rechtschreibschwäche haben wir oft eine gestörte Blicksteuerung, d.h. bei diesen Kindern verlaufen die Bewegungen der Augen besonders beim Blick zur Seite und bei schneller Bewegung nicht immer parallel. Die Kinder sehen kurzzeitig unscharf oder doppelt. Sehr oft klagen sie über eine »Wackelschrift« und ein verschwommenes Sehen beim Lesen.

Wie sieht die Therapie der Lese-Rechtschreibschwäche, der Rechenschwäche oder der Rechtschreibschwäche im Rahmen des ADS aus? Hier wird die Grundstörung zuerst behandelt mit regelmäßigem gezielten Nachdenken und konzentrierten Üben, Wiederholen der Diktate mit Fehlerbesprechung und Abfragen des Gelernten. (genaueres unter »Therapie« ▶ S. 76).

4 Wie kann ich erkennen, ob mein Kind hypoaktiv ist?

Die wichtigsten Symptome eines hypoaktiven Kindes

1. Das hypoaktive Kind ist mit sich und seiner Schulleistung unzufrieden. Es strengt sich an und erreicht doch nicht, was es will.
2. **Seine Intelligenz ist deutlich besser als sein Leistungsvermögen in der Schule.** Diese Kinder sind viel intelligenter, als sie es auf das Papier bringen können. Sie sind deshalb mit sich unzufrieden, können es aber nur nicht ausdrücken. Sie reagieren oft mit Regression (Rückentwicklung).
3. Die soziale und psychomotorische Entwicklung ist nicht altersgerecht. Hypoaktive Kinder haben weniger Kontakt zu Gleichaltrigen. Sie spielen oft mit jüngeren Kindern.
4. Das hypoaktive Kind arbeitet und denkt langsam. Es ist umstellungserschwert beim Wechsel von einer Aufgabe zur anderen. Dagegen kann es bei Sachen, für die es sich interessiert, ganz aufmerksam und konzentriert sein.
5. Das hypoaktive Kind hat eine verringerte Daueraufmerksamkeit. Es ist oft unkonzentriert und lässt sich leicht ablenken. Es träumt vor sich hin und muss immer wieder aus seinen Träumen in die Wirklichkeit geholt werden. Aber wenn es interessant wird, dann kann es auch »voll da sein«. So spielt es gern am Computer, puzzelt gern, spielt stundenlang mit Legosteinen oder Barbiepuppen. Dabei entwickelt es eine sehr lebhafte Fantasie*. Dagegen sind ihm Schulaufgaben oft ein Greuel. Sie dauern stundenlang, weil das hypoaktive Kind zwischendurch mehrfach unterbricht und andere Dinge erledigt oder nur vor sich hin träumt. Aber bei wichtigen Anlässen können die Schularbeiten auch ganz schnell erledigt werden.
6. Das hypoaktive Kind weint leicht und bei jeder Gelegenheit. Jede emotionale Regung wie Freude, Wut, Zorn oder Kränkung lässt ihm Tränen in die Augen schießen, ob es weinen will oder nicht.
7. Das hypoaktive Kind hat eine unregelmäßige Schrift. Es kann die Linien schlecht einhalten, wobei langsam geschriebene Sätze oft sehr korrekt gelingen. Aber Schnellschrift ist krakelig und schlecht leserlich. Die Schrift wird nicht automatisiert.

---

* Die Fantasie hat für das ADS-Kind eine zentrale Funktion bei der Verarbeitung und Bewältigung von Erlebnissen. Mithilfe der Fantasie gibt das ADS-Kind den Ereignissen – auch den traumatisierenden – nachträglich einen Sinn. Sie ist der eigentliche Wirkungsort der Abwehrmechanismen.

4 Wie kann ich erkennen, ob mein Kind hypoaktiv ist?

8. Das Abschreiben von der Tafel bereitet Probleme und ist fehlerhaft, ebenso gelingt das Abzeichnen von Figuren nur schlecht.
9. Das hypoaktive Kind ist in seiner Feinmotorik beeinträchtigt. Der Stift wird z. B. verkrampft gehalten und stark aufgedrückt.
10. Die Körperkoordination ist nicht altersgerecht. So stolpert es leicht und fällt über die eigenen Beine. Es verschüttet schnell etwas. Es malt, bastelt und schneidet nicht so gern etwas aus. Auch das Binden von Schleifen und das Schließen der Knöpfe gelingen viel später als bei anderen Kindern. Es lernt schlechter Rad fahren und schwimmen. Übungen ohne Augenkontrolle gehen schlechter.
11. Das hypoaktive Kind hört schlecht, d. h. es hört sehr gut, aber es behält trotzdem nichts. Es nimmt Gesprochenes nicht immer wahr, nur wenn man ihm es direkt ins Gesicht sagt und den Auftrag wiederholen lässt. Eine nachgerufene Aufforderung kann es nicht verinnerlichen, da es eine Filterschwäche hat und somit wichtige Worte nicht aus einer Geräuschkulisse herausfiltern kann. Hinzu kommt seine Vergesslichkeit, auch wenn es sich noch soviel Mühe gibt. Es hat einen schlechten Arbeitsspeicher. Gehört ist nicht gleich verstanden!
12. Das hypoaktive Kind durchläuft extreme Gefühle und neigt dadurch zu »Schwarz-Weiß-Denken«. Es kann seine Gefühle nicht steuern und ist schnell frustriert.
13. Hypoaktive Kinder können schlecht Ordnung halten.
14. Hypoaktive Kinder haben oft Eltern und Geschwister, die auch ein ADS haben. So hatten schon die Eltern selber in der Schule Probleme mit der Konzentration, mit der Rechtschreibung, mit dem Rechnen oder mit dem Arbeitstempo. Auch eine Häufung von Linkshändigkeit ist in den ADS-Familien vorhanden.
15. Das hypoaktive Kind ist psychisch beeinträchtigt. Es ist sehr affektlabil und empfindlich. Meist ist es ängstlich und unsicher.
16. Das hypoaktive Kind hat oft Teilleistungsstörungen wie Leseschwäche, Rechtschreibschwäche oder Rechenschwäche.
17. Das hypoaktive Kind hat ein ausgezeichnetes Gedächtnis für alles Vergangene und insbesondere für negative Ereignisse.
18. Das hypoaktive Kind hat einen ausgeprägten Gerechtigkeitssinn.
19. Es hat einen oberflächlich abtastenden Wahrnehmungsstil, der ein genaues Hinsehen und Wahrnehmen verhindert.
20. Es hat Probleme in der sozialen Integration. Es kann sich nicht gut in eine Gruppe Gleichaltriger einbringen. Es spielt lieber mit jüngeren Kindern.
21. Die Zuordnung der Aufgaben nach ihrer Wichtigkeit fällt hypoaktiven Kindern schwer.
22. Antrieb und die Umsetzungsgeschwindigkeit sind erheblich vermindert. Alles Neue löst erst einmal Ängste aus.
23. Hypoaktive Kindern handeln spontan und ungeplant, sie können sich schlecht an Vorgaben halten.

 ▶ Diese Aufzählung hat keinen Anspruch auf Vollständigkeit. Sie ließe sich noch erweitern. Aber nicht alle Symptome sind bei jedem hypoaktiven Kind vorhanden. ◀◀

Jedes Kind ist ein eigenes Individuum mit einem eigenen Spektrum an ADS-typischen Symptomen. Und es gibt kein einziges typisches Symptom für ADS, nur die Summe mehrerer Symptome – vom Fachmann in ihrer Psychodynamik untersucht – weisen auf das Vorliegen eines möglichen ADS hin.

Die Symptomatik im Überblick

1. Aufmerksamkeitsstörung
   - wechselnde Konzentration
   - keine Daueraufmerksamkeit, wenn uninteressant
   - leicht abgelenkt
   - vergisst wichtige Dinge
   - macht viele Leichtsinnsfehler
2. Emotionale Steuerungsschwäche
   - weint leicht
   - leicht kränkbar
   - regt sich schnell auf
   - glaubt, ungerecht behandelt zu werden
   - gibt schnell auf
   - ängstlich und traut sich nichts zu
3. Hypoaktivität
   - zu langsam
   - überangepasst
   - verträumt
   - kann nicht anfangen
   - beginnt vieles, macht nichts zu Ende
   - umstellungserschwert bei neuen Aufgaben
4. Störung der Fein- und Visuomotorik
   - hält den Stift verkrampft
   - schlechte Schrift
   - verwechselt Buchstaben, auch Zehner und Einer
   - schreibt spiegelverkehrt
   - kann keine Schleife binden
   - zeichnet und bastelt nicht gern
   - die Köperkoordination ist nicht altersgerecht
5. Sozialverhalten
   - sehr empfindlich
   - hat einen großen Gerechtigkeitssinn
   - macht schnell einen Rückzieher, gibt leicht auf
   - isoliert sich
   - spielt lieber mit kleineren Kindern oder allein
   - kann keine Ordnung halten

4 Wie kann ich erkennen, ob mein Kind hypoaktiv ist?

  – ist unselbstständig
  – klammert, braucht eine feste Bindung
  – hält es in keinem Verein lange aus
  – glaubt, nicht geliebt oder benachteiligt zu werden
  – klagt viel über Langeweile
  – hat einige Ängste
6. Fakultativ
  – Rechtschreibschwäche
  – Rechenschwäche
  – Sprachprobleme
  – Tics
  – Zwänge
  – allergische Erkrankungen
  – familiäre Belastung mit Depressionen und Alkoholabhängigkeit

Mütter schildern ihre Kinder

Björn in der 1. Klasse

Unser Sohn hat seit dem Säuglingsalter eine Neurodermitis, deshalb war er in der Pflege sehr anstrengend. Er weinte viel, war sehr ängstlich, anhänglich und brauchte immer die Mutter um sich.

Im Kindergarten war Björn eher ein Einzelgänger. Er mochte nur hingehen, wenn seine Lieblingserzieherin da war und seine Freundin Lisa. Sie spielten immer zusammen in der Bauecke. Einen Stuhlkreis mochte er gar nicht. Er malte und bastelte auch nicht mit, manchmal machte es Lisa für ihn. Zu Hause sagte er, dass er es gemacht hätte.

Bei der Jahreshauptuntersuchung mit fünf Jahren stellte die Kinderärztin fest, dass er schlecht malt. Er bekam deshalb Ergotherapie und wir malten zu Hause, letzteres tat er sehr ungern. Aber er machte Fortschritte.

Es erfolgte auch eine Vorstellung bei einer Psychologin, da Björn sehr ängstlich war, besonders in Gegenwart von Fremden. Unsere Frage: »Wird es Probleme in der Schule geben?« Sie beruhigte uns, wir sollten abwarten. Für den Fall, dass es schlimmer werde, empfahl sie Björn eine Spieltherapie. Er habe eine gute Intelligenz und werde die Schule schaffen.

Björn geht jetzt acht Wochen in die Schule und hat Probleme, seine Hausaufgaben zu machen. Er ist zu langsam, bevor er anfängt, vergeht schon fast eine halbe Stunde. Er will sie allein machen, kommt aber nicht vorwärts. Er will sich nicht helfen lassen und kann alles, aber wie. Buchstaben und Zahlen sind viel zu groß geschrieben und sehr krakelig. Sage ich etwas, wird er gleich wütend und schreit herum, das sei richtig so.

Mein Mann und ich, wir haben das geahnt, wir hatten beide Angst vor der Einschulung unseres Kindes, natürlich waren wir auch sehr stolz. Wir dachten beide, Björn ist ja so langsam und verträumt, ob er da mit der Zeit zurecht kommt? So, wie er den Stift hält, wird er Probleme beim Schreiben haben. Aber er kommt frohen Mutes aus der Schule und ist mit sich zufrieden, wenn nur die »blöden Hausaufgaben nicht wären«. Wir haben schon beide Angst vor dieser Situation.

Als ich die Lehrerin fragte, ob mit Björn alles in Ordnung sei, meinte sie, er wäre sehr unkonzentriert, spiele ständig mit seinen Stiften und träume oft vor sich hin. Bis er seine Arbeitssachen bereit habe, dauere es sehr lange. Wir besprachen das zu Hause mit Björn und zeigten ihm, wie er das ändern könnte.

Als ich die Lehrerin einige Zeit später noch einmal darauf ansprach, ob es jetzt besser sei, meinte sie, er baue noch immer im Laufe des Vormittags in der Konzentration sehr ab. Er sitze nun ruhiger und spiele nicht mehr so viel mit den Stiften, aber er schaue viel aus dem Fenster. Wenn die Lehrerin ihn aber aufrufe, wisse er die richtige Antwort. Wenn sie ihn ermahne, sei er schnell gekränkt, er habe auch schon einmal geweint, was sie sich nicht erklären könne. Ich erwiderte, er sei sicherlich noch etwas unreifer als die meisten anderen Kinder und brauche eine längere Eingewöhnungszeit. Die Lehrerin bestätigte das, manche Kinder benötigen dazu ein ganzes Jahr.

Björn ist sehr empfindlich, obwohl er nach außen eher ruhig und verschlossen wirkt. Er hat eine sehr strenge Lehrerin. Wenn sie die Stimme hebt und eine ernste Miene macht, meint er, dass sie ihn anschreit und vor der Klasse fertig machen will, was jedoch noch nie der Fall war. Seine Freundin Lisa findet die Lehrerin nett und tröstet ihn immer. Ich finde die Frau auch nett.

Björn ist ein sehr guter Sportler, ich meldete ihn im Fußballverein an. Anfangs war er ganz begeistert. Aber dann mochte er den Trainer nicht mehr. Er schreie ihn immer an, wenn er den Ball nicht treffe, außerdem bevorzuge der Trainer die anderen. Schließlich wollte er nicht mehr hingehen. Er wollte mit Lisa Tennis spielen. Also meldete ich ihn dort an. Lisa war schon ein paar Wochen im Tennisclub und spielte somit besser. Björn aber konnte nicht akzeptieren, dass es bei ihm nicht gleich so gut ging und glaubte, der Trainer hätte etwas gegen ihn und würde Lisa bevorzugen. Also ging er auch dort nicht mehr zum Training.

Von der Schule erzählte er nie etwas von selbst. Nur wenn ich hartnäckig im Fragen blieb, erfuhr ich, dass alles »super« sei. Dabei erzählte er mehr von Lisa als von sich. Ob er auch aufpasst? Ob er mitarbeitet oder mit seinen Sachen spielt? Das sei alles »okay«. Als ich ihm sagte, ich würde heute Abend beim Elternabend die Lehrerin danach fragen, wurde er ganz traurig. Am liebsten hätte er es, ich würde nicht hingehen. Er gestand, dass er manchmal »Bummelletzter« sei und einmal die Hausaufgaben vergessen hätte, aber das sei nicht seine Schuld gewesen.

Als wir dann vom Elternabend heim kamen, war er noch wach und fragte ganz ängstlich: »Was hat sie gesagt?« Als wir meinten »nichts«, war er sichtlich erleichtert. Wir denken, dass er sehr wenig Selbstvertrauen hat und sich nicht einschätzen kann. Deshalb sagt er oft die Unwahrheit und ist tief gekränkt, wenn wir auch nur geringste Zweifel an seinen Berichten äußern.

Was mir besonders auffällt: Björn kann zu Hause viel besser malen als in der Schule. Wenn er dort z. B. einen Menschen malen soll, malt er eine asymmetrische

4 Wie kann ich erkennen, ob mein Kind hypoaktiv ist?

Horrorgestalt, so dass die Lehrerin schon einmal äußerte, bei den Hausaufgaben hat dir bestimmt die Mama geholfen, was aber nicht stimmt. Wenn er etwas malen soll, was er noch nie gemalt hat, kann er es nicht. Er hat keine Vorstellung von den Proportionen. Male ich es ihm aber vor, malt er es exakt nach und merkt sich auch, wie es gemalt wird. In der Schule hat er damit Probleme und wird auch deshalb häufig gehänselt. Was mich nicht wundert, auch ich bin von seinen Zeichnungen in der Schule erschrocken und denke, dass kann doch nicht wahr sein. Das Ausmalen dagegen klappt in der Schule gut.

Nun zu den Schulaufgaben: Björn sollte in Mathematik Figuren einkreisen. Bei drei Figuren ging das wunderbar, aber bei den restlichen zwei Figuren verzettelte er sich dauernd. So brauchte er gestern 30 Minuten, um vier verschiedene Aufgaben einzukreisen. Die Zahlen und Buchstaben kennt er, auch wenn er sie nicht gut schreiben kann. Aber Lesen bereitet ihm große Probleme.

Er soll z. B. das Wort L E A lesen.

Und, wie heißt es jetzt?   LEL   LEO   ELA

Er sieht dann nicht mehr auf das Blatt und ratet nur. Das Zusammenziehen der Buchstaben bereitet ihm Schwierigkeiten. Ich glaube, es klappt nur, wenn er es auswendig kann. Besonders bei den zweisilbigen Wörtern tut er sich schwer.

Er kann nicht allein spielen. Er hat das ganze Zimmer voller Spielsachen und sammelt trotzdem alles, was er bekommen kann oder findet. Mit seinen Spielsachen spielt er kaum. Auch Memory oder Würfelspiele spielt er ungern, am liebsten baut er oder sitzt vor dem Fernsehgerät. Hier musste ich schon eine Sicherung einbauen. Am liebsten möchte er, dass seine Freundin Lisa zu ihm kommt oder aus dem Haus ein kleiner Freund, der aber erst vier Jahr alt ist. Mit dem kann er sich gut beschäftigen.

Soweit der Bericht der Mutter. Björn hat ein ADS, jedoch ohne hyperaktiv zu sein, aber mit vielen Teilleistungsstörungen. Ohne eine intensive Behandlung, einschließlich der Gabe von Stimulanzien, wäre er nicht in die zweite Klasse gekommen. Dank der Weiterführung einer intensiven multimodalen Therapie ist er inzwischen ein fröhliches und mit sich zufriedenes Schulkind.

Daniela und die Frage ihrer Mutter, hat meine Tochter ADS?

Meine Tochter Daniela besucht jetzt die dritte Klasse. Die Lehrerin beurteilt sie als oberflächlich, unkonzentriert und leicht ablenkbar. Sie habe wenig Kontakt zu anderen Kindern und ihre Entwicklung sei nicht altersgerecht.

Mir fiel schon immer auf, dass sie anders als ihr älterer Bruder war. Schon als Säugling war sie sehr anstrengend gewesen. Daniela schrie viel und ließ sich nicht beruhigen, sie hatte oft Durchfall und schlief extrem wenig und reagierte auf jedes Geräusch. Wir erklärten uns das mit einer Nahrungsmittelallergie, die unser Kinderarzt damals feststellte. Seit dem vierten Lebensjahr kann sie wieder alles essen, wobei wir Milch und Eier nur wenig geben. Sie sei aber gesund, meint der Kinderarzt, er kann uns aber für manches keine Erklärung geben. Jetzt habe ich vom ADS gehört und vieles, was in den Büchern steht, auch bei meiner Tochter entdeckt:

- ihr schneller Kräfteverfall, sie ist nach der Schule oder bei schwierigen Hausaufgaben oft so müde und apathisch, dass sie unterbrechen muss.
- sie ist richtig mit den Gedanken abwesend und hört nicht zu, obwohl sie gerade eine Erklärung eingefordert hat. Während ich ihr eine Frage beantworte, beginnt sie über ein neues Thema zu sprechen.
- sie lässt sich schnell ablenken.
- wenn ihr etwas nicht gleich gelingt, motzt sie, wird schnell gereizt und manchmal richtig aggressiv und ungerecht.
- das Essen ist oft ein Drama, hier schimpft sie besonders viel, kommt nur nach unzähligen Aufforderungen endlich an den Tisch und ärgert sofort ihren Bruder.
- sie ist selbst sehr empfindlich, auch wenn eine Kritik berechtigt ist, hat sie immer Erklärungen. Sitzt sie endlich am Tisch, träumt sie vor sich hin und vergisst das Essen.
- in der Schule und zu Hause kann sie Regeln schlecht einhalten. Sie vergisst alles schnell, was sie nicht brennend interessiert. Dabei holt sie aber immer wieder Kleinigkeiten aus der Vergangenheit hervor, die uns zum Erstaunen bringen.
- sie kann Gefahren schlecht einschätzen und lernt nicht aus Fehlern.
- ein ganz großes Problem ist immer wieder das morgendliche Aufstehen. Das Wecken wird überhört, aber am Wochenende steht sie als erste auf der Matte, wenn alle länger schlafen wollen. Dann »nervt« sie uns, weil es so langweilig ist. Ist sie morgens im Bad, dann braucht sie extrem lange. Sie hat überhaupt kein Zeitgefühl.
- ihre Hausaufgaben können ewig dauern, besonders das Schreiben. Was sie in der Schule von der Tafel abschreibt, hat oft keinen Sinn. Manche Wörter sind so entstellt, dass man sie nicht identifizieren kann.
- sie hat ein schlechtes Durchhaltevermögen, z. B. bei den Schulaufgaben und bei manchen Spielen. Wobei sie stundenlang und sehr kreativ mit den Lego-Bausteinen spielen kann.
- sie hat ein schlechtes Schriftbild und das exakte Ausmalen gelingt ihr nicht.
- manchmal macht sie sich unsinnige Gedanken, die mich beunruhigen. So hat sie ständig Angst, dass ich sterben könnte. Sie möchte lieber vor der Mutti sterben. Wenn ich das Haus verlasse, muss ich ihr genau sagen, wo ich hingehe und wann ich wiederkomme.
- sie isst sehr gern und viele Süßigkeiten, obwohl sie schon Übergewicht hat.
- sie sitzt gern vor dem Fernseher und sieht am liebsten Zeichentrickfilme. Lesen mag sie nicht so gern – wenn, dann nur Comic-Hefte.
- sie kann sehr lieb und verschmust sein. Wir haben sie sehr lieb. Trotzdem haben wir oft das Gefühl, dass sie mit sich unzufrieden ist und sich oft ungerecht behandelt fühlt, obwohl sie dazu gar keinen Grund hat. Wir denken unsere Tochter braucht Hilfe und wir natürlich auch. Wie sollen wir damit umgehen?

Typische Zeugnisse von hypoaktiven Kindern

Häufig besteht ein enger ursächlicher Zusammenhang zwischen dem Aufmerksamkeitsdefizitsyndrom und den schulischen Schwierigkeiten hypoaktiver Kinder. In ihren Zeugnissen – gleich welcher Klassenstufe – finden sich immer wieder stereotypische Bemerkungen (siehe die beiden folgenden Beispiele).

»Du hast Probleme mit einigen Buchstaben, deshalb machst du noch so viele Fehler in geübten Diktaten. Merke dir, wie die Buchstaben richtig geschrieben werden und übe mehr zu Hause. Im Unterricht bist du zu unkonzentriert, du kannst dich erst im Laufe der Stunde mit Hilfe und Zuspruch auf die Arbeitsaufträge einstellen. Teile dir deine Zeit besser ein, um zügiger und zielgerichtet zu arbeiten. Im Rechnen hast du keinerlei Probleme und im Sport bewältigst du mutig die schwierigsten Übungen. Dagegen nimmst du es mit den Hausaufgaben nicht so genau, bist aber sofort bereit, sie nachzuholen.«

»Bemühe dich um mehr Konzentration und träume nicht so viel, du bist in allem viel zu langsam. Deine Aufmerksamkeit wechselt im Unterricht, du bist zu ruhig. Wenn du aufgefordert wirst, lieferst du gute mündliche Leistungen. Dagegen hast du große Probleme, alle begonnenen schriftlichen Arbeiten zu Ende zu bringen. Du schaffst nicht die Hälfte der geforderten Leistungen, wobei du im mündlichen Rechnen zu den schnellsten gehörst. Schriftliche Rechenaufgaben gelingen dir nur wenige. Du verwechselst zu oft plus und minus, manchmal sogar Einer, Zehner und Hunderter. Einige Zahlen schreibst du immer wieder seitenverkehrt.«

Ähnliche Kommentare stehen immer wieder in den Zeugnissen hypoaktiver Kinder. Diese Bemerkungen sollten Eltern vor allem alarmieren, wenn ihr Kind trotz großer Anstrengungen nur schwankenden oder ungenügenden Erfolg in der Schule zeigt.

> **Verfolgt man den Schulverlauf hypoaktiver ADS-Kinder an Hand ihrer Zeugnisse, so fällt immer wieder auf:**
>
> - Diese Kinder beginnen mit viel Freude und Elan die Schule. Sie sind am Anfang sehr leistungsmotiviert.
> - Im Laufe der ersten beiden Schuljahre bemerken sie ihre Schwierigkeiten bei der Bewältigung der geforderten Leistungen.
> - Zunächst bemühen sie sich noch, jedoch merken sie bald, dass ihre Anstrengungen wenig bringen.
> - Sie geben auf, können Pensum und Tempo nicht einhalten und beginnen sich mit anderen Dingen zu beschäftigen.
> - Sie halten sich schließlich für unfähig und trauen sich nichts mehr zu.
> - Ihr Selbstwertgefühl leidet, sie ziehen sich zurück und verschließen sich.

Das Schlimme an dieser schulischen Entwicklung ist, dass niemand die Fähigkeiten der Kinder erkennt. Sie gelten als weniger begabt und müssen Klassen wiederholen.

Viele Nachhilfestunden müssen sie über sich ergehen lassen, die ihnen immer wieder zeigen, dass sie anders als die anderen Kinder sind. Einige von ihnen landen trotz guter bis sehr guter Intelligenz in den Sonderschulen.

Jedes Schulkind möchte sich durch gute Leistungen bestätigen und seinen Eltern eine Freude machen. Dazu aber haben diese Kinder viel zu selten eine Gelegenheit, denn sie wissen von sich zwar genau, dass sie vieles im Kopf sehr gut können, haben es aber nicht sofort abrufbar bereit und können es schon gar nicht schriftlich entsprechend gut auf das Papier bringen. (Ursachen der Teilleistungsstörungen und ihrem Training die ▶ Kap. 7 und ▶ Kap. 9.)

ADS und Hochbegabung

Bei ausgeprägter ADS-Symptomatik besteht immer eine Diskrepanz zwischen der tatsächlich vorhandenen intellektuellen Leistungsfähigkeit und den in der Schule erbrachten Noten und dem dafür geleisteten Aufwand. Viele Kinder mit ADS sind überdurchschnittlich intelligent oder sogar hoch begabt, ohne das dies jedoch im Elternhaus oder in der Schule erkannt wird. Von Hochbegabung spricht man bei einem Intelligenzquotienten (IQ) von über 130. Nach ersten statistischen Untersuchungen der Intelligenz von ADS-Kindern deutet sich an, dass im Durchschnitt wesentlich mehr Kinder mit ADS über eine sehr gute Intelligenz verfügen oder sogar hoch begabt sind als Kinder ohne ADS. In der gesamten Bevölkerung geht man in Deutschland von einer Hochbegabtenrate von 2–3 % aus und von einer Verteilung der intellektuellen Ausstattung nach der Gauß'schen Kurve. Zwar ist diese bei ADS-Kindern zugunsten eines IQ-Anstieges verschoben, jedoch können die betroffenen Kinder davon weniger profitieren.

Die Ursache für die überdurchschnittliche Anzahl von hoch begabten ADS-Kindern könnte in ihrer veränderten, d. h. ungefilterten und damit vermehrten Aufnahme von Informationen liegen. Viele Wahrnehmungsreize in den ersten Lebensjahren bewirken eine Zunahme der Vernetzung von Nervenzellen, was sich positiv auf die intellektuelle Fähigkeit auswirkt. Man weiß aus der Lernforschung, dass sich um so mehr Nervenzellen vernetzen, je mehr Außenreize auf das Kind einwirken.

Aufgrund der sich bestätigenden Hinweise, dass unter Kindern mit ADS sehr viele überdurchschnittlich begabt sind, scheint es lohnenswert, innerhalb der Gruppe der Hochbegabten, die in ihrem Sozial- und Lernverhalten auffällig sind, verstärkt nach einer möglicherweise vorliegenden typischen ADS-Symptomatik zu suchen. Bisher können sich viele Eltern und Lehrer nicht erklären, warum manche hoch begabten Kinder verhaltensauffällig sind. Nicht immer ist die meist vermutete Unterforderung die alleinige Ursache, sondern eine weitere Ursache könnte das Vorliegen eines ADS sein. Im Intelligenztest zeigen diese Kinder eine große Differenz zwischen dem Verbal- und dem Handlungsteil, die typisch für ADS ist und unter der die betroffenen Kinder sehr leiden. **Kinder und Jugendliche mit einem**

ADS, die trotz sehr guter oder Hochbegabung Lern- und Verhaltensschwierigkeiten haben, sind nicht unterfordert, sondern in den meisten Fällen überfordert auf Grund ihrer ADS bedingten Problematik! Eine erfolgreiche ADS-Behandlung verbessert den IQ-Wert des Handlungsteils und somit auch den Gesamt-IQ-Wert. Unter den Hochbegabten wird diese Gruppe der Kinder, die in ihren Leistungen unter ihren Möglichkeiten bleiben, als sog. »Underachiever« bezeichnet. In der eigenen Praxis konnte ich unter den hoch- und sehr begabten Kindern, die in der Schule versagten oder verhaltensauffällig waren, nicht selten ein ADS diagnostizieren und mit seiner Behandlung diesen Kindern und ihren Eltern helfen.

5 Neurobiologische Ursache des ADS

Das Aufmerksamkeitsdefizitsyndrom hat seine Ursache im Wesentlichen in einer Unterfunktion des Stirnhirns und der mit dem Stirnhirn verbundenen und zusammenarbeitenden Zentren.

Diese Unterfunktion kommt durch einen Mangel an Botenstoffen zustande. Dafür wichtige Botenstoffe (Neurotransmitter) sind: Dopamin, Noradrenalin, Serotonin und Acetylcholin. Beim hypoaktiven Kind ist das zusätzlich ein Mangel an Serotonin und Noradrenalin. Dies hat wiederum ein verändertes Mengenverhältnis (eine Dysbalance) der Botenstoffe untereinander zur Folge. Daraus resultiert letztlich ein personentypisches Erscheinungsbild aus der Kombination von gestörter Wahrnehmung, veränderter Reizverarbeitung, Auffälligkeiten in der emotionalen Steuerung, Problemen in der Feinmotorik und mehr oder weniger eine beeinträchtigte Körperkoordination. Es gibt also nicht ein Stirnhirnsyndrom, sondern mehrere, je nach Stärke und Ausdehnung der betroffenen Zentren im Gehirn.

Über die Bedeutung der einzelnen Botenstoffe beim ADS ist bisher folgendes bekannt:

Dopamin

- ist verantwortlich für zielorientiertes Verhalten,
- für die fein- und grobmotorische Abstimmung und
- es reguliert Stirnhirn und Wissensgedächtnis.

Noradrenalin

- reguliert Antrieb und Stimmung,
- ist verantwortlich für das Gedächtnis und
- für die Automatisierung der Handlungsabläufe;
- bei seinem Mangel führt es zu einer gestörten Impulssteuerung.

Serotonin

- reguliert die Gefühle und deren Speicherung im Gedächtnis;
- bewirkt ein Gefühl des Wohlbefindens;
- bei seinem Mangel können Ängste, Depressionen, Panik, Aggressionen und Zwänge auftreten.

In der Neurologie sind Krankheitsbilder bekannt, die in ihrer Symptomatik dem ADS ähnlich sind. Beim Ausfall des Stirnhirnes, z. B. bei Verletzungen oder Tumoren, zeigt das dadurch bedingte Krankheitsbild in seinen Symptomen viele Parallelen zum ADS.

Menschen mit einem Stirnhirnsyndrom sind vorwiegend unmotiviert, vorlaut, hypoaktiv und leicht erregbar. Man unterscheidet dabei:

- das apathische Stirnhirnsyndrom (frontodorsal = hinteres Stirnhirn)
- das enthemmte Syndrom mit Störung der Impulskontrolle und distanzlosem Verhalten (frontoorbital = vorderes Stirnhirn)

Beiden gemeinsam sind kognitive Störungen der Entscheidungs-, Planungs- und Handlungsfähigkeit.

> **Menschen mit den oben genannten Erkrankungen des Stirnhirnes zeigen im Einzelnen folgende Symptome:**
>
> - impulsives und vorschnelles Handeln und/oder Sprechen
> - mangelnde Kreativität
> - geringe Ausdauer und Zielstrebigkeit
> - unzureichende Analyse der Information
> - gute Wahrnehmung, jedoch keine entsprechenden Handlungskonsequenzen
> - haften am Detail, auch wenn es falsch und irrelevant ist
> - voreilige Erklärungen und Entschuldigungen bei Fehlern oder Versagen
> - mangelndes Lernen aus Fehlern
> - Regelverstöße
> - unzureichende Koordination von Teilschritten
> - zunehmende Ungenauigkeit und Oberflächlichkeit bei längeren Aufgaben
> - Einsatz ungeeigneter Routinehandlungen
> - mangelnde interne Verhaltenskontrolle
> - vorrangig kurzzeitige Konzentrationsfähigkeit
> - Abschweifen in der Gedankenführung
> - Imitieren und Berühren von Kontaktpersonen
> - lautes Kommentieren von Handlungen
> - vorschnelles und übereiltes Reagieren
> - rasche Gefühlswechsel und heftige Gefühlsausbrüche mit plötzlichem Weinen, ungehemmter Wut oder lautem Lachen

Die jedem Neurologen bekannten Ausfallserscheinungen und deren Ähnlichkeit mit den Symptomen des ADS deuten auf einen gemeinsamen Ort der Entstehung hin, nur hat die gestörte Stirnhirnfunktion beim ADS eine andere Ursache. Folge dieser Stirnhirnunterfunktion ist eine Reizüberflutung des Gehirns mit Ausbildung eines viel zu engmaschig verzweigter neuronaler Verbindungen. Dadurch gelangen die vom Arbeitsgedächtnis weiter geleiteten Informationen sehr oft nur auf Umwegen und unvollständig in die entsprechenden Zentren des Langzeitgedächtnisses. Auch das Abrufen von bereits abgespeichertem Wissen oder geplanten Handlungsabläufen wird durch zu lange Wege erschwert. Die Betroffenen klagen darüber, dass ihnen vieles nicht dann einfällt, wenn sie es brauchen, sondern erst, wenn es zu spät ist oder wie eine Lehrerin bei einer Schülerin mit Rechenschwäche richtig bemerkte: »Bei dir öffnet sich das Rechenkästchen im Gehirn zu langsam«.

In Verbindung mit den Ergebnissen der bildgebenden Technik lässt sich an der biologischen Ursache des ADS nicht mehr zweifeln. Trotzdem gibt es noch sehr viele Menschen, die sagen, ADS sei eine Modeerscheinung. Wer aber diese Kinder kennen lernt, weiß, wie beeinträchtigt sie oft in ihrer Lebensqualität sind, ebenso ihre Eltern und die ganze Familie.

▶ Natürlich ist es so, dass das ADS nicht in jedem Fall behandelt werden soll und muss. Das ADS wird heute als eine neurobiologisch bedingte Disposition (Veranlagung) angesehen, die auch ohne ärztliche Behandlung kompensiert werden kann. In wie weit das aber möglich ist, bestimmen der Schweregrad, die Intelligenz des Kindes, die Belastung und ob sein soziales Umfeld in der Lage ist, ihm Halt und Verständnis entgegen zu bringen. Maßstab für die Notwendigkeit und Art der Therapie sind das Selbstwertgefühl des Kindes, sein Leidensdruck und seine eigenen Reserven. Jedes Kind sollte so wenig wie möglich in seiner Entwicklung beeinträchtigt werden, ein gutes Selbstbewusstsein und eine seelische Stabilität besitzen. ◀◀

Richtig ist, dass einzelne Symptome des ADS mehr oder weniger bei jedem gefunden werden können. Aber beim ADS liegt eine Summe von Auffälligkeiten vor, die über Jahre bestehen und unbehandelt die Lebensqualität und die Entwicklung des Kindes wesentlich beeinträchtigen. **Kinder mit ADS werden nicht nur wegen ihrer augenblicklichen Beschwerden behandelt, sondern um deren negativen Spätfolgen zu verhindern.**

6 Die Diagnostik des hypoaktiven Kindes

Die Säulen der Diagnostik

Die Diagnostik umfasst alle Teilbereiche, für die das Stirnhirn verantwortlich ist und weitere möglicherweise mitbetroffenen Zentren. Die Folge ist ein ganz individuelles Erscheinungsbild mit unterschiedlicher Symptomatik und möglichen Teilleistungsstörungen.

Primär fallen diese Kinder auf durch Lernstörungen, motorische Ungeschicklichkeit, Besonderheiten im Verhalten und Schwankungen in der Daueraufmerksamkeit.

> Daraus ergeben sich die folgenden Säulen der Diagnostik:
> - Entwicklungsgeschichte des Kindes und seiner Familie mit Suche nach familiärer Belastung an seelischen, organischen oder allergischen Erkrankungen
> - Organische und neurologische Untersuchung des Kindes
> - Entwicklungsdiagnostik in Bezug auf Motorik, Verhalten, Steuerungs- und Leistungsfähigkeit, Intelligenz und Sozialverhalten
> - Suche nach besonderen Fähigkeiten des Kindes, auch nach seinen Defiziten und Hinweisen auf Fehlentwicklung
> - Wie groß ist der Leidensdruck des Kindes und seiner Familie?
> - Studium aller vorhandenen Zeugnisse, Voruntersuchungen und Beurteilungen
> - Schaffung eines Arbeitsbündnisses auf Vertrauensbasis mit der Botschaft: »Ich werde dir helfen, so gut ich kann, es gibt eine Möglichkeit, du musst nur mitmachen« (Testmotivation schaffen)

 ▶ Unter optimalen Bedingungen beginnt mit dem Überprüfen von Lernzuwachs und Verhaltensänderung und der Anleitung zur Vorsatzbildung, zur Selbstinstruktion und zum wiederholten Üben zur Beseitigung individueller schulischer Defizite schon die Therapie des Kindes und seiner Eltern. ◀◀

Was verstehen wir unter Lernstörungen?

Lernstörungen werden aufgrund ihrer Dauer und ihrer Schwere in zwei unterschiedliche Formen eingeteilt:

a) Entwicklungsstörungen (Teilleistungsstörungen): Diese sind durch eine Beeinträchtigung der Lernfähigkeit gekennzeichnet, die nur in bestimmten Inhaltsbereichen auftritt, wie z. B. im feinmotorischen Bereich, in der Körperkoordination, in der Grobmotorik, als Lese-Rechtschreibschwäche, im Verhalten, in der Konzentration oder im Rechnen. Diese Störung manifestiert sich bei entsprechender Belastung. Auf allen anderen Gebieten besteht eine gute Lernfähigkeit. Eine Grundvoraussetzung für das Vorhandensein von Entwicklungsstörungen besteht darin, dass die betroffenen Kinder ein normales Intelligenzniveau besitzen. Zu den umschriebenen Lernstörungen gehören auch die Beeinträchtigung der Sprachtechnik, der Sprachentwicklung, der Sprachfähigkeit und des Sprachverständnisses.

b) Als allgemeine Lernschwäche (Lernbehinderung) versteht man eine alle Gebiete des Lernens erfassende lang dauernde Beeinträchtigung. Kennzeichnend für diese Lernschwäche sind von der Altersnorm deutlich abweichende Schulleistungen, Entwicklungsverzögerungen seit der frühesten Kindheit sowie die Tatsache, dass Lernhilfen nicht zur Förderung ausreichen. Diese Kinder haben einen Entwicklungsrückstand im sozialen, sprachlichen und auf allen leistungsbezogenen Gebieten von meist mehreren Jahren gegenüber der Altersnorm. Im Fall der allgemeinen Lernschwäche liegt das Intelligenzniveau der betroffenen Kinder immer weit unter dem Altersdurchschnitt. Genau definiert spricht man von einer Lernbehinderung bei einem Intelligenzquotienten von unter 80.

Das Aufmerksamkeitsdefizitsyndrom kann sowohl über- als auch unterdurchschnittlich intelligente Kinder betreffen. Dabei wird der Behandlungserfolg bei lernbehinderten Kindern niemals höher sein, als es ihr Intelligenzniveau und ihr Entwicklungszustand zulassen.

Das hypoaktive Kind erscheint für den oberflächlichen Betrachter oft als ein Kind mit Lernbehinderung. Erst die gründliche Untersuchung bringt seine Fähigkeiten zu Tage, wobei es in Wirklichkeit meist ein erstaunlich hohes Intelligenzniveau hat, das über dem Altersdurchschnitt liegt.

Trotzdem landen einige hypoaktive Kinder mit einem durchschnittlichen Intelligenzniveau (um 100 %) auf der Sonderschule für Lernbehinderte, insbesondere, wenn sie dazu noch eine Rechtschreibschwäche, Probleme in der Feinmotorik und ein langsames Arbeitstempo aufweisen. Ein vermindertes Arbeitstempo bedeutet hier ferner, dass sie schlecht von einer Tätigkeit in eine andere wechseln können, so dass sie umstellungserschwert wirken.

Damit sich aber jedes Kind entsprechend seinen Fähigkeiten entwickeln kann, ist eine gründliche Diagnostik erforderlich. Wenn bei einem Kind mit Teilleistungsstörungen ein Aufmerksamkeitsdefizitsyndrom festgestellt wird, besteht eine Möglichkeit für eine erfolgreiche Behandlung.

Mir sind aus meiner langjährigen Praxis einige Kinder bekannt, die anfangs eine Sonderschule besuchen sollten, später jedoch nach erfolgreicher Therapie sogar eine Gymnasialempfehlung erhielten. Aus diesem Grund ist es sehr wichtig, bei manchen als lernbehindert erscheinenden Kindern gezielt nach einem Aufmerksamkeitsdefizitsyndrom zu fahnden. Hilfreich wäre es hier, wenn besonders die Lehrer Kenntnisse über die ADS-Symptomatik hätten.

Die Diagnostik selbst ist kompliziert und umfangreich und sollte Fachleuten mit viel Erfahrung vorbehalten bleiben.

Bei der Diagnosestellung ist es wichtig, sich klar zu machen, dass es sich beim ADS um eine Hirnstoffwechselstörung handelt, die Menschen mit sehr verschiedenen Anlagen und Eigenschaften treffen kann. Es gibt deshalb zwischen den von ADS betroffenen Kindern sehr unterschiedliche Erscheinungsbilder, die manchmal so diskret sind, dass sie kaum bzw. überhaupt nicht auffallen. Mancher Mensch mit leichter ADS-Symptomatik kann recht gut damit leben, profitiert sogar noch davon. Denn ein ADS ist nicht von vornherein mit Nachteilen in der Persönlichkeitsentwicklung gleichzusetzen. Nur das Selbstwertgefühl der betroffenen Kindern sollte unter keinen Umständen leiden.

▶ Wie sich ein Kind mit einem ADS entwickelt, hängt also von seiner Intelligenz und seiner Fähigkeit ab, die an sich selbst und von anderen gestellten Anforderungen und Aufgaben erfüllen zu können. Zudem ist es wichtig, wie sich ein ADS-Kind in seiner sozialen Umgebung angenommen und anerkannt fühlt. ◀◀

Voraussetzungen für erfolgreiches Lernen sind

- eine positive Einstellung zum Lernen und zur Arbeit
- ein altersentsprechender Intelligenzquotient sowie eine dem Alter angemessene soziale Reife
- gute Konzentration und Daueraufmerksamkeit
- gute Merk- und Automatisierungsfähigkeit
- eine ausreichende Lernmotivation und ein entsprechend positives Vorbild der Eltern
- die Fähigkeit, Ablenkungen zu vermeiden und sich zur rechten Zeit Selbstinstruktionen geben zu können
- psychische Stabilität
- ein gutes, kooperatives Verhältnis zwischen Eltern, Kind und Lehrer
- gezielte Hilfe (und Kontrolle) bei den Hausaufgaben durch die Eltern

> Das hypoaktive Kind hat jedoch in aller Regel Schwierigkeiten, folgende Fähigkeiten aufzubringen, die für eine positive und erfolgreiche Persönlichkeitsentwicklung maßgeblich sind:
>
> - die Fähigkeit, sich selbst zu motivieren
> - die Fähigkeit, die eigenen Impulse kontrollieren zu können
> - die Fähigkeit, ein Durchhaltevermögen zu entwickeln
> - die Fähigkeit, seine Gefühle zu steuern

Die ADS-Diagnostik ist umfangreich, da es bisher in der Praxis keine Möglichkeit gibt, durch einen Test (weder einen psychologischen noch einen medizinischen) eindeutig das Vorliegen eines ADS nachzuweisen. Selbst die in einigen Behandlungszentren durchgeführten speziellen Computeruntersuchungen zum Nachweis einer Konzentrationsstörung sind für die Diagnose eines ADS allein nicht geeignet. Denn die Kinder sind durchaus in der Lage, sich am Computer kurzzeitig und sehr gut zu konzentrieren. Alles Neue fasziniert erst einmal und farbige Computerbilder besonders.

Es ist sogar zu vermuten, dass bei sehr vielen Kindern ihre Beschäftigung mit dem Computer den Hirnstoffwechsel anregt, welches wiederum positiv ihre Konzentration fördert. Erfahrungen aus der Praxis deuten sogar darauf hin, dass eine aktive und intensive Computertätigkeit eine medikamentöse Behandlung zweitrangig bzw. unnötig machen kann. So ist es offenbar kein Zufall, dass Erwachsene mit ADS häufig professionelle Computerexperten geworden sind, ohne von ihrem ADS überhaupt zu wissen.*

Psychopathologische Befunderhebung (wie leidet das Kind, wie auffällig ist es?)

Was muss bei der Befunderhebung von Kindern und Jugendlichen mit ADS alles berücksichtigt werden?

- Beurteilung des äußerlichen Erscheinungsbildes, des Verhaltens, der Reife; Achten auf neurologische Auffälligkeiten oder leichte Fehlbildungen (Minoranomalien)
- Prüfung der Kontakt- und Beziehungsfähigkeit, der Abhängigkeit von der Begleitperson, Hinweise auf ängstliches Verhalten
- Beurteilung der Rapport-, Kritik- und Wahrnehmungsfähigkeit, der Selbstsicherheit, der Kooperation und Motivation; besteht ein Leidensdruck?
- Untersuchen der Steuerungsfähigkeit der Gefühle (Emotionen); Beurteilung der Stimmung, des Affektes und der psychomotorischen Ruhe und Ausgeglichenheit
- Prüfung von Denkinhalten; Fragen nach sozialem Umfeld, nach Freunden, nach Träumen, Ängsten, Ideen, Perspektiven und Selbstkonzept, z. B. Fähigkeit der Beurteilung (Reflexion) von Geschwistern, Eltern und deren Erziehungsstil

---

* Die schnell wechselnde Bildfolge der Computer regt das Arbeitsgedächtnis an, ohne jedoch damit die Konzentration und Daueraufmerksamkeit langfristig verbessern zu können. Eine vergleichbare Wirkung geht von Comicfilmen und -büchern aus, die Kinder deshalb gern sehen bzw. lesen.

- Merk- und Lernfähigkeit überprüfen, die Daueraufmerksamkeit, die Orientierung, die Auffassungsgabe, die Wahrnehmungs- und Merkfähigkeit, allgemeine Intelligenz
- Beurteilung der Sprache: Sprachverständnis, Aussprache, Ausdruck, Artikulation, grammatikalisch richtiges Sprechen, Beurteilung der Gesten, des Sprachrhythmus und der Atemtechnik, auf Stammeln oder Stottern achten, z. B. unter emotionaler Belastung
- Beurteilung der Motorik: hierbei wird auf Antrieb und Aktivität geachtet, auch auf Auffälligkeiten, wie z. B. Tics, Grimassieren, Zwangshandlungen (quantitativ und qualitativ)
- Soziale Interaktion: Fremdanamnese über die Position des Patienten innerhalb der Familie, der Schulklasse, zur Gruppe Gleichaltriger und zum Freundeskreis

Entwicklungsdiagnostik

Schwerpunkt der Diagnostik ist die gründliche Untersuchung des Entwicklungsstandes, wobei jeder einzelne Punkt berücksichtigt werden muss. Gerade die verschiedenen Elemente der Entwicklungsdiagnostik sind bei hypoaktiven Kindern immer auffällig und beeinträchtigt. Aber sie bessern sich unter der Behandlung mit Stimulanzien und regelmäßigem Training deutlich.

Eine Entwicklungsdiagnostik setzt Kenntnisse in der psychomotorischen und neurologischen Entwicklung der Kinder voraus. Sie bezieht sich auf Funktionstests, die für jedes Alter eine Norm vorgeben.

Das dritte und das sechste Lebensjahr sind wichtige Zeitabschnitte, die zum Erkennen von Entwicklungsverzögerungen genutzt werden sollten.

Wichtige Daten zum Entwicklungsstand eines dreijährigen Kindes

Grobmotorik

- steht fünf Sekunden auf einem Bein
- hüpft auf beiden Beinen vorwärts
- hüpft auf einem Bein
- sortiert Tee- und Esslöffel

Feinmotorik

- zeichnet ein Kreuz nach
- zeichnet einen Kreis nach
- baut aus drei Klötzen eine Brücke
- baut einen Turm aus vier bis acht Klötzen
- benennt längere von drei Linien

- kann Perlen aufreihen
- kritzelt rund, zeichnet Linien
- hält den Stift mit Fingern
- springt mit beiden Beinen von der Treppe ab
- geht Treppe frei herunter, Bein nachgesetzt
- freies Laufen treppauf mit Fußwechsel
- steckt Hohlwürfel ineinander
- sortiert gleiche Lottobilder
- fährt Dreirad

Sprache

- versteht: kalt, müde, hungrig
- versteht drei verschiedene Verhältniswörter
- erkennt drei Farben
- kann zwei von drei Gegenständen angeben
- verwendet die Mehrzahl
- gibt Vornamen und Nachnamen an
- spricht grammatisch richtige Sätze
- sagt: ich, du, mein, dein
- unterscheidet durch Zeigen: groß, klein, eckig, rund
- kennt Begriffe groß und klein

Soziale Kontakte

- erkennt eine Tätigkeit im Bild
- zieht Schuhe allein an
- öffnet Knöpfe und knöpft sie wieder zu
- wäscht und trocknet sich die Hände
- zieht sich unter Anleitung an
- kann sinnvoll mit anderen Kindern spielen
- bezeichnet sich mit »Ich«
- benennt Handlungsvorgänge auf verschiedenen Bildern
- kennt Körperteile
- erledigt einen Doppelauftrag

Idealer Entwicklungsstand eines Kindes mit sechs Jahren und Kriterien der Schulfähigkeit:

Schulfähig sein heißt, das Kind ist in der Gruppe bildbar: Das Kind

- kann sich in eine Gruppe einordnen, stillsitzen, sich konzentrieren, eine begonnene Arbeit zu Ende bringen, einem Zeitplan folgen und Anforderungen erfüllen
- kann sich von den Eltern trennen und erträgt es, nicht mehr im Mittelpunkt zu stehen

- ist körperlich und motorisch altersentsprechend entwickelt
- kann sich allein über einen längeren Zeitraum beschäftigen
- geht ohne Scheu auf andere Kinder zu und spielt mit ihnen
- kann verschiedene Größen unterscheiden, Formen und Farben zuordnen und erkennen
- bewegt sich harmonisch, es kann balancieren und zügig mit Übersicht am Klettergerüst turnen
- kann sich einen Auftrag mit drei Tätigkeiten merken und ihn ohne Hilfe ausführen
- kann einen Satz von sechs bis acht Wörtern nachsprechen
- kann sich fünf Gegenstände merken, nach denen es zehn Minuten später wieder gefragt wird
- kann 5 Zahlen nachsprechen
- kann ein Bild beschreiben und oben, unten, vorn und hinten benennen
- kann Perlen aufreihen, Steckspiele, Puzzle und Muster nachlegen
- kann einen Menschen mit fünf Körperteilen malen, Bilder ausmalen und Farben benennen
- kann eine kleine Geschichte nacherzählen

Ein sechsjähriges Kind mit einer ausgeprägten ADS-Symptomatik kann auch bei noch so guter Intelligenz diese Kriterien nicht erfüllen. Es wird deshalb oft in die Vorschule geschickt. Damit wird zwar Zeit gewonnen, aber nicht das eigentliche Problem gelöst. Auch eine ergotherapeutische Behandlung kann nur erfolgreich sein, wenn die ADS-bedingten Defizite nicht so gravierend sind und durch Üben gebessert werden können. Bei ausgeprägter ADS-Symptomatik sollte diese Zeit optimal genutzt werden, ohne dass das Selbstwertgefühl des Kindes leidet, da es bald merkt, dass auch Üben keine Besserung bringt. **Ohne eine entsprechende verhaltenstherapeutische und medikamentöse Behandlung würde das hypoaktive Kind mit ADS durch alleiniges Üben an Zeit und Selbstvertrauen verlieren.**

Neurologische Bewertungskriterien für die Schulreife:

Das Kind kann

- einfache geometrische Figuren nachzeichnen
- auf Zehenspitzen und Fersen gehen
- vorwärts und rückwärts balancieren
- auf einem Bein hüpfen
- auf einem Bein stehen
- einen Rhythmus klopfen
- den Hampelmannsprung, ohne aus dem Rhythmus zu kommen

Hier die wichtigsten Punkte, die immer bei der Entwicklungsdiagnostik für ADS-Kinder untersucht werden müssen:

1. Motorik
   - Grobmotorik
   - Feinmotorik
   - Körperkoordination (▶ Abb. 8)
   - sprachliche Fähigkeiten
   - Händigkeit
2. Lernfähigkeit
   - Arbeitsbereitschaft
   - Konzentration und Daueraufmerksamkeit
   - Merkfähigkeit
   - geistige Beweglichkeit und Umstellungsfähigkeit
   - seelische Belastbarkeit und Steuerungsfähigkeit
3. Wahrnehmungsfähigkeit
   - Formerfassung
   - räumliches Vorstellungsvermögen
   - Körperwahrnehmung
   - beidseitiges Hören
   - beidäugiges Sehen
4. Suche nach Teilleistungsstörungen
   - Lese-Rechtschreibschwäche
   - Rechenschwäche
5. Sozialverhalten und soziale Kompetenz
6. Bestehen schon neurotische Fehlentwicklungen oder psychosomatische Beschwerden wie z. B. Kopfschmerzen, Bauchschmerzen, Ängste, Schlafstörungen, Einnässen?

Was für Auffälligkeiten bietet das hypoaktive ADS-Kind im Entwicklungstest?

zu 1. Motorik:
Beurteilung der Grobmotorik:

- seine Körperhaltung ist oft schlaff
- sein Bewegungsablauf wirkt unharmonisch
- seine Bewegungen sind langsam, spärlich und kraftlos
- es kann nur unsicher balancieren und nicht ruhig auf einem Bein stehen. Beim Takt nachklopfen und beim Hampelmannsprung kommt es schnell aus dem Rhythmus, besonders erschwert sind die Übungen ohne Augenkontrolle
- es wirkt gegenüber anderen Kindern unsicher, ängstlich gehemmt, lustlos
- es meidet sportliche Spiele, die Kraft und Schnelligkeit verlangen
- es ist schüchtern, wartet ab und beobachtet
- es vergisst oft, was es machen sollte und motzt dann

Die Auffälligkeiten in der Feinmotorik sind besonders wichtig. Hier gibt es spezielle Tests, die sehr aussagekräftig sind, wie z. B. das Abzeichnen von Figuren.

6 Die Diagnostik des hypoaktiven Kindes

Körperkoordinationstest (KTK)

Name:	Datum:
Seiltänzergang vorwärts/rückwärts	
monopedales Hüpfen rechts/links	
über Würfel springen	
Einbeinstand rechts/links	
mit geschlossenen Augen rechts/links	
eine 8 laufen	
Blindgang	
Standwaage	
Zehengang	
Fersengang	
Takt klopfen Hände rechts/links	
Beine rechts/links	
Ball fangen	
werfen	
stupsen	
Finger-Finger-Versuch	
Balance	
Hampelmann	

Abb. 8: Der Körperkoordinationstest, wichtig für die Prüfung der Motorik von ADS-Kindern.

Das ADS-Kind

- kann schlecht Figuren abzeichnen oder aus dem Gedächtnis nachzeichnen, was unter Umständen ein Frühzeichen einer visuomotorischen Wahrnehmungsstörung ist
- kann sich schlecht Muster einprägen und diese nachlegen (▶ Abb. 10)
- malt und bastelt nicht gern
- verschüttet oft etwas oder stößt es um
- kann sich feinmotorisch schlecht bremsen, es kann die Linien beim Schreiben schlecht einhalten, kann schlecht Wellenlinien und Ecken zeichnen, hält den Stift verkrampft und zu sehr aufgedrückt (▶ Abb. 11)

Entwicklungsdiagnostik

Abb. 9a: Ein Vorschulkind mit ADS ohne Hyperaktivität beim wiederholten Versuch, ein Quadrat abzumalen.

Abb. 9b: Ein Vorschulkind mit ADS ohne Hyperaktivität beim wiederholten Versuch, ein Bogenmuster zu malen.

Die sprachliche Artikulationsfähigkeit:

- Manche ADS-Kinder haben oft eine abgehackte, unregelmäßige Sprache mit kurzen Sätzen und schlechter Grammatik; häufig verschlucken sie die Endungen. Die Flüssigkeit der Sprache wird oft durch Störungen der Sprachmotorik und des Atemrhythmus beeinträchtigt, die beim ADS öfter beobachtet werden. Schwierige Wörter können häufig nicht nachgesprochen werden. Verzögerungen in der Sprachentwicklung sind häufig.
- Überzufällig häufig besteht eine Linkshändigkeit, manchmal sind die Kinder auch beidhändig.

▶ Abb. 9a zeigt, wie ein Vorschulkind mit ADS ein Quadrat abmalt: Dabei zeichnet es die typischen ADS-Ecken, da es sich beim Malen nicht gut an den Ecken bremsen kann.

▶ Abb. 9b zeigt ein Bogenmuster, das ein ADS-Kind mit visuomotorischer Wahrnehmungsstörung trotz mehrfachen Übens nicht gut nachzeichnen kann. Beide Tests sind für Vorschulkinder gut geeignet.

▶ Abb. 10a zeigt die typischen Schwierigkeiten eines hypoaktiven Kindes, geometrische Figuren abzumalen.

zu 2. Lernfähigkeit:

- ADS-Kinder können sich zeitweilig sehr gut konzentrieren, aber nicht über einen längeren Zeitraum, wenn es sie nicht so interessiert und sie abgelenkt werden. Sie können eine längere Zahlenreihe oder einen längeren Satz nicht exakt nachsprechen. Probleme haben sie beim Lösen einer Textaufgabe und beim Schreiben eines Aufsatzes. Auch das Nacherzählen von Geschichten und das Erledigen von mehreren Aufträgen hintereinander fällt ihnen schwer. Dabei können sie sehr gut und schnell auswendig lernen. Das Arbeitsgedächtnis ist stressanfällig. Zuhause gut Gelerntes und auch sicher Gekonntes ist bei der Klassenarbeit wie »weggeblasen«. Es kommt zur typischen Blackout-Situation, die alle ADS'ler kennen. Ein schnelles Einstellen auf eine unbekannte Situation gelingt selten. Bei seelischer Erregung klappt gar nichts. So können sie auch nicht sofort verbal schlagfertig reagieren. Bei ADS-Kindern geht infolge Botenstoffmangels und einem engmaschig verzweigten neuronalen Netz mit schlecht entwickelten Lernbahnen viel Information auf dem Weg vom Arbeits- zum Langzeitgedächtnis (dem eigentlichen Wissensspeicher) verloren. Das Gespeicherte ist aus dem gleichen Grund nicht jederzeit sofort verfügbar. Das Arbeitsgedächtnis speichert bei ausreichender Kapazität wichtige Informationen solange, bis sie entweder aussortiert, weil unwichtig, oder vom Langzeitgedächtnis übernommen werden. Im Langzeitgedächtnis werden die entsprechenden Gedächtnisschleifen »aufgerufen« und mit den Alterinnerungen verglichen (Thomas Brown, ADD-Konferenz Chikago 2000). Trotzdem sind die ADS-Kinder – solange sie nicht resignieren – sehr motiviert und für jede Hilfe dankbar. Oft sind sie viel mehr zur Mitarbeit bereit als ihre schon so genervten Eltern. Leider geben viele Kinder durch ihre negativen Erfahrungen jedoch sehr schnell auf. Dann sagen sie sofort: »das kann ich nicht«, ohne überhaupt genau hinzuschauen.

zu 3. Wahrnehmungsfähigkeit:

Hinweise darauf sind:

- Das ADS-Kind kann schlecht Geräusche unterscheiden, Gegenstände ertasten und Muster nachlegen
- es verdreht in der ersten Klasse die Zahlen oder die Buchstaben und schreibt manchmal sogar spiegelverkehrt
- in den ersten zwei Klassen können Wörter von der Tafel häufig nur buchstabenweise abgeschrieben und nicht als ganzes Wort erfasst und wiedergegeben werden. Die Ursache dafür könnten eine visuomotorische Wahrnehmungsstörung oder eine Blicksteuerungsschwäche sein.

Entwicklungsdiagnostik

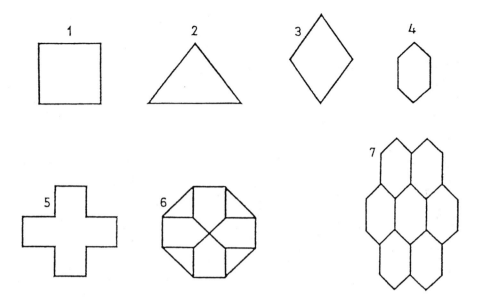

Abb. 10a: Figurenmuster im Rahmen eines Tests der Fein- und Visuomotorik.

Abb. 10b: Ein hypoaktives Kind in der 1. Klasse bei dem Versuch, das Figurenmuster abzuzeichnen.

6 Die Diagnostik des hypoaktiven Kindes

a)

Tim mit Omi im A.
Tomi mit Timi im
Timi mit Tomi im
Tomi mit Timi
Timi mit Tomi im
Tom mit Otto im A.

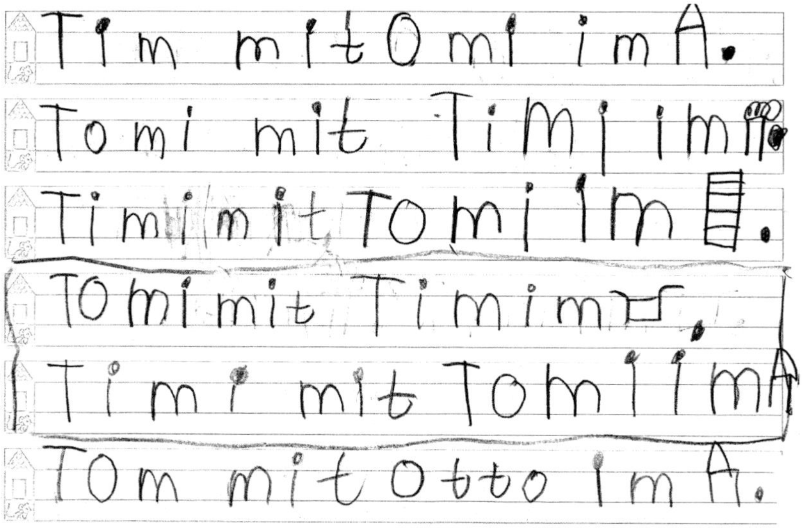

b)

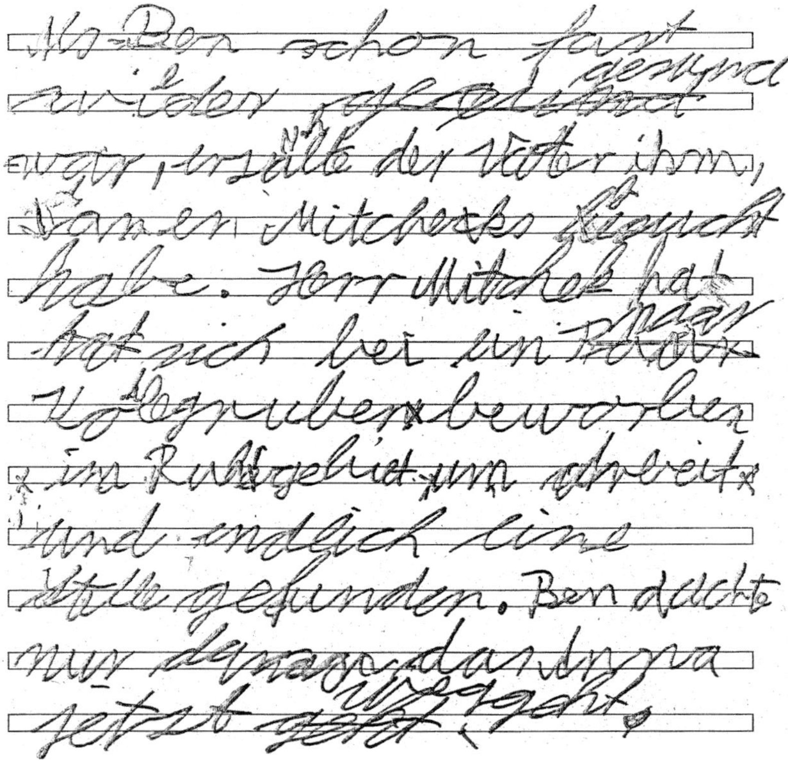

Abb. 11: Typische Schriftproben von hypoaktiven Kindern am Ende der:
a) ersten Klasse, b) zweiten Klasse.

> Bei der akustischen Wahrnehmung ist der Feldmann-Test (Dichotisches Hören) für die Diagnostik wichtig. Mit seiner Hilfe lässt sich eine akustische Wahrnehmungsstörung infolge einer unterschiedlichen Leitgeschwindigkeit der rechten und der linken Hörbahn nachweisen. Der Weg von beiden Ohren zum Sprachzentrum ist verschieden lang. Vom rechten Ohr gelangt der akustische Reiz viel schneller zum Sprachzentrum als vom linken Ohr. Bei guter Leitfähigkeit beider Hörbahnen kommt der akustische Reiz trotz verschieden langer Wegstrecke gleichzeitig im Sprachzentrum an. Eine deutliche Beeinträchtigung dieser auditiven Wahrnehmung ist bei hypoaktiven Kindern sehr oft nachweisbar und Ursache einer Rechtschreibschwäche.

- Oft ist das Richtungshören gestört: In diesem Fall können die betroffenen Kinder die Schallquelle nicht richtig lokalisieren. Sie drehen sich zur verkehrten Seite um.
- häufig können ADS-Kinder nicht zwischen Nutz- und Störschall unterscheiden
- die Körperwahrnehmung scheint beim ADS-Kind ebenfalls beeinträchtigt zu sein. Immer wieder lässt sich beobachten, wie diese Kinder Probleme haben, Körperproportionen altersgerecht auf das Papier zu zeichnen.

Abb. 12: Der Mensch-Zeichentest mit den für ADS-Kinder typischen großen Händen, gemalt von einem 9-jährigen Mädchen (2. Klasse).

zu 4. Teilleistungsstörungen:

- die Lese-Rechtschreibschwäche und die Rechenschwäche kommen in der Praxis auffällig häufig in Kombination mit einem ADS vor, sowohl bei hypoaktiven als auch bei hyperaktiven Kindern, bei den ersteren aber häufiger und gravierender. Die Summe der verschiedenen Defizite des ADS-Kindes scheint hierfür die Ursache zu sein (siehe Näheres dazu in ▶ Kap. 7).

zu 5. Sozialverhalten:

- das Sozialverhalten des ADS-Kindes wird durch seinen starken Gerechtigkeitssinn, seiner hochgradigen Empfindlichkeit, seinen starken Gefühlsschwankungen und seinen bisher gemachten negativen Erfahrungen geprägt. Das hypoaktive Kind ist lieb, ruhig, verträumt, es weint leicht, ist sehr empfindlich und angepasst im Verhalten. In der Schule fällt sein Verhalten später auf als zu Hause. Dort macht es oft stundenlang Hausaufgaben mit vielen Pausen dazwischen. Es fühlt sich immer gleich ungeliebt und benachteiligt und es kann ganz schön motzen.
- um sich der Liebe seiner Eltern immer wieder zu versichern, drückt und küsst es diese bei jeder kleinsten Gelegenheit.
- Es kann sich allein nicht beschäftigen, klagt viel über Langeweile und glaubt, keine Freunde zu haben. Es ist ängstlich, schläft noch lange im Bett der Eltern, klagt über Kopf- oder Bauchschmerzen.
- es ist unkonzentriert, vergisst viel, hört vieles nicht und kann sich von nichts trennen. Es kann Wichtiges von Unwichtigem nicht unterscheiden und keine Ordnung halten. Es wird oft verwöhnt, da es durch seine motorische Ungeschicklichkeit unbeholfen wirkt. Es kann sich Geschwistern gegenüber selten behaupten und bleibt so in seiner sozialen Reife zurück. Es fängt viel an, beendet aber selten etwas.

Die oben genannten Punkte bilden nur die häufigsten Symptome, es gäbe sicher noch einige mehr.

 ▶ Wichtig für die Diagnostik sind nicht einzelne ADS-Symptome, die bei allen Kindern auftreten können, sondern die das Befinden des Kindes deutlich beeinträchtigende Häufung von Auffälligkeiten, die auch neurobiologisch und psychodynamisch eine gemeinsame Ursache haben und die Entwicklung des Kindes beeinträchtigen und Leidensdruck erzeugen. ◀◀

Was heißt Fehlentwicklung?

Biologische (angeborene) und psychosoziale (umweltbedingte) Risikofaktoren wirken wechselseitig und beeinflussen die Entwicklung des Kindes. Das ADS-Kind hat von Geburt an eine andere Wahrnehmungs- und Reaktionsbereitschaft als über 90 % der anderen Kinder. Wird dies nicht erkannt, kann es dadurch zu ungünstigen Umweltreaktionen kommen, die wiederum die geistige und körperliche Entwicklung des Kindes negativ beeinflussen können.

Was heißt Fehlentwicklung?

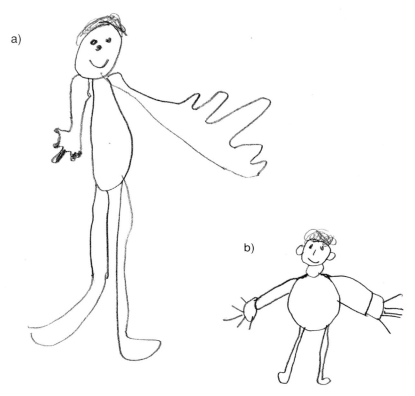

Abb. 13: Ein 8½-jähriger hypoaktiver Junge mit einem Intelligenzquotienten im Hochbegabtenbereich und gleichzeitiger schwerer Körperwahrnehmungsstörung beim Versuch, einen Menschen zu zeichnen: a) vor Beginn der Behandlung, b) nach Beginn der Behandlung.

Eine verständnisvolle, harmonische, aber angemessen fördernde Umgebung kann zu einer kontinuierlichen Abschwächung der Symptomatik führen. Sind dagegen die Anforderungen zu hoch, verstärkt sich die Symptomatik. Eine wichtige Rolle spielen dabei die Eltern. Sie sollten ihr ADS- Kind verstehen, es fördern, aber nicht überfordern, nicht verwöhnen, sondern es zur Selbständigkeit erziehen.

Für eine gute Entwicklung eines ADS-Kindes müssten die Leistungsanforderungen seinem Leistungsvermögen angepasst sein. Aber gerade hierin liegt das Problem. Die Gesellschaft, konkret das soziale Umfeld, der Kindergarten, das Elternhaus, die Schule und nicht zuletzt die Freunde schreiben die »Normen« für **Leistung und Verhalten** vor. Dieses bereitet dem ADS-Kind seine Schwierigkeiten. Deshalb sollte so früh wie möglich bei den hier beschriebenen Auffälligkeiten an eine ADS-Symptomatik gedacht werden, um die Besonderheiten des Kindes berücksichtigen und eventuell mit notwendigen Fördermaßnahmen frühzeitig zu beginnen.

Wird das ADS nicht erkannt, schätzen Eltern und Erzieher die Situation leicht falsch ein. In ihrer Erziehung nehmen sie sodann keine bzw. zu wenig Rücksicht auf die besonderen Eigenheiten des Kindes. Dieses kann zu psychischen Schäden führen. Aufgrund einer übermäßig lang andauernden starken psychischen Belastung kommt es dann beim ADS-Kind zu abnormen seelischen Reaktionen, die dem Kind keine angemessene Verarbeitung einer Gefühlserregung zulassen. Hier spricht man von Fehlentwicklung.

Welches sind die wichtigsten Fehlentwicklungen beim ADS-Kind?

- **der Rückzug:** Der Wunsch wieder »klein« zu sein (Regression) mit Rückfall in kleinkindhaftes Verhalten und Babysprache. Erneutes Einnässen, keine verbale Konfliktlösung, sondern immer gleich weinen, als Zeichen der Hilflosigkeit.
- **die erlernte Hilflosigkeit:** Kein Streben zur Selbstständigkeit, keine Freude am Erwerb neuer Fähigkeiten, sondern immer die Worte: »Das kann ich nicht«.
- **depressive Reaktion** und traurige Verstimmtheit mit Antriebsmangel, Rückzug und Ablehnen sozialer Kontakte mit den Worten: »Alle mögen mich nicht, mich hat sowieso keiner lieb.« Diese Kinder werden zu Einzelgängern und können mit sich nichts anfangen.
- **starke Erregungszustände:** Bei geringfügigem Anlass kommt es zum Motzen, später zu Panikattacken und zu Blackout-Reaktionen infolge überstarker emotionaler Erregung bei negativem Selbstbild mit erlernter Hilflosigkeit. Nachts kommt es zu Alpträumen und Schlafwandeln.
- **psychomotorische Entladungen:** Anfangs nach stärkeren äußeren Belastungen, später auch spontan oder nach geringfügigen Reizen kommt es zu immer wiederkehrenden (stereotypen) Bewegungsmustern, die außer Kontrolle geraten, sehr störend sein können und oft zwanghaften Charakter haben, z. B. sich selbst schlagen, Körperteile immer wieder berühren, unmotiviert lachen, grimassieren, mit dem Kopf nicken, Geräusche machen bis hin zur Tic-Symptomatik.
- **psychoorganische bzw. psychosomatische Beschwerden:** Hierbei treten Krankheitssymptome an Körperorganen auf, ohne dass diese primär erkrankt sind, wie z. B. Kopfschmerzen, Bauchschmerzen, Einnässen, Einkoten usw. Die psychische Belastung wird über organische Symptome abreagiert.

Bestehen diese Erscheinungen ausgeprägt über einen längeren Zeitraum und können sie nicht unterdrückt werden, sprechen wir von reaktiven Fehlentwicklungen. Diese haben sich dann verselbstständigt, laufen unkontrolliert auf sog. eingeschliffenen Bahnen ab und automatisieren sich.

Zusammenfassung: Die genannten Fehlentwicklungen bilden schließlich das Ende einer Kettenreaktion, deren Ausgangspunkt im Erleben andauernder und ständiger Misserfolge liegt. Hilflosigkeit, innere Verunsicherung, ständig wiederholende Kränkungen und Versagensängste sind die stärksten Faktoren, die einen negativen Dauerstress erzeugen und unterhalten.

Die Verhaltensauffälligkeiten dienen dem Kind zur momentanen psychischen Stabilisierung, ohne dass es an deren Folgen denkt. Die Reue und das Versprechen »Ich mache das nicht wieder« dauern dann stets bis zum nächsten Mal. Erst, wenn das Kind über ein besseres Selbstwertgefühl verfügt und auf eine größere psychische Stabilität zurückgreifen kann, ist es in der Lage, aus diesem Teufelskreis heraus zu kommen.

Psychometrische Tests in der Praxis

Zum Nachweis von Fehlentwicklungen eignen sich in der Praxis gut folgende psychometrischen Teste: Der Sceno-Test, der Wartegg-Zeichentest, der Zaubertest, Familie in Tieren, der Satzergänzungstest. Wenn man die Durchführung und Auswertung dieser Teste beherrscht und sie bei vielen ADS-Kindern angewandt hat, registriert man bald Besonderheiten, die immer wieder bei ADS-Kindern vorkommen und die Rückschlüsse über ihre seelische Befindlichkeit erlauben. Diese psychometrische Teste haben bei der Diagnose und im Behandlungsverlauf eine große Bedeutung.

Gestörtes beidäugiges Sehen

Bei ADS-Kindern mit Lese-Rechtschreibschwäche fand ich im Rahmen der neurologischen Untersuchung in meiner Praxis bei ca. 40 % der Kinder Hinweise auf gestörtes dynamisches beidäugiges Sehen. Ursache dafür könnte eine sog. Winkelfehlsichtigkeit sein. Hierbei entstehen kurzzeitig und immer wieder Doppelbilder oder ein verschwommenes Sehen, wodurch beim Blick zur Seite ein schnelles

Erfassen der Wörter erschwert wird. Das ist durch eine Spannungsänderung der beidseitigen Augenmuskeln bedingt, so dass die Augen kurzzeitig nicht auf einen Sehpunkt ausgerichtet werden können. Das kann das Kind durch kurzzeitige Blickänderung oder durch Drehen des Kopfes die Spannung der Augenmuskeln wieder korrigieren. Dadurch wird zwar die Zeilengenauigkeit und die Blickschärfe wieder besser, aber das Arbeitstempo verlangsamt. Natürlich ist diese Art zu sehen sehr anstrengend.

Kinder mit gestörtem beidäugigen Sehen bei Augenbewegungen zur Seite klagen sehr oft darüber, dass die Buchstaben »verschwimmen« oder dass die Zeilen »verrutschen«. Sie müssen zwischendurch blinzeln oder die Blickrichtung ändern. Dabei ist es oft für sie schwierig, die Stelle wieder zu finden, von der sie gerade aufgeschaut haben. So verlieren sie oft die Orientierung in ihrem Schreibheft. Manche Kinder halten den Kopf deshalb auch schief. Ich nenne das den »Amselblick«. Die Kinder erklären, dass sie mit einer solchen Kopfschiefhaltung besser sehen können.

Die Winkelfehlsichtigkeit kann z. B. durch spezielle Brillen mit Prismengläsern ausgeglichen werden. Die Diagnostik erfordert ganz spezifische Messmethoden und eine besondere technische Ausrüstung über die z. Zt. noch nicht alle Optiker und Augenärzte verfügen.

Ursache für diese Beeinträchtigung des dynamischen beidäugigen Sehens ist eine Störung in der Koordination der Augenmuskeln, die vom Kleinhirn gesteuert wird.

Ein gutes beidäugiges Sehen ist für den Lese- und Schreibvorgang sehr wichtig. Bei allen Kindern mit Lese-Rechtschreibschwäche müsste auf ein intaktes beidäugiges Sehen mehr geachtet werden. Die Feinabstimmung der Augenmuskeln erfolgt durch das Kleinhirn, was ADS bedingt manchmal in seiner Funktion beeinträchtigt sein kann.

Ein Zusammentreffen von gestörtem dynamischen beidäugigen Sehen, Beeinträchtigung der schulischen Leistungen und ADS liegt bei meinen Patienten sehr häufig vor. Ich mache zudem die Erfahrung, dass Kinder mit einer korrigierten Winkelfehlsichtigkeit bereitwilliger und besser lesen. Sie berichten, jetzt viel deutlicher, schärfer und ruhiger lesen und schreiben zu können. Auch unter Gabe von Stimulanzien scheint die Winkelfehlsichtigkeit vorübergehend besser zu sein, aber die Medikamente reichen in diesen Fällen allein oft nicht aus.

Das EEG und seine Besonderheiten beim ADS-Kind

Ein EEG (Elektroenzephalogramm) sollte im Rahmen einer ADS-Diagnostik angefertigt werden. Das EEG zeichnet Gehirnwellen auf, die in ihrem Verlauf durch verschiedene Ursachen und Störungen verändert sein können. Normalerweise hat ein entspannter und aufmerksamer Mensch ein typisches EEG mit Alphawellen (▶ Abb. 14).

Alphawellen gestatten eine gut abgestimmte Tätigkeit eines entspannten Gehirns mit guter Wahrnehmung von Reizen und Empfindungen. Beim ADS dagegen sind – Botenstoffmangel und der besonderen Art der neuronalen Vernetzung mit Verzögerung bei der Weiterleitung und Bearbeitung von Informationen – oft vermehrt unregelmäßige und langsame Wellen zu sehen, die sogenannten Thetawellen (▸ Abb. 14).

Thetawellen bedeuten ein Abgleiten in das »Unterbewusste« bei Müdigkeit und Träumen, aber sie treten auch auf bei »Gipfelerlebnissen«, innerer Unruhe und Stress.

Die EEG-Untersuchung kann herdförmige Veränderungen (eine gruppenförmige Ansammlung langsamer Wellen über ein bestimmtes Gebiet) und Krampfpotenziale aufzeigen. Deutet der EEG-Befund auf eine mögliche Krampfbereitschaft oder einen auffälligen Herdbefund hin, ist zunächst eine weitere Diagnostik erforderlich. Besteht gleichzeitig noch eine ausgeprägte ADS-Symptomatik, sollte eine Stimulanziengabe sehr vorsichtig und nur unter ganz besonders strengen Kriterien, gründlicher Beobachtung und genauer Aufklärung der Eltern, erwogen werden.

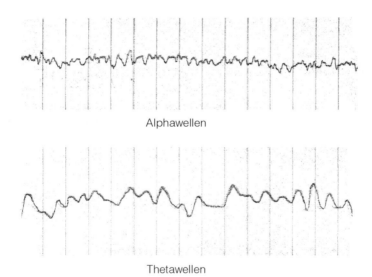

Abb. 14: Alphawellen eines entspannten und aufmerksamen Kindes, Thetawellen eines hypoaktiven Kindes.

Das EEG beim ADS-Kind weist auf eine mangelhaft abgestimmte Nerventätigkeit einzelner Hirnbezirke hin. Der Quotient von Alpha- zu Thetawellen ist zu niedrig, der Anteil der Thetawellen im Verhältnis zu den Alpha- oder Beta-wellen ist erhöht.

Bei ADS-Kindern mit Lese-Rechtschreibschwäche werden im EEG oft gruppenförmig angeordnete instabile alpha-Wellen gefunden, links mehr als rechts. Die Fachleute sprechen von einer intermittierenden, linksparietalen alpha-Desynchronisation im EEG. Eine Diagnose kann aus dem Befund jedoch nicht gestellt werden. Ein völlig unauffälliges EEG schließt aber andererseits ein ADS ebenfalls nicht aus. Unter einer Stimulanzien-Behandlung normalisiert sich oft der EEG-Befund, d. h. die Theta-Aktivität geht zugunsten der Alpha-Aktivität zurück.

Die Diagnostik im Überblick

Zwei Schaubilder fassen im Folgenden die wichtigsten Elemente der Diagnostik des ADS-Kindes zusammen (► Abb. 15).

Das psychiatrische Diagnostik-Programm beim hypoaktiven Kind

Intelligenz, Arbeitstempo, Umstellungsfähigkeit	Organischer und neurologischer Befund einschließlich EEG	Konzentration, Daueraufmerksamkeit, Merkfähigkeit
Seelische Stabilität, Erregbarkeit, Blackout-Reaktionen, neurotische Fehlentwicklungen	Soziale Reife, Selbstwertgefühl	Motorische Entwicklung, Körperkoordination, Grob- und Feinmotorik
Teilleistungsstörungen • visuomotorisch • auditiv • taktil Körperschemastörung	Sprachliche Entwicklung	Schriftbild, Rechtschreibschwäche, Rechenschwäche,

Die Diagnostik im Überblick

Abb. 15: Die ADS-Diagnostik des hypoaktiven Kind im Überblick

7 ADS und Teilleistungsstörungen

Der Zusammenhang zwischen ADS, Lese-Rechtschreibschwäche und Rechenschwäche

Die neuesten wissenschaftlichen Erkenntnisse der belgischen Universität Löwen, haben mittels Bildgebung (Funktionelles Kernspintomogramm und Fusions MRT) bestätigt, dass auch bei den Teilleistungsstörungen die Hirnleistung von der Qualität der Nervenverbindungen im Gehirn abhängt. So entsteht die Lese-Rechtschreibschwäche durch die mangelhafte Verbindung von spezialisierten Hirnregionen.

Bei der Lese Rechtschreibschwäche können korrekt verstandene und gesprochen Worte nicht richtig erfasst und in Schriftform wiedergegeben werden. Kinder mit Lese-Rechtschreibschwäche oder Rechenschwäche haben als Grundkrankheit oft ein Aufmerksamkeitsdefizitsyndrom. Wichtig ist, dass das ADS nicht Folge, sondern Ursache der Rechtschreib- oder Rechenschwäche ist. An ADS denken, seine Symptome kennen und es durch einen Facharzt diagnostizieren oder ausschließen lassen, würde manchem Kind eine echte Chance für eine erfolgreiche Behandlung eröffnen. Diese sollte man auf keinem Fall einem betroffenen Kind vorenthalten.

Wie ist nun der Zusammenhang zwischen Aufmerksamkeitsdefizitsyndrom und Lese-Rechtschreibschwäche und Rechenschwäche zu erklären? Das Kurzzeitgedächtnis für verbale Informationen ist überfüllt, weil zu viele bereits aufgenommen wurden. Bei mangelhafter Ausbildung spezieller Lernbahnen ist dann ein schneller Zugriff auf die Zentren für Lesen und Schreiben im Langzeitgedächtnis nicht möglich. Diese Art der neuronalen Kommunikation wurde erst jetzt durch die komplexen Bildanalysen möglich. Somit lassen sich auch viele Symptome der ADS bedingten Lese-, Rechtschreib- und Rechenschwäche erklären. Besteht ein ausgeprägtes Aufmerksamkeitsdefizitsyndrom in Kombination mit schweren Wahrnehmungsstörungen (► Kap. 6), so tritt die Symptomatik der Lese-Rechtschreibschwäche und Rechenschwäche gravierend in den Vordergrund. Hiervon sind hypoaktive Kinder meist deutlicher als hyperaktive betroffen. Bei hypoaktiven Kindern entwickelt sich die Rechtschreibschwäche oft zum führenden Symptom. Weitere Hinweise (wie die Störung der Daueraufmerksamkeit, der emotionalen Steuerung, der Fein- und Grobmotorik, der Filter- und Merkfähigkeit), die für ein ADS sprechen, sind natürlich ebenfalls vorhanden, aber sie fallen zunächst nicht so auf.

> Die Diagnose Lese-Rechtschreibschwäche (LRS) und Rechenschwäche setzt voraus, dass das Kind eine normale Intelligenz hat, d. h., dass sein Intelligenzquotient über 80 beträgt.

Beeinträchtigungen, die beim hypoaktiven Kind zur Lese-Rechtschreib- oder zur Rechenschwäche führen:

- es hat eine verminderte Konzentration und Daueraufmerksamkeit,
- es denkt langsam und gleitet dabei oft in Gedankenlosigkeit ab,
- es hat Schwierigkeiten anzufangen,
- es hat eine verminderte Filterfähigkeit, d. h. das Gehörte kann nicht je nach seiner Wichtigkeit aufgenommen werden. Das ADS-Kind hört das gesprochene Wort der Lehrerin genauso deutlich wie das Geräusch des vorbeifahrenden Autos. Beides wird als genauso wichtig im Gehirn registriert,
- hat eine gestörte Feinmotorik: Das ADS-Kind schreibt verkrampft und schwerfällig. Es hat Mühe, die Linien einzuhalten. Oft muss es sich so stark auf den gerade zu schreibenden Buchstaben konzentrieren, dass es dabei vergisst den nächsten Buchstaben zu schreiben. Hypoaktive Kinder schreiben auch deshalb leicht fehlerhaft, weil sie sich die Wortbilder nur schwer einprägen können und weil bei ihnen noch keine Automatisierung der Schrift vorhanden ist,
- es hat eine gestörte Merkfähigkeit: hypoaktive Kinder schreiben z. B. anstelle der Vorsilbe »ver« nur »v« oder statt »wir« nur »i«,
- es ist leicht ablenkbar,
- es ist nur schwer in der Lage, Anstrengungen aufrechtzuerhalten,
- es hat eine gestörte visuomotorische Wahrnehmungsfähigkeit: Das Gesehene kann oft nicht mit der Hand wieder auf das Papier gebracht werden,
- es hat eine gestörte Differenzierungsfähigkeit des Hörens, d. h. eine auditive Wahrnehmungsstörung: Hierbei kommen die akustischen Reize im Sprachzentrum z. B. vom rechten und vom linken Ohr nicht gleichmäßig an, was zu einer verwaschenen unscharfen Wahrnehmung führt,
- es hat eine emotionale Steuerungsschwäche: Hypoaktive Kinder sind nicht ausreichend fähig, Stimmungsschwankungen abzufangen, sie weinen rasch und neigen bei Aufregung zu »Blackout-Reaktionen«,
- es besitzt eine schlechte Kapazität des Arbeitsgedächtnisses: Das vorhandene Wissen ist nur langsam und schwerfällig abzurufen, obgleich ADS-Kinder sehr gut auswendig lernen können,
- gleitet leicht in Träume ab,
- es besitzt ein geringes Selbstwertgefühl: Das ADS-Kind traut sich nichts zu, es sagt bei allem Neuen gleich: »das kann ich nicht«, und blockt damit jeden Versuch der Erprobung ab,
- es ist voller blockierender Ängste: Das ADS-Kind fürchtet zu versagen und ausgelacht zu werden. Es traut sich deshalb schon gar nichts selber zu,
- es ist unfähig, etwas alleine zu machen, es besitzt eine erlernte Hilflosigkeit: Hypoaktive Kinder benötigen und brauchen zu Hause die Unterstützung der Mutter, und lernen damit, allein überhaupt nichts mehr zu »können«. Infolge

dessen müssen die Eltern die Hausaufgaben permanent begleiten, kommentieren und sogar lenken,
- es hat ein gestörtes binokulares Sehen, d. h. eine Blicksteuerungsschwäche: Das Kind ist nicht immer in der Lage, das Schriftbild bei Bewegung der Augen scharf zu sehen. Es sieht sehr oft Doppelbilder, die der Grund dafür sind, dass es Buchstaben und Wörter auf einen Blick nicht richtig erfassen und als Ganzes einprägen kann.

▶ Die Lese-Rechtschreibschwäche und die Rechenschwäche bei ADS-Kindern sind also Teilleistungsstörungen mit Krankheitswert, die durch Beeinträchtigung der Kommunikation wichtigen Gehirnzentren miteinander entstehen und was durch weitere ADS typische Symptome noch verstärkt wird: Daueraufmerksamkeit, der Feinmotorik, der visuellen und auditiven Wahrnehmung, des Arbeitsgedächtnisses, der emotionalen Steuerung, der Merkfähigkeit und nicht zuletzt der Intelligenz. Je intelligenter ein Kind ist, um so eher ist es in dem Grad in der Lage, Teilleistungsstörungen zu kompensieren. So wird oft die Rechtschreibschwäche und/oder die Rechenschwäche bei sehr begabten Kindern erst bei größerer Belastung, nämlich beim Besuch des Gymnasiums, zum gravierenden Störfaktor der weiteren schulischen Laufbahn. ◀◀

Nicht das Aufmerksamkeitsdefizitsyndrom ist Folge oder Begleiterscheinung der Lese-Rechtschreibschwäche, sondern es ist deren eigentliche Ursache. Durch eine neurobiologisch bedingte andere Art der neuronalen Vernetzung ist bei diesen Kindern die Entwicklung der Lernbahnen beeinträchtigt. Dadurch wird die Automatisierung von Lernprozessen erschwert. Eine fachgerechte Behandlung des ADS und seiner Teilleistungsstörungen eröffnet dem Kind gute Möglichkeiten der Besserung seiner Probleme. Das Kind kann jetzt ein völlig neues Gefühl vom erfolgreichen Lernen verspüren. Auch Kindern mit einer schweren Rechtschreibschwäche mit Prozentrang 1 ist es möglich, durch erfolgreiches Üben in Verbindung mit einer Stimulanzientherapie ihre Rechtschreibung schneller als bisher zu verbessern, vorausgesetzt sie haben ein ADS. Die Stimulanzien vermindern die Reizüberflutung, so dass sich durch regelmäßiges Üben die entsprechenden Lernbahnen verfestigen. Denn jede sich wiederholende Information verbessert speziell die Vernetzung von aktivierten Nervenzellen (Plastizität des Gehirns). Komplexe Leistungen, wie Lesen und Schreiben sind immer auch das Ergebnis interagierender Hirnfunktionen. deren Erfassen erst seit wenigen Jahren durch neue komplexe Bildanalysen möglich ist.

Verbesserungen vom Prozentrang 10 im Rechtschreibtest auf Prozentrang 48 oder 62 innerhalb eines Jahres sind nur Durchschnittswerte der Behandlung. Natürlich hängen sie vom Übungsfleiß, der Intelligenz und der Schwere der Störung ab.

Es sollte alles versucht und getan werden, um Kindern mit einer Rechtschreib- oder Rechenschwäche zu helfen, da ihnen sonst eine »seelischen Behinderung« droht. So hat es der Gesetzgeber im Jugendförderungsgesetz (§ 35a) formuliert, der den Betroffenen finanzielle Unterstützung bei der Eingliederungshilfe zur Vermeidung einer seelischen Behinderung zusichert. Es wird also der Rechtschreibunterricht von speziell ausgebildeten Fachkräften unter ganz bestimmten Voraussetzungen auf Antrag vom Jugendamt bezahlt. Wenn also ein Kind an den Folgen einer schweren Teilleistungsstörung leidet, sollten die Eltern sich vertrauensvoll an das Jugendamt wenden und um Unterstützung bitten. Manche Jugendämter bieten solchen Kindern auch vorübergehend eine Hausaufgabenhilfe an.

> **Lisa und Jonas, zwei Beispiele**
>
> Das 8-jährige und sehr intelligente Mädchen Lisa (HAWIK: Gesamt-IQ = 128) hatte große Schwierigkeiten, in der 1. Klasse Schreiben zu lernen. Die obere Schriftprobe (▶ Abb. 16) stammt vom Ende der 2. Klasse. Die untere Schreibprobe entstand nach begonnener Therapie. Der deutsche Rechtschreibtest ergab anfangs einen Prozentrang 15, dagegen sechs Wochen nach Beginn der Behandlung eine Steigerung auf Prozentrang 42. Im Rechnen besaß Lisa immer ausgezeichnete Fähigkeiten.
>
> Jonas, ein intelligenter Junge, hat am Ende der 4. Klasse Schwierigkeiten in der Rechtschreibung. Die beiden identischen Diktate wurden am gleichen Tag innerhalb von zwei Stunden geschrieben, ohne die Fehler dazwischen zu besprechen. Die Mutter gab Jonas nach dem ersten Diktat eine Tablette eines Stimulans (▶ Abb. 17).

Während der Zusammenhang zwischen ADS und Lese-Rechtschreibschwäche schon vielfach erörtert wurde und auch bereits von verschiedenen Fachrichtungen anerkannt wird, wird über ADS als Ursache einer Rechenschwäche noch relativ wenig berichtet.

Neben der typischen ADS-Symptomatik fällt bei Kindern mit Rechenschwäche und ADS eine schlechte Automatisierung in den Grundrechenarten auf. Die betroffenen Kinder können nur mit den Fingern oder mit anderen Hilfsmitteln rechnen, und das oft noch in der 4. Klasse. Sie vergessen schnell den Rechenweg, weil sie ihn nicht abrufbar im Langzeitgedächtnis abgespeichert haben. So können sie Plus- und Minusaufgaben nur mit den Fingern rechnen, das Einmaleins geht oft besser, da sie es auswendig gelernt haben. Sie beherrschen es so lange, wie sie es täglich anwenden. Liegen die großen Ferien dazwischen, wird vieles vergessen. Drei- oder vierstellige Zahlen können sie nur untereinander addieren oder subtrahieren, nicht im Kopf oder in einer Reihe geschrieben. Außerdem bereitet ihnen das Lösen von Textaufgaben wegen ihrer Komplexität Probleme.

Werden die Hausaufgaben am Nachmittag ohne Einnahme der Stimulanzien angefertigt, so wird infolge von Botenstoffmangel und zu geringer Aufnahmekapazität des Arbeitsspeichers infolge Reizüberflutung und fehlender dicht vernetzter Lernbahnen nur ein kleiner Teil des Gelernten im Langzeitgedächtnis abgespeichert, wo es ansonsten für längere Zeit abrufbereit gespeichert wird. Deshalb sollte bei allen Kindern von Anfang an auf eine Automatisierung beim Erlernen der Grundrechenarten geachtet werden.

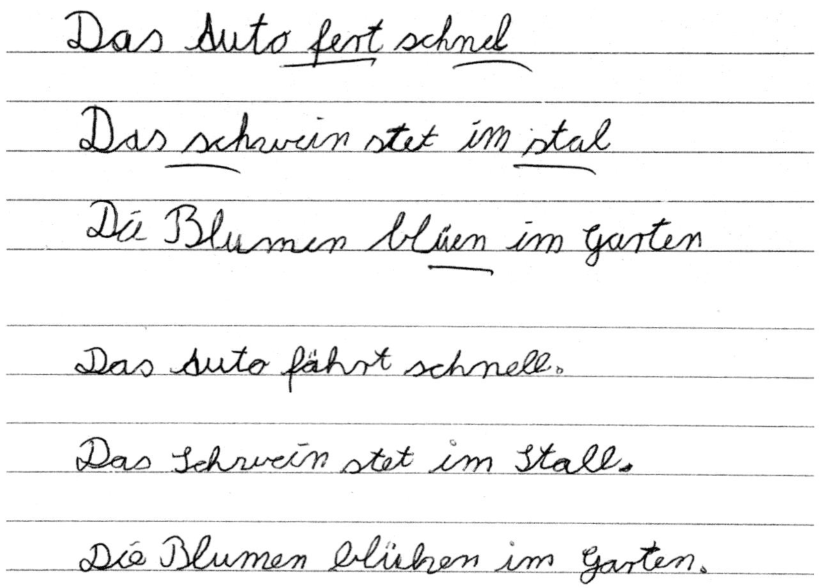

7 ADS und Teilleistungsstörungen

Das Auto fert schnel

Das schwein stet im stal

Die Blumen blüen im Garten

Das Auto fährt schnell.

Das Schwein stet im Stall.

Die Blumen blühen im Garten.

Abb. 16: Rechtschreibung von Lisa (2. Klasse) vor und sechs Wochen nach Behandlungsbeginn.

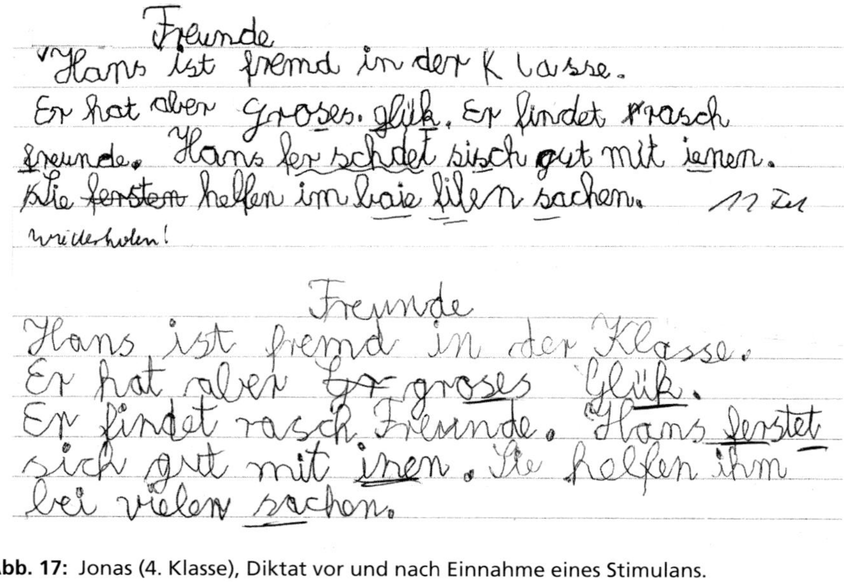

Freunde
Hans ist fremd in der Klasse.
Er hat aber groses Glük. Er findet rasch
freunde. Hans ferschtet sisch gut mit ienen.
Sie fersten helfen im baie bilen sachen.   1 x
wiederholen!

Freunde
Hans ist fremd in der Klasse.
Er hat aber gr groses Glük.
Er findet rasch Freunde. Hans ferstet
sich gut mit isen. Sie helfen ihm
bei vielen sachen.

Abb. 17: Jonas (4. Klasse), Diktat vor und nach Einnahme eines Stimulans.

▶ Bei ausreichender Diagnostik, guter Mitarbeit der Eltern und des Kindes ist eine Verbesserung der Lese-Rechtschreibleistung und Rechenleistung beim Aufmerksamkeitsdefizitsyndrom in jedem Fall möglich. ◀◀

Die Vererbung des ADS

Das Aufmerksamkeitsdefizitsyndrom wird vererbt. Es ist niemals Folge einer frühkindlichen Hirnschädigung, wie zum Beispiel Sauerstoffmangel unter der Geburt, oder einer Erkrankung der Mutter in der Schwangerschaft. Es ist weder eine Folge von Frühgeburt oder später erfolgten Schädelhirntraumen noch von Fehlerziehung. Auch Rauchen oder Alkoholgenuss in der Schwangerschaft können ADS nicht verursachen.

Alle die o. g. Faktoren und sicher noch einige mehr können jedoch die normale Entwicklung eines Kindes erheblich beeinträchtigen und – oberflächlich betrachtet – ein mehr oder weniger ähnliches Erscheinungsbild verursachen. Darüber hinaus können diese Faktoren ein tatsächlich vorhandenes ADS mit seinen verschiedenen Symptomen noch wesentlich verstärken und erst dadurch behandlungsbedürftig machen.

Sucht man in der Familiengeschichte der ADS-Kinder ausführlich nach ADS oder deren Folgekrankheiten bei den Blutsverwandten, wird man fast immer fündig. Oft erinnern sich die Eltern von ADS-Kindern, dass auch sie in der Schulzeit eine Rechtschreibschwäche oder Rechenschwäche hatten.

Die Vererbung der ADS- Symptomatik erfolgt immer über eine Vielzahl von Genen, die sich auf verschiedenen Chromosomen befinden und in ihrer Zusammensetzung sehr variieren kann. In den allermeisten Fällen gelingt es aber, eine ähnliche Symptomatik bei den Eltern oder Geschwistern nachzuweisen. Eine Häufung in der Verwandtschaft ist eindeutig überzufällig nachweisbar. In nicht wenigen Familien gibt es sowohl ein hypoaktives als auch ein hyperaktives Kind. Die betroffenen Geschwister beeinflussen zuweilen den Behandlungsverlauf merklich, dadurch fällt ihnen eine besondere Bedeutung in Therapien zu. Sie verhindern manchmal sogar einen Behandlungserfolg, weil sie das Geschwisterkind mit ADS zum Abreagieren und für die eigene Stabilität brauchen. Sie können nicht zulassen, dass es sich ändert.

Sehr oft berichtet ein Elternteil, dass es als Kind von ähnlichen Problemen betroffen war. Am häufigsten werden dabei Konzentrationsstörungen, Lese-Rechtschreibschwäche, Rechenschwäche, langsames Arbeitstempo, verträumt sein oder hyperaktives, aggressives Verhalten genannt.

Bei einem Teil der Eltern verbesserte sich die eigene ADS-Symptomatik etwa beim Übergang vom 4. zum 5. Schuljahr, bei einem anderen Teil kam es zu diesem Zeitpunkt zu einer Verschlechterung der Symptome. Da bisher keine wissenschaftlichen Forschungen auf dem Gebiet erfolgt sind, kann nur über Erfahrungswerte aus der Praxis berichtet werden. Experten berichten, dass sich ca. ein Drittel der

Fälle ungefähr um das 10. Lebensjahr spontan, ein weiteres Drittel sich nach der Pubertät bessere. In beiden Fällen wird jedoch keine eindeutige Heilung, sondern nur eine Besserung der Symptomatik erreicht. Beim letzten Drittel der ADS-Fälle bleibt jedoch die volle Symptomatik erhalten.

Jugendliche oder Erwachsene lernen, mit dieser Symptomatik umzugehen. Sie entwickeln Strategien, die es ihnen erlauben, von den positiven Eigenschaften des ADS zu profitieren und dessen negative Eigenschaften zu beherrschen. So werden manche Erwachsene, die eine ADS-Symptomatik in der Kindheit hatten, später zu Perfektionisten. Dass ADS'ler sich immer wieder zu ganz gezielten Berufen hingezogen fühlen, ist weitgehend bekannt. Vorausgesetzt ihr Selbstwertgefühl hat in der Kindheit unter ADS nicht zu stark gelitten, können sie als Erwachsene im Beruf durchaus hervorragende Leistungen erbringen und von ihrem ADS profitieren.

Sehr viele Eltern von ADS-Kindern berichten im Gespräch, dass sie die Problematik des ADS weitgehend überwunden haben, aber noch immer den Mangel an Selbstwertgefühl, Durchsetzungskraft und Selbstbehauptung deutlich spüren.

▶ Fragen nach einer familiären Belastung mit ADS sind auch deshalb wichtig, weil für die Behandlung eines ADS-Kindes Eltern erforderlich sind, die konsequent und möglichst ohne eigene psychische Störung das Kind als »Coach« führen können. Hat ein ADS-Kind selbst eine hypo- oder hyperaktive Mutter oder gar eine Mutter mit einer schweren psychischen Beeinträchtigung wie Depression oder chronischem Alkoholismus, so ist die Behandlung des Kindes sehr erschwert. In meiner Praxis bin ich dazu übergangen, von ADS selbst betroffene Eltern eine eigene Diagnostik und Behandlung zu empfehlen. Diese Mitbehandlung der Eltern und der betroffenen Geschwister ist oft unumgänglich. Die Pubertät ist eine wichtige Entwicklungsphase, weil sich zu diesem Zeitpunkt das Gehirn noch einmal umbaut, es rationalisiert sein Leistungsvermögen. Wichtige Bahnen werden verstärkt, nicht benutzte Nervenbahnen aufgelöst. Ist das Gehirn zu diesem Zeitpunkt nicht alters entsprechend entwickelt, kann das zur psychischen Belastung werden mit negativem Dauerstress. Deshalb ist es wichtig, dass mit der Behandlung belastender ADS- Probleme lange vor der Pubertät begonnen wird, um einen Reiferückstand zu verhindern, der in der Pubertät für den Betroffenen besonders spürbar wird. ◀◀

Bei der Vererblichkeit ist es nicht entscheidend, ob ein Elternteil hyper- oder hypoaktiv ist. So kann eine hypoaktive Mutter durchaus ein hyperaktives Kind, ein hyperaktiver Vater ein hypoaktives Kind haben oder umgekehrt. In den wenigen Fällen, in denen eindeutig beide Eltern von ADS betroffen sind, habe ich stets bei allen Kindern eine ADS-Symptomatik nachweisen können.

In vielen Abhandlungen über ADS wird von einer Vererbung in 60 bis 70 Prozent der Fälle ausgegangen. Diese Zahlen beruhen auf wissenschaftlich anerkannten Untersuchungen bei Zwillingen. Allerdings wurde in diesen Studien das ADS ohne Hyperaktivität bisher meist nicht mit berücksichtigt, weil es schwerer erkennbar ist, sich manchmal auch erst viel später zeigt.

ADS und Allergie

Sehr viele Kinder mit ADS haben eine Allergie oder tragen in ihrem Körper die Bereitschaft zur allergischen Reaktion. Warum es diese Häufung zwischen Allergie und ADS gibt, konnte bisher wissenschaftlich noch nicht eindeutig nachgewiesen werden. Aber es gibt einen klaren Zusammenhang zwischen einem anhaltenden psychischen Stress mit Beeinträchtigung der seelischen Befindlichkeit und dem Auftreten allergischer Erkrankungen. Ein eindeutiger Hinweis für diesen Zusammenhang besteht darin, dass ein wieder hergestelltes seelisches Gleichgewicht – bei gleichzeitigem Vermeiden von neuem psychischen Stress – in der Regel zu einer Verbesserung bzw. zu einem Verschwinden der allergischen Symptomatik führt. Unser Immunsystem – das ist das Abwehrsystem – wird vom Kopf gesteuert und hängt über viele Faktoren mit der seelischen Stabilität zusammen. Man sagt nicht rein zufällig, die Haut sei das Spiegelbild der Seele.

Unter den behandelten ADS-Kinder konnte ich häufig beobachten, wie sich allergische Reaktionen deutlich besserten. Es betraf das Bronchialasthma, Hautausschläge und auch Nahrungsmittelallergien. Andererseits ist das Vorliegen einer allergischen Erkrankung keine Kontraindikation für eine Behandlung mit Stimulanzien. In meiner langährigen Praxis habe ich bei mehreren Hundert Kindern, die mit Ritalin/Medikinet behandelt wurden, keinen einzigen Fall einer allergischen Reaktion nach Stimulanziengabe gesehen.

Allergische Erkrankungen im ersten Lebensjahr sind bei hyperaktiven Kindern eindeutig häufiger als bei hypoaktiven Kindern. Vielleicht liegt es daran, dass hyperaktive Kinder schon gleich nach ihrer Geburt Besonderheiten in der Wahrnehmung und in der Reaktion zeigen. Ihre Reaktion ist viel intensiver, fast überschießend, so dass sie von Anfang an in einem Dauerstress leben. Ob dieser dann das Immunsystem schwächt und somit die Allergiebereitschaft auslöst oder verstärkt? Das ist ein Gedanke, der bisher in der Literatur selten formuliert wurde, der aber von Praxis und Wissenschaft aufgegriffen vielen Allergikern bessere Heilungschancen in Aussicht stellt.

Die Tatsache, dass Stress und seelische Erkrankungen einerseits das Immunsystem schwächen, eine psychische Stabilisierung andererseits die Immunabwehr bessert, ist lange bekannt. ADS Betroffene sind sehr stressempfindlich, d.h. sie reagieren in Stresssituationen oft überschießend und unkontrolliert. Stress blockiert das Arbeitsgedächtnis, so dass es zu Blackout-Reaktionen kommen kann, unter denen oft unbehandelte Jugendliche mit ADS leiden besonders in Prüfungssituationen. Wegen der besonderen Art der neuronalen Vernetzung können ADS-Betroffene Stress schlechter abreagieren. Es dauert bei ihnen viel länger bis sie nach einer Stressreaktion ihr seelisches Gleichgewicht wieder erlangen. ADS belastet die Betroffenen unterschiedlich schwer, viele von ihnen leiden unter negativem Dauerstress. Dieser schwächt nicht nur das Abwehrsystem, sondern er kann auch viele psychische und psychosomatische Erkrankungen auslösen. Deshalb sind die Vermeidung und Bekämpfung von Stress immer ein wichtiger Bestandteil jeder ADS- Therapie.

8 Die Therapie des ADS bei Hypoaktivität

Aufklärung der Eltern

Nach der Diagnose sollte eine ausführliche Aufklärung der Eltern über das Aufmerksamkeitsdefizitsyndrom ohne Hyperaktivität erfolgen (Ursachen, Symptome, therapeutische Möglichkeiten). Vorher sind alle anderen Erkrankungen und Störungen auszuschließen, die zu einer ähnlichen Symptomatik führen können. Auf eine familiäre Häufung und Vererbung sollte hingewiesen werden.

Danach ist es ist wichtig, die Eltern von vornherein zu entlasten, d. h. ihnen die »Schuld« für die Probleme ihres Kindes zu nehmen. Bisher sahen sie sich oft als Versager in der Erziehung ihres Kindes oder wurden von anderen als solche angesehen.

Am Anfang der Behandlung steht eine positive Annahme des Kindes und seiner Eltern. Gemeinsam mit dem Kind und seinen Eltern sollte in kleinen Schritten mit einem Verhaltenstraining bei fester Strukturierung der Erziehung und des Tagesablaufes begonnen werden. Das Schwierigste dabei ist immer wieder, das Kind zu motivieren, damit es die mit dem Therapeuten und den Eltern vereinbarte Verhaltensänderung auch schrittweise realisiert.

Die Therapie sollte mit einem leicht verständlichen, individuell angepassten Übungsprogramm beginnen. Es soll möglichst vom Kind selbst erstellt werden und zunächst nur Teile des Tagesablaufes einbeziehen. Dabei muss mit dem Kind, seinen Eltern und dem Therapeuten eine durch Vertrauen und Anerkennung getragene Arbeitsatmosphäre geschaffen werden. Es sollte mit viel Lob und Anerkennung gearbeitet werden.

In der Behandlung lasse ich zunächst von den Kindern selbst aufschreiben, was sie alles gern verändern möchten, solche Beispiele zeigt die ▶ Abb. 18.

Die Behandlung hypoaktiver Kinder ist wesentlich schwieriger als diejenige Behandlung von Kindern mit Hyperaktivität, da die meisten hypoaktiven Kinder Schwierigkeiten haben, die anfängliche gute Therapiemotivation aufrechtzuerhalten. Hierbei ist die Mitarbeit der Eltern unbedingt erforderlich. Sie sind der Trainer oder Coach des Kindes, der es tagtäglich wieder erneut motiviert. Man sollte auch nicht glauben, dass von nun an alles sofort gut gehe. Ein ständiges Auf und Ab bleibt noch lange an der Tagesordnung, jedoch mit immer mehr Hinwendung zum Positiven.

Da jedes Kind seine ihm eigene ADS-Problematik hat, ist die Erstellung eines individuellen, vielschichtigen Therapieplans erforderlich. Schwerpunkte eines solchen Therapieplans sind immer die individuellen ADS bedingte Probleme beim Lernen oder in der Verhaltenssteuerung. Es werden Ziele formuliert und Wege aufgezeigt, die für das Kind oder den Jugendlichen auch kurzfristig erreichbar sind. Denn nur Erfolge motivieren. mit Hilfe dieser konkreten Ziele wird im Laufe der Therapie schrittweise, also nacheinander an der Verbesserung folgender Bereiche gearbeitet:

- der Daueraufmerksamkeit und Konzentration
- der gefühlsmäßigen Steuerung
- der Fein- und Grobmotorik
- der Wahrnehmung der eigenen Person und seiner Umgebung
- der sozialen Kompetenz
- des Selbstbildes
- der Schulleistungen

▶ Ziel der Behandlung auf Dauer ist der Aufbau eines guten Selbstwertgefühls mit psychischer Stabilität und anpassungsfähigem Verhalten, mit dem sich das Kind in seinem sozialen Umfeld behaupten und positiv einbringen kann. Das Kind sollte in die Lage versetzt werden, seine in ihm ruhenden Fähigkeiten auch nach außen hin sichtbar zu machen und sich mittels seiner Fähigkeiten positiv zu erleben. ◀◀

Das ADS-Kind braucht feste Strukturen im Tagesablauf, die gemeinsam mit dem Kind erarbeitet werden und als schriftliche Vereinbarung von Kind und Eltern unterschrieben werden. Dieser Plan sollte die Eigenheiten des Kindes und seine sich selbst gestellten Ziele berücksichtigen. Solche Pläne bringen nur etwas, wenn sie ständig kontrolliert und ausgewertet werden. Eine bewusste Missachtung der vereinbarten Regeln sollte Konsequenzen haben, die mit dem Kind vorher vereinbart werden.

> **Das Verhaltenstraining sollte beginnen mit:**
>
> - einem Training der Daueraufmerksamkeit und der Konzentration in einer stressfreien Umgebung
> - einer Anleitung zum selbständigen Handeln
> - kurzen, zeitlich begrenzten Übungsphasen zur Verbesserung des Zeitgefühls
> - einem bewussten Vermeiden von Ablenkung durch immer wieder innerliches Sprechen wie z. B.: »ich muss mich jetzt konzentrieren, ich darf mich nicht ablenken lassen«, – oder »ich muss aufpassen«
> - einer Verringerung der Fehlerzahl durch selbstständiges Arbeiten
> - Einüben von gewünschten Verhaltensweisen, wie sich sozial angemessen verteidigen, sich wehren, sich behaupten können. Den Mut haben seine Meinung zu äußern, auch bei falscher Anschuldigung, auch der Lehrerin gegenüber.

8 Die Therapie des ADS bei Hypoaktivität

9 Jahre

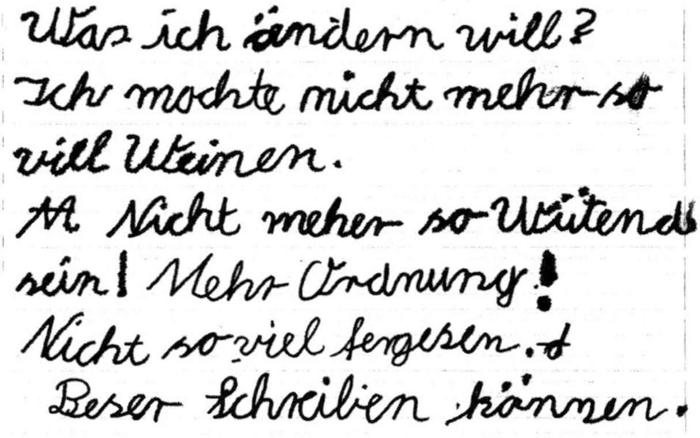

Was ich ändern will?
Ich möchte nicht mehr so
viel weinen.
M. Nicht mehr so Wütend
sein! Mehr Ordnung!
Nicht so viel fergesen.
Beser Schreiben können.

10 Jahre

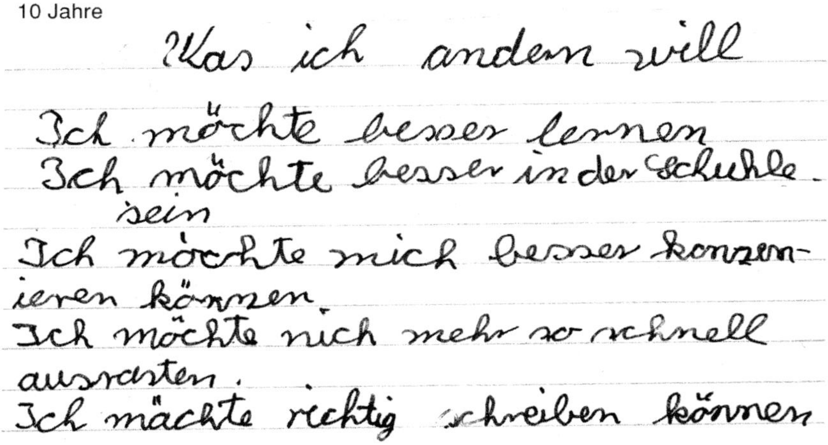

Was ich andern will
Ich möchte besser lernen
Ich möchte besser in der Schuhle
sein
Ich möchte mich besser konzen-
ieren können.
Ich möchte nich mehr so schnell
ausrasten.
Ich möchte richtig schreiben können

Abb. 18: »Was ich ändern will?« – ein 9- und ein 10-jähriges Kind schreiben ihre Vorsätze und Wünsche auf.

 ▶ Das Erlernen des »inneren Sprechens« bedeutet für das hypoaktive Kind eine sehr wichtige Methode zur Verbesserung seiner Konzentration und Daueraufmerksamkeit. Hierbei soll es lernen, sich selbst unter Kontrolle zu bekommen. ◀◀

> **Weshalb Fantasie für ADS-Kinder so wichtig ist**
>
> Hypoaktive Kinder verträumen viel Zeit, sie gleiten in ihre Fantasiewelt ab und nehmen dabei ihre Umwelt kaum wahr. Dadurch entstehen ihnen große Informationslücken, die zu Lerndefiziten führen. Aber dieses Abgleiten in ihre Fantasiewelt hat für sie einen ausgleichenden und psychisch stabilisierenden Effekt. Mithilfe ihrer Fantasie verarbeiten sie die Erlebnisse und geben auch den negativen nachträglich einen für sie erträglichen Sinn. Die Fantasie dient also der Abwehr von traumatischen Erlebnissen und damit dem Austausch zwischen der inneren und äußeren Welt des Kindes.

Im Rahmen des Verhaltenstrainings sollten die Eltern wie in der gesamten Erziehung dem Kind ein Vorbild sein. Kinder lernen durch das Vorbild ihrer Eltern. Sprechen Sie als Eltern Ihre Gedanken zum Lösen von Problemen im Beisein Ihres Kindes laut vor sich hin. Werden Sie selbst möglichst nicht unruhig, nervös oder gar aggressiv, Sie verunsichern dadurch nur Ihr Kind. Es fühlt sich dann wie immer zu allem unfähig, es wird innerlich wütend und nervös, schließlich weint es, dann geht gar nichts mehr. Machen sie Ihrem Kind keine Vorwürfe, auch nicht durch Ihre Gesten oder Ihre Mimik (wie Verdrehen der Augen, Abwinken usw.). Ein aufmerksames ADS- Kind registriert alles, auch das unausgesprochene, dafür kann es einen »achten Sinn« entwickeln.

Sagen Sie auch nicht gleich: »Komm, ich mache das lieber selber«, das heißt soviel wie: »Du bist doch zu dumm dazu«. Sprechen Sie die Aufgabe vorher mit Ihrem Kind ab und stellen Sie vielleicht einen Kurzzeitwecker, wenn die Zeit beachtet werden soll, denn ADS-Kinder haben in der Regel ein schlechtes Zeitgefühl.

Trainieren sie zeitig das Zeitgefühl. Geben Sie ihrem Kind so oft wie möglich eine Zeit für das Erledigen einer Arbeit vor oder lassen Sie von ihm die benötigte Zeit für eine Tätigkeit immer wieder schätzen. Alle Fehleinschätzungen gleich und deutlich korrigieren. Lassen Sie die Hausaufgaben nach einem Zeitplan erledigen, ohne Zeitdruck nur um ein Gefühl für die dazu real benötigte Zeit zu entwickeln. Das Kind wird später davon sehr profitieren und es Ihnen danken. Das kann im Alltag nebenbei geschehen und wird ein Leben lang gebraucht.

Die Eltern als Co-Therapeuten

Voraussetzung für eine aktive und positive Rolle der Eltern in der Behandlung ist ihre ausführliche und gründliche Information über das Krankheitsbild. Die Eltern müssen sich ausgiebig und intensiv informieren, damit sie selbst hinter der Diagnose ADS stehen. Denn nur wenn die Eltern selbst von der Richtigkeit der Diagnose überzeugt sind, sind sie in der Lage, ihren Kindern Unterstützung und eine feste Struktur in der Behandlung zu geben. Sie sind auch nur dann bereit, ihren Erziehungsstil zu ändern, bzw. nur dann bemühen sie sich ernsthaft darum.

Dazu sollten die Eltern entsprechende Bücher lesen, mit anderen Betroffenen sprechen, an Elternseminaren teilnehmen und Kontakte zu Selbsthilfegruppen aufnehmen. Bewährt hat sich auch die Möglichkeit telefonischer Kontakte zu betroffenen Eltern mit eigener Erfahrung bei gleicher Problematik.

Die richtige Erziehung ist eine wichtige Voraussetzung für eine erfolgreiche AD(H)S-Therapie

- Erziehung durch Vorbildwirkung und Verständnis.
- Von Anfang an konsequent sein, Regeln aufstellen und stur auf deren Einhaltung bestehen. Das gibt dem Kind Sicherheit und ein Gefühl, dass es sich auf seine Eltern verlassen kann.
- Keine Pendelerziehung dulden, auch nicht von Seiten der Großeltern, sie verunsichert das Kind.
- Fördern und fordern, nicht verwöhnen
- Täglich mit Vorsätzen arbeiten
- Strukturen und Rituale schaffen, sie geben Halt und Übersicht
- Selbständigkeit fördern
- Keine Moralpredigten halten, die werten ab, Vergangenes nicht immer wieder hervorholen
- Sich nicht provozieren lassen, ruhig bleiben
- Fehlverhalten zunächst nicht beachten, aber später in Ruhe besprechen

---

Auch sollten sich die betroffenen Kinder je nach Alter über die Ursachen ihrer Probleme und über die Möglichkeiten zu deren Lösung informieren.

Wichtig ist es, den Kindern und ihren Eltern von Beginn an die positiven Seiten des ADS aufzuzeigen, damit sie ihre persönlichen Ressourcen erkennen. Denn ADS zu haben, kann auch von Vorteil sein. Man muss sich nur dessen bewusst sein und damit gut umgehen können.

Die positiven Seiten des ADS: Hypoaktive Kinder

- sind sehr kreativ
- haben eine ausgeprägte Phantasie
- haben einen starken Gerechtigkeitssinn
- können Situationen schnell durchschauen, man kann ihnen nichts vormachen
- sind grenzenlos wissbegierig, ist erst einmal ihr Interesse geweckt
- denken vorwiegend in Bildern, Worte sind Schall und Rauch
- haben einen glänzenden flexiblen Verstand
- sind sehr hilfsbereit, wenn jemand in Not ist
- sind sehr schnell begeisterungsfähig und können »bärenstark« arbeiten

Vielen seiner positiven Eigenschaften muss sich das hypoaktive Kind erst durch seine Behandlung bewusst werden.

Ein großes Glück für hypoaktive Kinder sind verständnisvolle und liebevolle, aber konsequente Eltern. Denn sie sind auf einen festen Betreuer oder Trainer (Coach) angewiesen. Die Eltern müssen dem Kind helfen, dass es mit seinen Besonderheiten, seinen Stärken und Schwächen besser umgehen kann. Das ADS-Kind ist »anders«, das merkt es selbst zeitig, und es muss anders behandelt werden. Es braucht eine feste Strukturierung, einen sanften Druck und eine Kontrolle. Ein ADS-Kind tut nur das, was ständig eingefordert wird. Gerade bei den hypoaktiven Kindern muss immer wieder die Motivation von außen kommen. Erst wenn sie im Laufe der Therapie die alten Verhaltensweisen überwunden haben, sind sie oft in der Lage, sich selbst zu motivieren. Aber auch dann gibt es immer noch Höhen und Tiefen. Das einzig Beständige im Verhalten der ADS-Kinder ist ihre Unbeständigkeit.

Das ADS-Kind braucht eine konsequente und liebevolle Mutter, die zuhören kann, dabei auch genau hinhört und ihrem Kind immer wieder versichert, dass sie es so, wie es ist, sehr gern hat. Sie muss einerseits ständig zu ihrem Kind halten, ihm seine Grenzen aufzeigen und gemeinsam mit ihm »bessere« Lösungswege ausdenken.

Nicht autoritär, sondern autoritativ erziehen, was bedeutet das?

- Grenzen und Regeln erklären, gemeinsam festlegen und einhalten
- Probleme möglichst selbst erkennen und selbst Lösungswege finden
- Besondere Fähigkeiten fördern, Bemühen und Erfolge loben
- gemeinsam neue und erreichbare Ziele formulieren und dokumentieren
- Pflichten und Rechte in der Familie und im sozialen Umfeld besprechen und festlegen
- Seine Gefühle kontrollieren, soziale Kompetenz entwickeln

▶ Die Eltern sollten unbeachtet der vielen kritischen Bemerkungen, die sie oft von Leuten hören, die nichts vom ADS verstehen, ihren Weg gehen. Von den Eltern wird viel verlangt, vor allem auch, dass sie in allen Lebenslagen ihrem Kind ein Vorbild sind. ADS-Kinder sind sehr sensibel, sehr kritisch, sie haben einen großen Gerechtigkeitssinn und ihnen entgeht nichts, man kann ihnen nichts vormachen. Deshalb müssen die Eltern sich ständig selbst kritisch überprüfen, ob sie ihrer Vorbildwirkung auch gerecht werden. Denn die Erziehung von Kindern mit ADS erfolgt vor allem durch Vorbildwirkung, weil Gesprochenes oft überhört oder gar nicht erst wahrgenommen wird. Spiegelneurone im Gehirn reflektieren und prägen das Verhalten des Kindes, besonders von Personen zu denen eine emotional warme Beziehung besteht. ◀◀

Auch die für das Kind und seine Familie erarbeiteten Regeln müssen strikt von allen Familienmitgliedern eingehalten werden. Das ADS-Kind braucht klare Anweisungen und klare Entscheidungen, die man ihm auch möglichst deutlich ins Gesicht sagt oder aufschreibt, z. B. in Form von Vereinbarungen, Trainingsprogrammen oder Merkzetteln.

ADS-Kinder brauchen sehr viel Bewegung. Die Eltern sollten sich also bemühen, die Wochenenden draußen mit ausgedehnten Wanderungen oder mit gemeinsamen sportlichen Aktivitäten zu verbringen.

Sehr wichtig ist zudem für das Kind die Art und Weise, wie es zu Hause von seinen Eltern angenommen wird und wie es sich gemeinsam mit den Eltern über Fortschritte und Erfolge freuen kann. ADS-Kinder benötigen von ihren Eltern Lob und Anerkennung.

ADS-Kindern ist nicht geholfen, wenn man sie jeden Tag zu einem anderen Therapeuten bringt. Es ist schwer für ADS-Kinder, sich ständig auf verschiedene Therapeuten einzustellen, die gleichzeitig und doch ganz verschieden auf das Kind eingehen. Es entsteht oft der Eindruck bei dem Kind, dass jeder etwas anderes sagt. Eine Überforderung ist nicht selten die Folge. Ein ADS-Kind kann sich nicht so schnell umstellen und anpassen. Das sind Erfahrungen aus der Praxis, die jeder Therapeut sicher schon mehrfach gemacht hat.

Die Familie sollte an erster Stelle den Rahmen bilden, das ADS-Kind lernt dort Grenzerfahrungen zu machen, Interaktionen aktiv zu gestalten und auf den Anderen zuzugehen. Hierbei erwirbt es Voraussetzungen, um mit gleichaltrigen Schulkameraden zurechtzukommen.

Auch Eltern machen Fehler, so soll und muss es sein. Kinder lernen dabei, wie die Eltern mit Fehlern umgehen, wie sie auf sie reagieren und an deren Korrektur arbeiten. Doch nur wenige Eltern fragen gelegentlich ihre Kinder, was sie (die Eltern) wohl im Umgang mit ihnen falsch machen oder ändern könnten. Noch weniger Eltern entschuldigen sich bei ihren Kindern, wenn sie selbst etwas falsch gemacht haben.

Verhaltenstherapie

Die Verhaltenstherapie soll dem ADS-Kind und dem Jugendlichen mit ADS Anleitung geben, wie unerwünschte Verhaltensweisen durch ein sozial angepasstes Verhalten ersetzt werden kann und wie man ein dazu erforderliches Selbstmanagement einübt und praktiziert. ADS-Kinder brauchen eine sofortige Hilfe, die sich konkret an ihren momentanen Schwierigkeiten ausrichtet. Spürt das Kind die Hilfe des Therapeuten, dann lässt es sich gern auf weitere Therapiestunden ein. Vor jeder erfolgreichen Verhaltenstherapie muss also der Wille bzw. die manchmal »notgedrungene« Einsicht des Kindes stehen, sich ändern zu wollen oder zu müssen. Eine Verhaltenstherapie setzt also einen gewissen Leidensdruck des Kindes und seiner Eltern voraus und ein tragfähiges Arbeitsbündnis zwischen Therapeut, Kind und dessen Eltern.

> **Schwerpunkte der Verhaltenstherapie beim hypoaktiven Kind sind:**
>
> - Die Selbst- und Fremdwahrnehmung verbessern
> - Die Auseinandersetzungen in der Schule, zu Hause, mit den Freunden und Geschwistern selbstkritisch zu bewerten und sein eigenes Verhalten zu beurteilen lernen
> - Sozialverhalten mit Durchsetzungsstrategien zur Ein- und Unterordnung erlernen und üben
> - Handlungsentwürfe mit Verstärkerplänen zur Lösung von Problemen erarbeiten
> - Erlernen von Selbstkontrolle und Selbstbeherrschung
> - Problemlösefertigkeiten erwerben mit Erreichen eines Kontrollbewusstseins und der Fähigkeit, Konflikte sozial angepasst zu lösen, indem man nicht herumschreit, motzt oder gar den anderen schlägt, sondern ruhig mit ihm spricht und ihm seinen Standpunkt klar und deutlich macht
> - Kompetenzsteigerung durch Training von Fertigkeiten

Ziele der Verhaltenstherapie sind das Erlernen und Praktizieren eines Selbstmanagements:

- Zur Alltagsbewältigung in der Schule und zu Hause
- Zum Überwinden seelischer Verletzungen
- Zur Entwicklung von Individualität und Selbstsicherheit
- Zur Steigerung von Aktivität und Schnelligkeit
- Erreichen sozialer Anerkennung
- Sein Leistungspotential ausschöpfen können

Die Verhaltenstherapie ist ein vielschichtiger und dynamischer Prozess. Bei jeder Verhaltensveränderung des hypoaktiven Kindes müssen die Schwerpunkte des Therapiekonzeptes neu formuliert werden. Dazu bedarf es strategischer Hilfen, wie z. B. der Einführung eines Tages- und Wochenplans (▶ Abb. 19a, ▶ Abb. 19b). Dieser dient der festen Strukturierung der zeitlichen Abläufe. Einen wesentlichen Punkt bildet dabei die Frage »Was will ich heute erreichen«. Im Rahmen der Kontrolle dieser Frage sind Belohnungspläne erforderlich, wobei ein konsequentes Verhalten der Eltern wichtig ist. Es muss dem Kind von vornherein gesagt werden, was passiert, wenn es gegen die Zielvereinbarung verstößt oder sein sich selbst gesetztes Ziel nicht erreicht. Aber auch, welche Belohnung es erhält, wenn es sein Ziel erreicht hat. Dabei kann mit Fleißblättchen gearbeitet werden, die je nach der Anstrengungsbereitschaft des Kindes gesammelt, aber auch wieder zurückgefordert werden.

Gemeinsam mit ihren ADS-Kindern sollten die Eltern täglich deren Leistung bewerten, wobei schon das Bemühen und die Anstrengungsbereitschaft des Kindes ein guter Grund für ein wohlwollend gemeintes Lob sind. **Zeigen Sie dem Kind, worauf es achten sollte, wenn es sich selbst beurteilt. Es muss lernen, seine Wahrnehmung zu verbessern und sie an der Realität auszurichten, um sich selbst richtig einschätzen zu können.**

Morgenplan

1. Wenn morgens der Wecker klingelt, stehe ich sofort auf.
2. Ich gehe ins Bad, wasche mich und ziehe mich an.
3. Dann gehe ich ohne zu trödeln in die Küche und frühstücke. Ich schreie nicht herum und beeile mich.
4. Nach dem Frühstück gehe ich Zähne putzen und tue die Zahnspange rein.
5. Danach hole ich meine Schulsachen und kontrolliere, ob ich den Turnbeutel, Unterschriften und Geld, was evtl. mitzubringen ist und mein Schulbrot mit der Trinkflasche habe. Danach ziehe ich mich ordentlich an und stelle die Hausschuhe in das Regal.
6. Ich gehe schnell zum Bus.

Tagesplan

1. Nach der Schule gehe ich gleich nach Hause und esse Mittagbrot.
2. Ich entspanne mich 30 Minuten und beginne dann zügig mit den Hausaufgaben.
3. Ich mache die Hausaufgaben allein und ohne Unterbrechung. Was ich wirklich nicht allein schaffe, lege ich zur Seite und frage zum Schluss meine Mutter.
4. Wenn ich etwas nicht kann, schreie ich nicht herum und werde nicht gleich wütend.
5. Nach den Hausaufgaben übe ich Diktat.
6. Wenn die Hausaufgaben kontrolliert sind, verbessere ich die Fehler ohne zu schimpfen. Danach kann ich spielen gehen.
7. Abends komme ich pünktlich nach Hause.

Abendplan

1. Wir essen um 19 Uhr zu Abend.
2. Danach packe ich meinen Ranzen und kontrolliere, ob ich alles habe.
3. Um 20 Uhr gehe ich mich waschen. Meine Kleider lege ich ordentlich über den Stuhl.
4. Ich putze meine Zähne und mache die Zahnspange rein.
5. Das Bad verlasse ich ordentlich und lösche das Licht aus.
6. Ich hole mir ein Glas Wasser und gehe noch einmal auf die Toilette.
7. Dann gehe ich in mein Zimmer und beschäftige mich leise, ich lese, höre Musik und überdenke noch einmal den Tag, wie war ich zufrieden?
8. Mit meinen Eltern bespreche ich noch kurz, was heute besonders schön war und was morgen besser sein sollte.
9. Um 21 Uhr mache ich das Licht aus und schlafe.

Abb. 19a: Muster eines Tagesplans, zur Anleitung gedacht.

Mit Hilfe des Tages- und Wochenplans soll die Selbstbeobachtung und die Selbsteinschätzung des Verhaltens geübt werden, die eine wichtige Voraussetzung für ein erfolgreiches soziales Kompetenztraining bilden. Letztlich geht es dabei um Fertigkeiten zur positiven Kontaktaufnahme zu anderen Kindern, Jugendlichen und Erwachsenen. Die Kinder sollen lernen, ihre Umwelt bewusst zu beobachten, sich angemessen einzubringen, »angepasst« ihre Meinung zu äußern und ihre Rechte höflich aber deutlich einzufordern. Dazu habe ich ein Verhaltenstagebuch entworfen, welches ich den Kindern in der Therapie begleitend mitgebe (S. im Anhang des Buches).

Das hypoaktive Kind hat sich bisher häufig so geäußert: »Das weiß ich nicht, das ist mir egal, das kann ich sowieso nicht, mir glaubt ja doch keiner, mich mag sowieso keiner, ich mache ja eh´ alles falsch.« Es muss also lernen, statt zu motzen oder zu resignieren, sich genau zu überlegen, was es eigentlich möchte und dieses auch deutlich äußern. ADS-Kinder bedienen sich gern der »Angst«, um ihre Eltern in ihrem Sinne zum Handeln zu veranlassen.

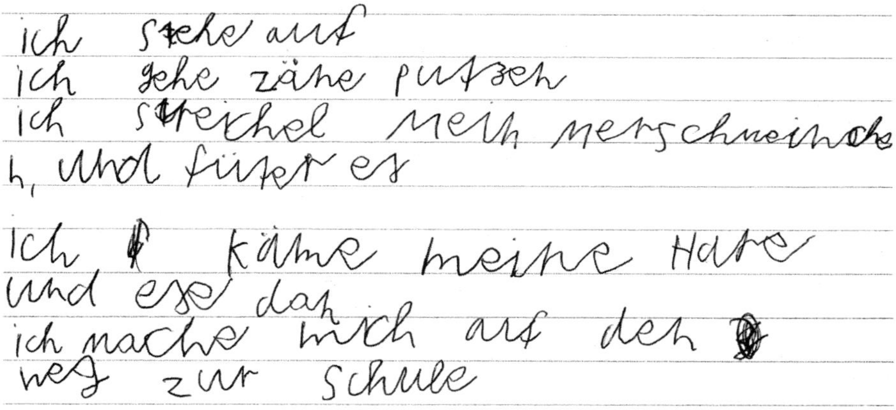

Ich stehe auf
Ich gehe zähne putzen
Ich streichel mein meerschweinchen, und füter es
Ich käme meine Hare und ese dann
ich mache mich auf den weg zur Schule

Abb. 19b: Persönlicher Entwurf eines Tagesplans.

Die Rolle der Geschwister: Das richtiges Verhalten der Geschwister dem ADS- Kind gegenüber ist für den Therapieerfolg sehr wichtig. Vom ADS selbst betroffene Geschwister provozieren gern verbal oder durch Handlungen, was von den Eltern bewusst nicht bemerkt werden soll. Sie brauchen immer »Action« und jemanden, dem sie die Schuld geben. Dabei kennen sie genau die Schwächen, die jeder hat und nutzen die Hilflosigkeit ihrer hypoaktiven Geschwister aus. Sie sind dann nie etwas gewesen.

Deshalb sollten für alle Kinder in der Familie die gleichen Regeln gelten und deutlich formuliert werden, am besten mit einem Vertrag, den alle unterschreiben. Ein Beispiel dafür könnte die Kinderzimmerordnung sein (▶ Abb. 20).

Abb. 20: Kinderzimmerordnung.

Zum sozialen Kompetenztraining gehört auch das Üben von positiven Fertigkeiten und Fähigkeiten, die das Kind bereits besitzt und deren es sich bewusst werden sollte. So sind ADS-Kinder oft sehr sportlich, künstlerisch kreativ (z. B. Malen, Basteln, Bauen, Spielen), sie besitzen einen ausgeprägten Gerechtigkeitssinn und eine gute Beobachtungsgabe. Sie können andere Menschen sehr gut beurteilen und merken sofort, ob es einer auch ehrlich mit ihnen meint.

Zur Verbesserung der sozialen Kompetenz und des Selbstwertgefühls dient auch das Übungsprogramm »Mein Platz in der Familie«. Hier spürt das Kind, dass es in der Familie ein wichtiges Mitglied ist und Verantwortung in einem eigenen Tätigkeitsbereich trägt. Die Kinder sollen Pflichten bekommen, die sie selbstständig erledigen, ohne immer wieder von den Eltern ermahnt werden zu müssen. Anstatt die Rolle des »Handlangers« für die Eltern auszuüben, sollten sie frühzeitig zur Selbstständigkeit erzogen werden. Dabei müssen immer die Geschwister mit einbezogen werden.

Zur Verbesserung seines Selbstwertgefühls ist es für das ADS-Kind wichtig zu lernen, auf positive Erlebnisse zu achten. Es soll Lob genießen können und sich selbst positiv erleben lernen. Es darf sich bewusst auch bei Erfolgen selbst loben, leise natürlich, damit es nicht alle hören. Aber es muss auch Kritik annehmen können, ohne diese gleich als persönliche Kränkung zu empfinden.

ADS-Kinder müssen frühzeitig lernen, ihren Wohnbereich in Ordnung zu halten. Dabei muss man ihnen zeigen, was man selber unter Ordnung versteht und darf nicht zu strenge Maßstäbe an den Tag legen. Mit dem Kind gemeinsam muss man genau definieren, was Ordnung heißt, z. B.:

Zimmer aufräumen:

1. Alles vom Fußboden aufheben
2. Altes Geschirr und Flaschen in die Küche bringen
3. Herumliegende Kleidung sortieren und weglegen
4. Schmutzwäsche zum Waschen raus bringen
5. Den Schreibtisch freimachen
6. Die Schulsachen ordnen
7. Die Schultasche packen

▶ Die Kinderzimmerordnung aus ▶ Abb. 20 könnte vergrößert und farbig umrandet an der Innenseite der Kinderzimmertür angebracht werden, damit das Kind mit der Zeit lernt, alle Punkte abzuarbeiten, um die Vorteile der Ordnung zu genießen. ◀◀

Die Eltern müssen im Umgang mit ADS-Kindern sehr viel Ruhe und Toleranz lernen. Sie sollten im voraus denken, Absprachen treffen und darauf achten, dass einmal Vereinbartes auch konsequent eingehalten wird, natürlich auch von den Eltern selbst. Verlangen sie nichts von ihrem Kind, was sie selbst nicht einhalten. Reden sie weniger von den Zielen, sondern leben sie es ihrem Kind vor, wie es sie erreichen kann.

Aktive, selbstbewusste Eltern, die mit ihren eigenen Problemen gut umgehen können, mit sich zufrieden sind und nach Harmonie streben, dabei sich aber gut abgrenzen können, sind die besten Lehrmeister ihrer Kinder. Eine berufstätige Mutter, die ihre Zeit bewusst einteilen muss, kann ihrem zu langsamen ADS-Kind häufig viel besser helfen, als eine Mutter, die jeden Schritt des Kindes behütet und sorgfältig begleitet und die damit seine Selbstständigkeit nicht zulässt.

Ein bewährtes Hilfsmittel ist ein gemeinsam mit dem ADS-Kind überarbeitetes Verhaltenstagebuch, in das alle Ziele und Erfolge im Überblick von Anfang an aufgeschrieben werden. Hier können das Kind und seine Eltern immer wieder die positive Entwicklung sehen. Dies ist wichtig, wird doch im Verlauf der Therapie häufig vergessen, was das Kind schon alles erreicht hat. So ein Rückblick ist immer sehr nützlich für weitere Ziele, er macht stolz und mutig.

8 Die Therapie des ADS bei Hypoaktivität

Abb. 21: ADS-Kinder können schlecht Ordnung halten (Zimmer eines 11-jährigen hypoaktiven Mädchens).

Dieses Kind braucht Hilfe. Bei soviel »Kram« kann niemand Ordnung halten. Hier muss vieles aussortiert werden, was aktuell nicht gebraucht wird. ADS- Kinder können sich von nichts trennen, deshalb sollten einige Dinge auf dem Boden oder im Keller zwischen gelagert werden, um sie dann zu entsorgen, wenn sie nach längerer Zeit nicht vermisst werden.

Beispiele für Vorsätze im Verhaltenstagebuch:

- in der Schule aufpassen
- ich lasse mich nicht ablenken
- ich konzentriere mich
- ich habe nicht geweint
- ich schreie nicht herum
- wenn der Wecker klingelt, stehe ich sofort auf
- ich sage immer meine Meinung
- ich will nicht motzen
- ich habe in der Schule nicht geträumt
- ich habe Diktat geübt
- meine Hausaufgaben mache ich vollständig
- ich habe nichts vergessen
- nicht mit den Geschwistern streiten
- vereinbarte Seitenzahl im Buch gelesen
- mit Freunden gespielt
- mein Zimmer in Ordnung gehalten
- zum Sport gegangen

Jedem Kind sollte gesagt werden, dass die Therapie nur erfolgreich sein kann, wenn es auch – selber aktiv – mitarbeitet, denn von allein geht gar nichts. Es sollte sich kennen lernen mit all seinen Fähigkeiten und Schwächen und sich und sein Verhalten kritisch bewerten. Dabei muss man dem hypoaktiven Kind immer wieder Mut machen. Es braucht eine enge Kontaktperson.

Es sollte sich immer wieder sagen: »Bei meinem ADS muss ich mir ständig befehlen, dass ich mein Ziel heute erreiche. Meine Eltern helfen mir dabei. Mein Arzt sagt immer wieder, ADS-Kinder machen nur das, was auch täglich kontrolliert wird, deshalb mein Kontrolltagebuch.« Siehe im Anhang des Buches unter ((11)).

Beispiele für Verhaltensbeobachtungen:

- Wie war ich heute mit mir zufrieden? (zu Hause und in der Schule)
- Wie war Mama mit mir zufrieden?
- Wie war der Lehrer mit mir zufrieden?
- Was war heute schlecht?

- Was war heute besonders gut?
- Was hat mir zu Hause nicht gefallen?
- Warum hat es nicht so geklappt, wie ich es mir vorgenommen habe?

Zu seinen im Verhaltenstagebuch festgehaltenen Zielen sollte das Kind täglich kurz Stellung nehmen. Es kann sich zur Beurteilung dazu auch selbst Noten geben – je nach Vereinbarung. Das Motto eines solchen Tagebuches könnte lauten: »Heute war ich gut, morgen will ich noch besser sein«. Aber nicht nur das Kind allein soll sich ändern, auch in der Familie muss sich einiges ändern, was gemeinsam mit dem Therapeuten erarbeitet werden sollte.

Zum Aufbau eines erfolgreichen Selbstmanagements gehört es auch zu lernen, eigene Interessen durchzusetzen und einzufordern. Hierzu gehört es, für die Altersgruppe angemessene Bedürfnisse in der Familie und in der Freizeit durchzusetzen, auch das können Vorsätze im Verhaltenstagebuch sein.

Für jedes Kind werden zum Verhaltenstraining individuelle Pläne erarbeitet.

Strategien für ein erfolgreiches Selbstmanagement

- Problemdefinition und Zielsetzung
- Positive Fähigkeiten erkennen und verstärken
- Einbeziehung der Eltern und der Lehrer
- Kompetenzsteigerung durch Training der bisher wenig beachteten positiven Fähigkeiten
- Schulung der sozialen Wahrnehmung zur Erleichterung der Kontaktaufnahme
- Abbau der Selbstzweifel und Ängste durch Vermeidung negativer Gedanken
- Überprüfung der Wahrnehmungen auf Realität
- Einüben von Geduld
- »Wenn es nicht nach meinem Willen geht, bin ich nicht gleich gekränkt«
- »Kritische Hinweise nehme ich in Ruhe auf und denke darüber nach, ohne gleich gekränkt zu sein«

Die medikamentöse Therapie

Sehr oft, wenn hypoaktive Kinder in die Sprechstunde eines ADS-Spezialisten kommen, haben sie einen langen Leidensweg hinter sich. Die Not und die Problematik sind groß und Katastrophen sind nichts Unbekanntes. Manchmal ist das Kind auch völlig entmutigt, es wird wieder einmal zu einem neuen Therapeuten »geschleppt«. Schon soviel wurde bisher versucht, viel Geld dafür ausgegeben, ohne eine wesentliche Änderung erreicht zu haben. »Wir haben schon alles versucht«, so die einleitenden Worte der Eltern, »eigentlich haben wir uns bereits mit unserem Schicksal abgefunden, dass man unserem Kind nicht helfen kann. Aber wir wissen genau, dass unser Kind mehr kann, als es in der Schule auf das Papier bringt. Wenn es nur nicht so verträumt und langsam wäre. Es kann sich überhaupt nicht konzentrieren. Das Schlimmste ist aber, dass unser Kind jetzt selbst an sich zweifelt, sich für dumm und unfähig hält«. Mehrmals habe es schon geäußert, es wolle am liebsten nicht mehr leben. Es tauge sowieso zu nichts, niemand habe es lieb, niemand verstehe es, es sei ein »Ünglücksrabe« oder, noch schlimmer, eine »Missgeburt«.

Dabei gibt die Abbildung (▶ Abb. 22) keinen dauerhaften depressiven Seelenzustand wieder: Eben war das gleiche Mädchen noch ganz lustig und fröhlich gewesen, nur eine Geringfügigkeit löste diese Stimmungsschwankung aus und legte ihre schweren inneren Zerwürfnisse frei. Verdrängtes kommt so mit einem Schlag geballt an das Tageslicht. – Hierbei wird wohl jedem bewusst, dass diesem Kind schnell und mit allen Möglichkeiten geholfen werden muss. Es ist schon viel zu viel Zeit ungenutzt verstrichen.

Bei schwerer Symptomatik ist die Gabe von Stimulanzien unumgänglich. Dabei setzt eine medikamentöse Therapie eine eindeutige Diagnose mit Leidensdruck des Kindes und seiner Familie voraus. Eine vom gegenseitigen Vertrauen getragene Zusammenarbeit zwischen dem betroffenen Kind und seinen Eltern einerseits und dem Therapeuten andererseits ist noch eine weitere wichtige Voraussetzung für eine medikamentöse Therapie, deren Einsatz von allen genau bedacht werden muss. Die Verantwortung für eine solche Therapie liegt beim Arzt und sie ist sehr groß. Ihrem Beginn sollte ein ausführliches Gespräch darüber vorausgehen, wie die Entwicklung des Kindes voraussichtlich ohne die Gabe von Medikamenten verlaufen würde.

Die medikamentöse Therapie erfordert fachliche Kenntnisse in erster Linie vom Arzt, aber auch von den Eltern. Sie setzt ein erhebliches Maß von Standfestigkeit und Verlässlichkeit von Seiten der Eltern voraus.

Vor der Medikamenteneinnahme sollte mit den Eltern und dem Kind ein ausführlicher und individueller Behandlungsplan erarbeitet und die Wirkungsweise der Medikamente erklärt werden.

Das Stimulans ist eigentlich ein anregendes Mittel, wirkt aber bei Kindern mit einer Unterfunktion im Stirnhirnbereich ganz entgegengesetzt. Kinder mit ADS werden nach Einnahme des Medikaments innerlich ruhiger, deutlich konzentrierter und aufmerksamer. Sie können sogar nach Einnahme des Medikaments schlafen.

Die Substanz Methylphenidat (in Ritalin, Medikinet, Concerta und Equasym enthalten) wurde seit Jahrzehnten am häufigsten untersucht. Sie hat mit großer Sicherheit bei einem ADS-Kind noch nie zur Abhängigkeit geführt und zeigt kaum Nebenwirkungen. Nur bei einigen Kindern ist der Appetit während der Zeit der Medikamentenwirkung geringer. Auf eine genügende Zufuhr von kohlenhydratreichen Nahrungsmitteln muss aber geachtet werden, da das Kind sonst durch einen zu niedrigen Blutzuckerspiegel eine »Unterzuckerung« bekäme und mit Kopfschmerzen reagieren könnte.

8 Die Therapie des ADS bei Hypoaktivität

Abb. 22: »Selbstbildnis« eines verzweifelten, 9-jährigen hypoaktiven Mädchens.

Durch die Gabe eines Stimulans (Methylphenidat, in den Apotheken unter dem Präparatnamen Ritalin, Medikinet, Concerta und Equasym auf Betäubungsmittelrezept erhältlich) wird die Tätigkeit des Stirnhirns und anderer, mit ihm vernetzter Strukturen stark aktiviert. Es wird sofort sehr viel mehr Zucker aus dem Blut im aktivierten Stirnhirn verbraucht. Das Medikament sollte deshalb möglichst nicht auf nüchternen Magen genommen werden. Sofern jedoch nicht anders möglich, sollte etwa 20 Minuten nach Einnahme der Tablette kohlenhydratreiche Nahrung zugeführt werden. Die in den Beipackzetteln geforderte Karenz von einer Stunde zwischen Tabletteneinnahme und Essen ist im Rahmen des täglichen Schulbesuchs kaum zu realisieren. Die meisten Eltern machen aber mit einer Zeitspanne von 20 Minuten zwischen Essen und Tabletteneinnahme auch gute Erfahrungen. Ritalin bzw. Medikinet beginnt meist nach 30 Minuten zu wirken, es wirkt nach einer Stunde optimal. Die Wirkung hält zwischen vier bis fünf Stunden an und fällt dann wieder ab. Danach ist meist eine erneute Gabe erforderlich oder man entschließt sich zu einem Präparat mit längerer Wirkungszeit, wie z. B. Ritalin SR, Medikinet retard (für Kinder und Jugendliche), Medikinet adult (für Erwachsene) mit einer Wirkungsdauer von ca. 8 Stunden oder Concerta mit ca. 12 Stunden Wirkung. Diese Präparate gibt es in verschiedenen Stärken, so dass eine individuell erforderliche Dosierung möglich ist. Falls Methylphenidat nicht ausreichend wirkt oder nicht so gut vertragen wird

(z. B. Gewichtsabnahme bei starker Appetitlosigkeit) haben sich die Amphetaminpräparate bewährt, deren Wirkungsdauer ca. 6 Stunden beträgt. Sie können auch beim ADHS mit stark impulsiven oder depressiven Tendenzen von Vorteil sein. Manche Patienten mit einem ADS vom Unaufmerksamen Typ, also die Hypoaktiven, wie ich sie nenne, profitieren mehr von mehrmaligen Gaben kurzwirksamer Stimulanzien.

▶ Die medikamentöse Behandlung steht immer nur am Ende aller therapeutischen Möglichkeiten, für ihren Einsatz müssen strenge Kriterien beachtet werden. Sie muss vorher gut überlegt werden und ist nicht zum »Ausprobieren« gedacht. ◀◀

Nun möchte ich noch einige allgemeine Bemerkungen zur Gabe von Stimulanzien aus meiner praktischen Erfahrung mit diesem Medikamenten machen. Im Folgenden berichte ich nun das, was ich den Eltern immer wieder erzähle, im kurzen Überblick.

Was bewirken Stimulanzien wie Ritalin, Medikinet, Concerta und Equasym beim ADS-Kind mit Hypoaktivität?

- Es macht nicht süchtig,
  wirkt niemals als Aufputschmittel, sondern führt zur inneren Ruhe des Kindes, wenn die Diagnose »ADS« stimmt.
- Es erhöht die Daueraufmerksamkeit, die Konzentration und die Fähigkeit, sich vom Gefühl her steuern zu können.
- Es verbessert die Fein- und Grobmotorik sowie die visuomotorischen und auditiven Fähigkeiten.
- Es verbessert die Filterfähigkeit, d. h. das Kind kann aus dem Gehörten Wichtiges aufnehmen und speichern sowie das Unwichtige vorbeiziehen lassen.
- Es unterstützt das Anlegen von Lernbahnen, wenn wichtige Informationen mehrfach wiederholt werden.
- Es regt diejenigen Teile des Gehirnes beim hypoaktiven Kind an, die zu wenig arbeiten. Es ist also ein Substitutionsmittel (damit ist es z. B. mit einem Schilddrüsenhormon zu vergleichen, das man einem Kind mit Schilddrüsenunterfunktion gibt, oder mit einem Insulin, das man einem Kind mit Zuckerkrankheit gibt). Nach Einnahme des Stimulans beginnt das Stirnhirn des Kindes intensiver zu arbeiten und verbraucht somit mehr Zucker. Ritalin/Medikinet wirkt also nur, wenn ausreichend Blutzucker vorhanden ist.
- Es wirkt beim ADS immer, vorausgesetzt die Diagnose stimmt und das Kind sowie seine Eltern sind motiviert und auf eine Therapie richtig vorbereitet. Das Stimulans allein macht nämlich beim hypoaktiven Kind gar nichts. Das Kind muss sich aktiv motivieren und sich bewusst von seinen alten Verhaltensweisen trennen. Da diese jedoch jahrelang praktiziert wurden und tief »sitzen«, ist es für das Kind oft einfacher, in die erlernte Hilflosigkeit zurück zu fallen, als sich für neue Tätigkeiten zu motivieren. Das muss das Kind mit Hilfe seiner Eltern jeden Tag auf das Neue erlernen. Haben die Kinder aber einmal den positiven Effekt der Tablette gespürt, motiviert sich ein Großteil

der Kinder freudig von selbst und ist glücklich, schneller und besser lernen zu können.
- Es verursacht an sich keine Schlafstörungen, denn es darf ja nicht als Aufputschmittel wirken. Aber das Nachlassen der Wirkung wird vom Kind gemerkt, es wird wieder innerlich unruhiger und hat in seinem Kopf viele Gedanken, so dass es beginnt, durch äußere Unruhe dagegen anzukämpfen oder in seine Antriebsschwäche zurück zu fallen. Dieser sog. Reboundeffekt (Rücklaufeffekt) ist bekannt und muss mit den Eltern besprochen werden. Dieser Effekt kann, wenn das Nachlassen der Medikamentenwirkung und die vorgesehene Schlafenszeit des Kindes zusammenfallen, zu Einschlafstörungen führen. Wenn möglich, sollte dann der Einnahmezeitpunkt des Stimulans verändert werden. Manchmal hilft es, abends zwischen 17.00 und 18.00 Uhr noch eine kleine Dosis des Stimulans vorübergehend zu geben.
- Viele Eltern sind der Meinung: »Einmal Stimulanzien heißt für immer Stimulanzien«, oder sie stellen konkret die Frage: »Muss mein Kind das Medikament lebenslänglich nehmen?« Darauf erkläre ich: Das Medikament soll dem Kind helfen, sich eine andere Verhaltensweise anzueignen, um sich durch Verbesserung seiner Wahrnehmung ein positives Selbstwertgefühl aufbauen zu können. Ist dieses Stadium einigermaßen erreicht, braucht das Medikament nicht mehr genommen werden. Wie lange das Medikament nötig ist, bestimmen das Kind und seine Eltern. Außerdem kann man das Medikament im Bedarfsfall zu jeder Zeit problemlos absetzen.
- Es wirkt weniger, wenn Kind und Eltern verunsichert werden. Dies ist ein nicht so seltenes Ereignis in meiner Praxis, das dann besonders häufig vorkommt, wenn unqualifizierte Beiträge zu diesem Thema in Fernsehsendungen oder Zeitschriften wie »Ritalin/Medikinet – eine gefährliche Droge« oder »Toben statt Drogen« die Eltern verunsichern.

> Die Behandlung mit Stimulanzien sollte immer ganztägig, auch an den Wochenenden und in den Ferien erfolgen. Damit die neugebildeten Lernbahnen erhalten bleiben, Lernen und gewünschtes Verhalten sich weiterhin automatisieren kann. Wird das Stimulanz in den Ferien abgesetzt, haben viele Kinder zu Beginn des neuen Schuljahres erhebliche Lernprobleme. Das abgespeicherte Wissen kann dann nicht schnell und korrekt genug abgerufen werden, weil eine neugebildete Lernbahn an Festigkeit verlor. Denn Nervenzellen, die nicht beansprucht werden, stellen ihre Funktion ein. Deshalb sollte ein Kind mit ADS und Lernproblemen sich in oder am Ende der Ferien mit den Lernstoff beschäftigen.

Stimulanzien und das soziale Umfeld (Lehrer, Verwandte, Nachbarn und alle, die es gut meinen): Viele Lehrer wissen von der Problematik des ADS und empfehlen den Eltern, ihr Kind beim (Fach-)Arzt vorzustellen. Die Lehrer sind es, die mit am frühesten erste Auffälligkeiten beim Kind bemerken (▶ Kap. 6 und ▶ Kap. 7).

In meiner Praxis profitiere ich täglich von der sehr guten Zusammenarbeit mit Lehrern, die das Wohl ihrer Schulkinder im Auge haben. Auch viele Hort- und

Tageseinrichtungen sind bereit, die Therapie mitzutragen. Leider ist es aber nicht immer so. Manche Eltern haben Angst, dass die Lehrer von einer medikamentösen Behandlung des ADS ihres Kindes erfahren, sie möchten nicht, dass die Schule entsprechend informiert wird. Letzten Endes sollten allein die Eltern entscheiden, ob sie ihr Kind einer medikamentösen Therapie zuführen oder nicht. Die Meinung der Lehrer sollte darauf keinen entscheidenden Einfluss haben.

Das Einverständnis der Eltern vorausgesetzt, gebe ich den Lehrern Informationsmaterial, Bescheinigungen für die Schule und Beurteilungsskalen mit der Bitte zum Ausfüllen durch den Klassenlehrer mit.

In der Regel sind Eltern betroffener ADS-Kinder im Besitz von geeigneter Fachliteratur. Diese leihen sie oft den Lehrern zum Lesen.

In der kinderpsychiatrischen Praxis muss schließlich streng auf das Einhalten der Schweigepflicht gegenüber Dritten geachtet werden. Das verbietet es, Lehrern einfach per Telefon Auskunft über ein betroffenes ADS-Kind zu geben.

Das Stimulans einem schwer betroffenen ADS Kind zu verweigern, bedeutet, Entwicklungsphasen ungenutzt verstreichen zu lassen, die nicht wieder oder nur ganz schwer aufgeholt werden können. So werden ADS-Kinder nicht nur wegen der aktuellen Beschwerden behandelt, sondern vor allem zur Vermeidung von oft wesentlich schlechter zu behandelnden Spätfolgen.

Strattera: Sein Wirkstoff ist Atomoxetin, ein Noradrenalin-Wiederaufnahmehemmer, der zur Behandlung von AD(H)S bei Kindern, Jugendlichen und Erwachsenen zugelassen ist. Seine Verschreibung unterliegt nicht dem Betäubungsmittel gesetzt, da er zur Gruppe der Antidepressiva gehört, aber auch die Kernsymptome des ADS verbessern kann. Ich habe in meiner Praxis gute Erfahrungen mit Strattera gemacht. Als Mittel der zweiten Wahl hat dieses Medikament sich bewährt bei emotional labilen Kindern mit impulsiv überschießenden Reaktionen, Wutanfällen und kurzen depressiven Abstürzen. Auch für Patienten mit Krampfneigung und Tic- Symptomatik ist es eine Alternative. Die Behandlung muss mit langsam ansteigender Dosierung begonnen werden. Es wirkt über den ganzen Tag und baut einen stabilen Blutspiegel auf. Da es in der Leber verstoffwechselt wird, sollten die Leberenzyme laborchemisch kontrolliert werden. Die Praxis zeigte eine allgemein gute Verträglichkeit, wenn seine Besonderheiten beachtet werden.

Amphetamine: Sie gehören ebenfalls in die Gruppe der Stimulanzien und sind chemisch mit dem Methylphenidat verwandt. Bisher haben sie sich als Reservemittel in der ADS-Behandlung gut bewährt. In den Apotheken sind sie unter den Namen Elvanse, Vyvanse und Adderal auf Betäubungsmittelrezept erhältlich. Sie wirken etwas komplexer als Methylphenidat und sollten nur bei dessen unzureichender Wirkung und gesicherter ADS-Diagnose verordnet werden. Sie sind für Kinder und Jugendliche im Alter von 6 bis 18 Jahren zugelassen. Im Gehirn verbessern sie nicht nur die Verfügbarkeit von Dopamin, sondern in einigen Bereichen auch die von Serotonin. Deshalb haben sie sich bei Patienten mit starken emotionalen Schwankungen und kurzen depressiven Abstürzen bewährt. Ihre Wirkung setzt etwas später ein, hält aber ca. 13 Stunden an. Sie sollen morgens eingenommen werden. Ihr Nebenwirkungsprofil gleicht dem von Methylphenidat.

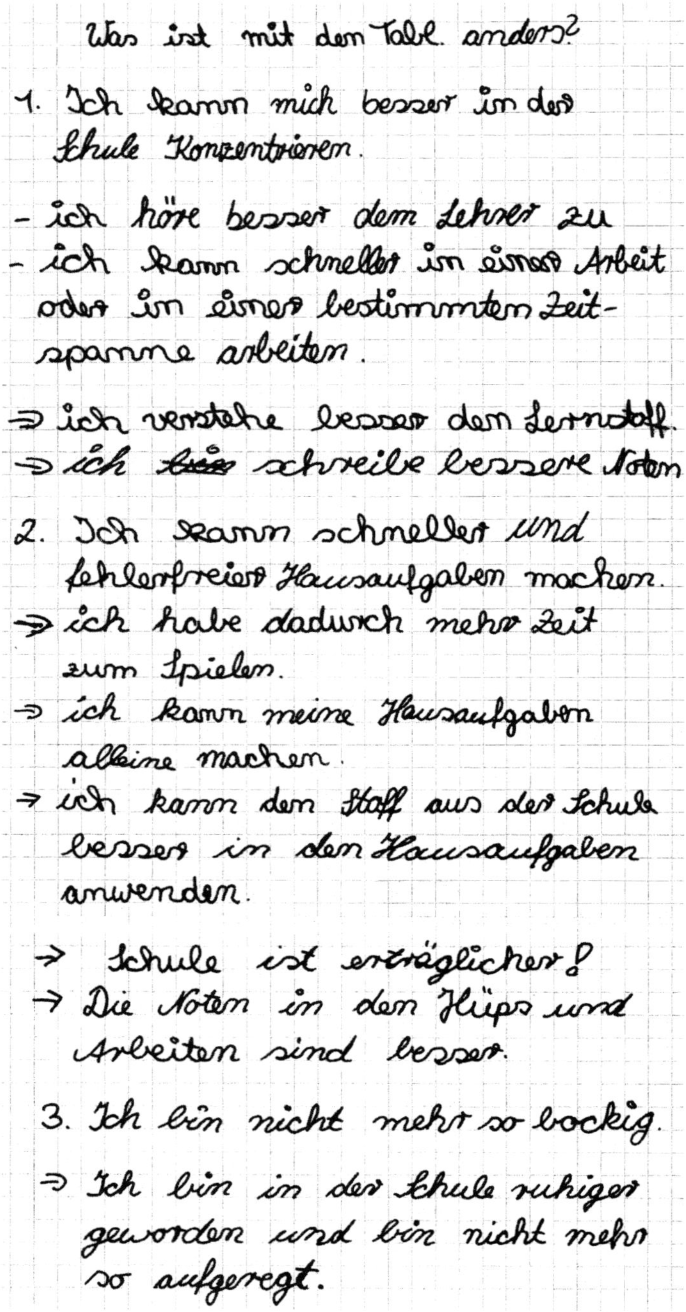

Was ist mit der Tabl. anders?

1. Ich kann mich besser in der Schule konzentrieren.
   - ich höre besser dem Lehrer zu
   - ich kann schneller in einer Arbeit oder in einer bestimmten Zeitspanne arbeiten.
   ⇒ ich verstehe besser den Lernstoff.
   ⇒ ich ~~bin~~ schreibe bessere Noten

2. Ich kann schneller und fehlerfreier Hausaufgaben machen.
   ⇒ ich habe dadurch mehr Zeit zum Spielen.
   ⇒ ich kann meine Hausaufgaben alleine machen.
   ⇒ ich kann den Stoff aus der Schule besser in den Hausaufgaben anwenden.
   ⇒ Schule ist erträglicher!
   ⇒ Die Noten in den Hüps und Arbeiten sind besser.

3. Ich bin nicht mehr so bockig.
   ⇒ Ich bin in der Schule ruhiger geworden und bin nicht mehr so aufgeregt.

Abb. 23: Ein 11-jähriges Mädchen (5. Klasse, Realschule) berichtet über ihre Erfahrungen mit der therapeutischen Behandlung.

Intuniv: Seit Januar 2016 in Deutschland als Medikament gegen ADHS zugelassen wird es von der Firma Shire vertrieben. Sein neuartiger Wirkstoff Guanfacin beeinflusst die Signalübertragung innerhalb der neuronalen Netze so, dass wichtige Reize betont, unwichtige unterdrückt werden. Es ist für Kinder und Jugendliche von 6 bis 17 Jahren zugelassen, bei denen Methylphenidat, Amphetamin und Strattera zu keinen ausreichenden Behandlungserfolgen führen. Wegen seines hohen Nebenwirkungspotentials ist eine intensive Überwachung der Patienten erforderlich. Ein Medikament aus Amerika, dass außerdem sehr teuer ist. Ich habe damit keine Erfahrung, rate sehr zur Zurückhaltung und habe es nur der Vollständigkeit halber erwähnt. In meiner Praxis konnte ich mit Hilfe der bisherigen Medikamenten AD(H)S gut behandeln, vorausgesetzt, das soziale Umfeld stimmte und die Betroffenen waren Therapie motiviert.

Die Bedeutung von Entspannungsverfahren

Entspannungsübungen sind eine wertvolle Hilfe, innerlich zur Ruhe zu kommen und Stress abzubauen. Zur inneren Ruhe zu gelangen, stellt für ADS-Kinder eine wichtige Fähigkeit dar, um nachdenken zu können und sich aus ihrer Aufregung herauszunehmen. Aktive Entspannungsverfahren sind jedoch nicht bei allen Kindern beliebt. Die meisten Kinder ziehen meist eine passive Entspannung durch Hören von Musikkassetten oder Geschichten vor. Manche jüngere Kinder lassen sich dabei auch gern streicheln. Aber richtig wirkungsvoll ist erst ein aktives Entspannungsverfahren, das man auch im Alltag zu jeder Uhrzeit und in jeder Situation durchführen kann.

Gute Entspannungsverfahren sind: Yoga- und Atemübungen, muskuläre Entspannung nach Jacobson und das klassische Autogene Training. Alle diese Verfahren dienen dem Ziel, die Fähigkeit zu erlernen, sich aus einer emotional belastenden Situation, einer Aufregung, einer Unruhe herauszunehmen und dem Körper Ruhe zu »befehlen«. Ruhe, die für bewusstes und überlegtes Lösen von Problemen nötig ist. Gerade ADS-Kinder erleben immer wieder ein Blackout durch zu starke Aufregung: Wenn sie starke Ängste haben, sich aufregen oder sich ärgern, gelingt es ihnen nicht mehr, ihr Verhalten oder ihre Gedanken zu steuern.

Kinder oder Jugendliche, die durch intensives Training Entspannungsverfahren lernen, profitieren sehr gut davon. Allerdings kann mit diesen Übungen bei manchen ADS-Kindern oft erst unter der medikamentösen Behandlung begonnen werden, da das Kind sonst eine viel zu große innere Unruhe verspürt. Hierbei muss man immer bedenken, das auch hypoaktive Kinder das Gefühl der inneren Unruhe kennen und nur in der Denkfähigkeit (kognitive Fähigkeiten) zu langsam sind. Bei jüngeren Kindern bis etwa acht Jahren kann auch die Körpermassage nach Reich sehr empfohlen werden.

Gut und intensiv durchgeführte Entspannungsübungen sind in der Lage, das EEG zu beeinflussen. Die bei ADS-Kindern vermehrt im EEG registrierten langsamen Thetawellen (die bei ihnen die Bedeutung von Müdigkeitswellen haben) werden im Zustand tiefer Entspannung in normal aktive alpha-Wellen umgewandelt (letztere deuten auf einen entspannten Wachzustand hin mit der Fähigkeit einer erhöhten Sinneswahrnehmung).

Diese intensive Entspannung korrigiert bei ADS-Kindern das Zuviel an »ungesunden« Thetawellen. Diese Behandlungsmethode wird als Neurobiofeedback mithilfe spezieller Geräte angewandt (mehr über diese Methode im Kapitel 11).

Auch einige Eltern von ADS-Kindern, die eine ADS-Symptomatik bei sich verspüren, ohne diese früher richtig erkannt zu haben, beschreiben, wie das Erlernen von Entspannungsverfahren ihnen eine große Hilfe war und noch immer ist. Auch deshalb gehören Entspannungsverfahren unbedingt in das Therapieprogramm der ADS-Patienten.

Mittels Entspannungsverfahren können auch Lernprozesse durch gesteuerte Fantasie in Form von Probehandeln schrittweise in die Realität übernommen werden. Hierbei sind besonders formelhafte Vorsätze wichtig, die – immer wieder im Zustand der Entspannung wiederholt – es erleichtern, neue Denkweisen zu verinnerlichen über deren Automatisierung.

Wenn man sich im entspannten Zustand immer wieder sagt: »Ich bin ganz ruhig, nichts stört mich, ich fühle mich sicher und stark, alle Ängste sind weit weg« kann man diese Formel im Alltag anwenden und stressige Situationen besser meistern.

Therapie von Jugendlichen und Erwachsenen

Bis in die Mitte der 1990er Jahre wurden in der Bundesrepublik kaum Jugendliche und Erwachsene mit ADS ohne Hyperaktivität diagnostiziert und dementsprechend behandelt. Nach der damaligen Lehrmeinung sollte die Behandlung von hyperaktiven Kindern mit Stimulanzien möglichst mit dem zwölften Lebensjahr abgeschlossen sein. Aber das war mehr Wunsch als Realität. Viele Jugendliche kamen mit verschiedenartiger Problematik infolge eines nicht erkannten und somit nicht behandelten ADS in die Sprechstunden der Psychotherapeuten. Neu gewonnene wissenschaftliche Erkenntnisse über die neurobiologische Ursache des ADS schufen die Grundlage für die Möglichkeit einer späteren Behandlung bis in das Erwachsenenalter.

Inzwischen gibt es auch zahlreiche Statistiken über Folgen und Risikofaktoren einer nicht durchgeführten oder unzureichenden Behandlung eines ADS. Das betrifft jedoch vor allem die hyperaktiven Kinder, da das ADS ohne Hyperaktivität bisher wenig bekannt war und somit nicht diagnostiziert und behandelt wurde.

Die Behandlung von hypoaktiven Jugendlichen ist erschwert durch die bereits eingetretene mehr oder weniger starke Fehlentwicklung und die oft geringe Therapiemotivation infolge einer oft jahrelangen negativen Therapieerfahrung. Viele Jugendliche haben sich inzwischen selbst mit »beruhigenden« Mitteln wie

Nikotin, Alkohol oder Drogen »behandelt«. Manche sind auf diesem Weg in die Abhängigkeit geraten.

In meiner Praxis habe ich nicht wenige hochintelligente Jugendliche mit bisher nicht behandelter, aber eindeutiger ADS-Symptomatik kennen gelernt, die regelmäßig Haschisch konsumierten und davon auch nicht mehr los kamen. Sie vernachlässigten permanent ihre schulischen Pflichten (Hausaufgaben), oder blieben regelmäßig der Schule fern und gingen statt dessen sporadisch irgendwelchen Hobbys nach. Sich auf eine Therapie einlassen, könnte für solche Jugendliche eine neue Lebensperspektive mit sich bringen. Leider wird das von diesen Jugendlichen meist nicht so gesehen. Schon deshalb ist die rechtzeitige Behandlung nach frühzeitiger Diagnostik möglichst im Kindesalter eine dringende Notwendigkeit.

Viele Jugendliche und Erwachsene mit Depressionen, Zwangskrankheiten, Angststörungen, Essstörungen (Anorexie und Bulimie), Tic-Störungen und Persönlichkeitsstörungen hatten in der Kindheit oft eine eindeutige ADS-Symptomatik. Hinweise dafür gibt eine gründlich erhobene Krankengeschichte und die Angaben der Eltern während der Therapie.

In der Behandlung von Jugendlichen und Erwachsenen wird die ADS-Symptomatik bisher noch viel zu wenig berücksichtigt. Das liegt teilweise mit an der recht schwierigen Diagnostik sowohl im Jugend- als auch im Erwachsenenalter und an der weit verbreiteten Unkenntnis über die Ursachen und die verschiedenen Erscheinungsformen des ADS.

Die Diagnostik des ADS bei Jugendlichen ist schwierig und setzt Kenntnisse in der Psychodynamik von Fehlentwicklungen voraus. Ferner muss gezielt nach Störungen in der Fein- und Grobmotorik, in der Konzentration und Daueraufmerksamkeit, der Visuomotorik und der emotionalen Steuerung gesucht werden. Zudem benötigen Therapeuten Informationen über den Verlauf der Schulzeit, über die Herkunftsfamilie und das frühere und aktuelle soziale Umfeld des betroffenen Jugendlichen.

Auffälligkeiten bei Jugendlichen und Erwachsenen mit ADS liegen in folgenden Bereichen:

- Stärke der Ablenkbarkeit
- innere und äußere Unruhe
- Gefühlsteuerung und Impulsivität
- Fähigkeit, den Tagesablauf zu organisieren
- Zielstrebigkeit
- Leistungsabfall unter Stress
- negatives Selbstwertgefühl
- Verlust der Selbstkontrolle
- Notwendigkeit der Einnahme von anregenden oder beruhigenden Mitteln
- Schlafschwierigkeiten und häufiges Grübeln
- Energiemangel
- Geräuschempfindlichkeit bei selbst lauter Sprache
- schlechtes Schriftbild
- Blackout-Reaktionen besonders unter Stress

Dies sind nur einige, aber wichtige Hinweise für das Vorliegen eines möglichen ADS.

 ▶ Nicht einzelne Symptome oder ihre Summe ergeben die Diagnose, sondern die Persönlichkeitsstruktur des betroffenen Jugendlichen. Die richtige Diagnostik ist nur einem Psychiater oder Nervenarzt mit speziellen ADS-Kenntnissen möglich und sollte diesen deshalb vorbehalten bleiben. ◀◀

Unbehandelte ADS-Jugendliche und Erwachsene klagen immer wieder über ihre unsichere, umweltabhängige ich-bezogene Einstellung mit erhöhter Verletzlichkeit, mangelndem Selbstbewusstsein und unzureichender Entscheidungsfähigkeit.

Bei ADS-Jugendlichen verhindert die primäre psychische Fehlentwicklung in der Pubertät oft eine ausreichende Reife in der Persönlichkeitsentwicklung, deren Folgen dann ein Mangel an sozial angepasstem Verhalten, Kontaktfähigkeit, Durchsetzungsvermögen und Selbstbehauptung sind. Sie sind überempfindlich und fühlen sich von Gleichaltrigen nicht verstanden und ausgegrenzt.

Ein sehr wichtiges Ziel der Verhaltenstherapie ist das Erreichen einer altersentsprechenden sozialen Reife. Die Reifekriterien für heranwachsende Jugendliche sind natürlich den Therapeuten bekannt, aber auch die Eltern in ihrer Coach-Funktion und die Jugendlichen selbst sollten sie kennen.

Die Reifekriterien beinhalten folgende Fähigkeiten der Jugendlichen:

- Eine gewisse Lebensplanung haben
- Selbstständig urteilen und entscheiden können
- Über zeitlich überschaubares Denken verfügen
- Die eigenen Gefühle rational verarbeiten können
- Die eigenen Pflichten ernst nehmen
- Gegenüber anderen Jugendlichen eigenständig auftreten

Bei nicht altersentsprechender sozialer Reife wird die Pubertät zur kritischen Phase mit zunehmender Beeinträchtigung des Selbstwertgefühls und der sozialen Kompetenz. Vieles, was bisher kompensiert werden konnte, wird nun auffällig und störend. Denn mit der Pubertät beginnt bei allen Jugendlichen ein neuer und wesentlicher Entwicklungsabschnitt. Das Gehirn baut sein Netzwerk um, es wird rationalisiert. Benutzte Lernbahnen werden verstärkt, unbenutzte aufgelöst. Dadurch kann Denken und Handeln schneller und erfolgreicher werden. Pubertät bedeutet auch einen Qualitätssprung an sozialer Reife. Auf Grund der viel feineren neuronalen Vernetzung der Nervenbahnen erfolgt bei den Jugendlichen mit ADS dieser Umbau verzögert. Die Betroffenen merken spätestens jetzt den Unterschied im Denken und Handeln gegenüber Gleichaltrigen. Das belastet psychisch und kann negativen Dauerstress auslösen, der unbehandelt zum Ausgangspunkt vieler psychosomatischer Erkrankungen werden kann, wenn keine entsprechende Behandlung erfolgt.

Familientherapie

Eine Familientherapie im klassischen Sinne ist im Falle des ADS selten erforderlich, eine Einbeziehung der gesamten Familie in die Behandlung eines hypoaktiven ADS-Kindes ist aber ein unbedingtes Muss. Der begleitende Elternteil wird von vornherein immer in die Therapie mit einbezogen, da er ja der »Hilfstherapeut für zu Hause« ist. Psychisch instabile oder gar kranke Eltern gefährden von Anfang an die Therapie. Ich versuche deshalb im Verlaufe der Behandlung zu erfahren, ob eines der Elternteile auch vom ADS betroffen ist und stelle mich in der Behandlung auf diese Möglichkeit ein.

ADS-betroffene Eltern können selten konsequent sein, sie sind sehr empfindlich, können sich oft gefühlsmäßig schlecht steuern, d. h. sie schreien schnell und schimpfen, sagen leicht einmal etwas Unüberlegtes. Meist haben sie Probleme mit ihrem Selbstwertgefühl und ihrer Selbstbehauptung. Ich würde gern viel mehr Eltern selbst eine Therapie empfehlen, aber es gibt leider noch zu wenig ADS-Spezialisten für Erwachsene.

Je intensiver ich die Familiendynamik mancher Patienten während ihrer Therapie kennen lerne, um so überraschter bin ich oft von der starken Belastung, der ein ADS-Kind durch familiäre Konflikte ausgesetzt ist. Manchmal ist es sogar so, dass das Kind als schwächstes Glied in der Familie zur Behandlung gebracht wird. Dabei müsste ein anderes Familienmitglied viel dringender in psychotherapeutische Behandlung, was aber von diesem nicht so gesehen und somit strikt verweigert wird.

Noch vor wenigen Jahren waren viele Eltern erbost, wenn man sie auf die Möglichkeit des eigenen Betroffenseins vom ADS ansprach. Heute ist das inzwischen zum Glück anders. Die meisten Eltern sind dankbar, wenn sie mit jemanden offen über ihre Probleme sprechen können. Sie fühlen sich das erste Mal richtig verstanden.

▶ Ziel der Familienberatung sollte sein, dass auch die Familie bereit wird, sich zu ändern und sich positiv und verständnisvoll dem ADS-Kind gegenüber zu verhalten. Nicht allein das Verhalten des Kindes soll sich durch die Therapie ändern. ◀◀

Die Geschwister sollten unbedingt in die Familientherapie mit einbezogen werden. Auch wenn sie sich dieser verweigern, sollten sie wenigsten ein- bis zweimal mit in die Praxis kommen, damit der Therapeut sie persönlich kennen lernt, und mit ihnen sprechen kann. Geschwister, die ebenfalls ein ADS haben, sollten entsprechend diagnostiziert und darüber informiert werden. Einen besonderen Fall stellen die Geschwister dar, die das »kranke« ADS-Kind für ihre eigene Position in der Familie brauchen. Diese Geschwister können mit aller Macht durch ihre Aktivitäten den Erfolg der Behandlung verhindern. Meist sind es größere Geschwister, die jeden Kontakt zum Therapeuten ablehnen. Sie wissen nur zu gut, dass sie wahrscheinlich selbst eigene Probleme haben, wollen oder können diese jedoch nicht zugeben, »schließlich sind sie ja nicht krank!« Durch permanentes Reizen und Provozieren ihrer von ADS betroffenen Geschwister gelingt es ihnen immer wieder, deren Therapie zu erschweren und zu stören.

Gruppentherapie

Eine Verhaltenstherapie in der Gruppe hat viele Vorteile für ADS-Kinder. Leider kann sie aus technischen Gründen von vielen ADS-Spezialisten nicht regelmäßig angeboten werden. Sie setzt eine Qualifikation der Therapeuten zur Gruppenbehandlung voraus. Behandlungstechnische Voraussetzungen sind zudem zuerst eine stabile Gruppe, d. h. eine feste Anzahl von Kindern, die zu jedem Termin möglichst regelmäßig und pünktlich erscheinen. Ferner benötigt man in der Praxis einen großen Raum mit vielen Möglichkeiten zur Beschäftigung und körperlichen Bewegung. Dazu einen Aufenthaltsraum für die Eltern und für diese einen Ansprechpartner, der Zeit hat.

Es gibt sehr gute gruppentherapeutische Behandlungskonzepte, speziell für ADS-Kinder. Sie kommen dem starken Bedürfnis des Kindes zur Kontaktaufnahme mit anderen Kindern entgegen und seinem Bestreben nach gemeinsamer Betätigung und Anerkennung in der Gemeinschaft. Eine gruppentherapeutische Behandlung kann viel erfolgreicher sein, insbesondere in Bezug auf das Erlangen sozialer Kompetenz. Diese ist durch Üben von sozialen Interaktionen mithilfe der Gruppendynamik viel schneller zu erreichen. Gruppentherapie macht Spaß, sie arbeitet mit dem Wechsel zwischen Bewegung und Konzentration.

Welche Behandlungsaspekte lassen sich in der Gruppentherapie oft besser und rationeller durchführen?

- Austausch und Diskussion von Grundinformationen
- den Umgang mit den positiven und negativen Seiten des ADS erlernen
- Selbstkontroll- und Kontrollmechanismen einüben
- Stresssituationen vermeiden lernen
- sich konzentrieren lernen
- positive Eigenschaften erkennen und das negative Selbstbild abbauen
- Aufgabenstrukturierung üben
- Erfahrungsaustausch über Problemlösetechniken
- Entspannung und richtiges Atmen lernen
- soziale Selbstbehauptung trainieren
- Gruppenerfahrungen sammeln

Meine eigenen langjährigen Erfahrungen mit einer verhaltenstherapeutischen Gruppenbehandlung für ADS-Kinder in einer »gewöhnlichen« Arztpraxis (meine Gruppentherapie betrug eine Doppelstunde wöchentlich mit sechs bis acht Kindern) sind zwiespältig: Einerseits lernten die Eltern sich kennen, was durchaus positiv zu bewerten ist, andererseits entwickelten sie Ansprüche und mitunter absurde Vorstellungen, die die ständige Präsenz einer zweiten Person aus der Praxis erforderlich machte, damit die eigentliche Therapie ohne Störung durchgeführt werden konnte.

Zu dem sah es nach einer Gruppentherapie in meinem Behandlungs- und Wartezimmer wie nach einem »Erdbeben« aus, d. h. nichts stand mehr dort, wo es hingehörte.

Eine echte Reserve für gruppentherapeutische Behandlungen sehe ich in den Institutionen, die über große Räume verfügen und mehrere Mitarbeiter haben. Hier sollte eine Verhaltenstherapie in der Gruppe wegen ihrer großen Vorteile noch mehr genutzt werden.

Warum bleibt die Behandlung eines hypoaktiven Kindes manchmal erfolglos und warum ist die Einnahme von Tabletten allein keine ausreichende Therapie?

Die Einnahme von Tabletten allein ist nicht die Therapie des ADS, sondern diese erfordert die aktive Mitarbeit des Kindes und seiner Eltern sowie des gesamten sozialen Umfeldes. Das Medikament ist nur eine »Brücke«, die eine Therapie erfolgreich gestalten kann, wenn folgende Voraussetzungen beachtet werden:

- Individuell ausgerichtete Lern- und Verhaltensstrategien und das Erlernen und Praktizieren eines Selbstmanagements sind die Grundlage jeder AD(H)S-Therapie, wenn sie auf Dauer erfolgreich sein soll.
- Zwischen Eltern, Kind und Therapeuten muss ein gutes Vertrauensverhältnis bestehen.
- Die Eltern, und wenn möglich auch das Kind, sollten gute Kenntnisse über die Besonderheiten der ADS-Problematik und über die Wirkungsweise der Therapie haben.
- Die medikamentöse Therapie sollte immer an eine verhaltenstherapeutische Begleitung gekoppelt sein, möglichst durch einen ADS-Spezialisten. Hierbei ist die Behandlungsfrequenz von der jeweiligen Problematik abhängig. Auch größere zeitliche Abstände in der Behandlung sind möglich. Aber bei akut auftretenden Problemen sollte der Therapeut gleich greifbar sein.
- Kind und Eltern sollten sich nicht durch »Halbweisheiten« Dritter verunsichern lassen. Hier sollten die Eltern bei auftretenden Unsicherheiten gleich mit dem Therapeuten sprechen.
- ADS-Kinder und insbesondere hypoaktive Kinder brauchen ständig einen Trainer (einen Coach), der sie stets von neuem motiviert. Nach anfänglich positivem Erleben der Therapie verfällt das hypoaktive Kind noch schnell in seine alten Verhaltensmuster (erlernte Hilflosigkeit, Selbstmitleid und Träumen).
- Verlassen sich Eltern und Kind allein auf die Wirkung der Tabletten, merken sie bald, dass die Tabletten an sich nichts ändern. Nur wenn das Kind konkret etwas ändern will, sieht es, dass es mit Hilfe der Tabletten einiges besser kann, was ihm bis jetzt nicht gelang.

- Jede Motivation für eine länger dauernde Therapie lebt von Erfolgen, die immer wieder dem Kind aufgezeigt werden sollten.
- Hypoaktive Kinder müssen lernen, positive Erlebnisse und Erfolge bewusst herbeizuführen und sie gemeinsam mit ihren Eltern zu genießen.
- Die medikamentöse Therapie ersetzt nicht ein regelmäßiges Training zur Beseitigung der Defizite. Dabei sollten Lernen und Üben aber jetzt mehr Spaß machen, d. h. sie sollten erfolgreicher und wesentlich einfacher sein. Nur durch ständiges Üben können jahrelang aufgestaute Defizite z. B. im Rechnen oder Schreiben ausgeglichen werden. Dabei soll das Kind dort abgeholt werden, wo es begonnen hat, in der Schule nicht mehr mitzukommen. Manchmal muss sogar der Schulstoff vergangener Jahre aufgearbeitet werden.
- Hypoaktiven Kindern darf nicht zu viel zugemutet werden. Manchmal hat ein Kind z. B. einmal pro Woche Logopädie, Ergotherapie, Krankengymnastik, Mototherapie, Nachhilfe und dann noch Vorstellungen bei weiteren Therapeuten, was zur Überforderung nicht nur des Kindes führt.
- Die medikamentöse Behandlung des hypoaktiven Kindes muss in ein gesamtes Therapieprogramm schwerpunktmäßig eingebettet sein. Nach Greifen der medikamentösen Therapie kann die Behandlung gemeinsam mit allen Therapeuten mit konkreten Zielvorgaben neu strukturiert werden. Erst jetzt wird manches erreichbar, woran vorher nicht zu denken war.
- Das hypoaktive Kind muss sich begreifen lernen und seine positiven und negativen Besonderheiten erkennen, sowie auch seine Grenzen. Bisher versprach ihm jeder »ich helfe dir« und es wurde so oft enttäuscht.
- Nicht die Einzelförderung des hypoaktiven Kindes ist das Ziel, sondern seine Eingliederung in eine Gruppe gleichaltriger Kinder. Das hypoaktive Kind sollte sich mit ihnen messen können, ohne das Gefühl der Ausgliederung oder des Krankseins zu haben.
- Hypoaktive Kinder haben viele gute Eigenschaften und Fähigkeiten, die sie aktiv fördern sollten (z. B. im Sport, im schöpferischen Gestalten, beim Theaterspielen, durch das Erlernen eines Musikinstrumentes oder die Teilnahme am Chor). Auf diesem Weg können hypoaktive Kinder durch die Verbesserung ihrer handwerklichen Geschicklichkeit, ihrer sozialen Kontaktfähigkeit und ihres Durchsetzungsvermögens in der Gruppe Gleichaltriger direkt die Folgen ihrer Therapie erfahren. Auf diese Weise können sie ein gutes Selbstbewusstsein mit sozialer Kompetenz entwickeln.

9 Trainingsprogramme

Training der Daueraufmerksamkeit und Konzentration

> Daueraufmerksam heißt, sich über längere Zeit auf eine Sache konzentrieren zu können mit der Fähigkeit der gezielten Informationsaufnahme und -speicherung im Gehirn. Motivation und anhaltendes Interesse sind die Grundlagen dafür. Normalerweise ist bei jedem Kind ein positiver Antrieb zum Erwerb neuer Fähigkeiten und Kenntnisse vorhanden. Dabei ist alles Handeln auf Erfolg ausgerichtet. Dieser Erfolg führt zu einem Glücksgefühl mit Selbstbestätigung. Ein Gefühl, das man dann immer wieder erreichen möchte. Eine Erfolgsspirale wird somit in Gang gesetzt, an deren Ende ein Kind steht, das selbstbewusst ist, weiß, was es kann und sich auf seine Fähigkeiten verlässt. Wenn es gründlich lernt, wird es wieder erfolgreich sein.

Gleich nach der Einschulung will ein Kind mit guten Leistungen seinen Eltern und Lehrern eine Freude machen. Das Kind braucht für seine normale Entwicklung die Anerkennung von Eltern, von Lehrern und seiner Klassenkameraden.

Vieles davon bleibt einem ADS-Kind von Anfang an versagt. Es gibt sich Mühe, hat aber trotzdem selten Erfolg. Es versteht sich selbst nicht und resigniert bald. Statt seiner Fähigkeiten spürt es vielmehr seine Unfähigkeit, die es früh zu hören oder zu lesen bekommt. »Du *willst* nicht«, dabei *kann* es nicht, aber nur selten begreift das einer.

Ist die Störung der Daueraufmerksamkeit und der Konzentration in der Schule und zu Hause so groß, dass Misserfolge den Schulalltag bestimmen, sollte professionelle Hilfe in Anspruch genommen werden. Bei manchen Kindern ist die Beeinträchtigung so stark, dass gleich zu Beginn eine medikamentöse Therapie erforderlich ist, um weiteren Schaden zu vermeiden und die Durchführung einer Verhaltenstherapie Lern- und Verhaltenstherapie mit intensivem Training von Konzentration und Daueraufmerksamkeit überhaupt erst zu ermöglichen. Grundlage dafür war immer die individuelle aktuelle Problematik der Betroffenen.

Wesentlich ist hierbei, die Fähigkeit zum »innere Sprechen« zu entwickeln, d. h. sich immer wieder neu befehlen zu können, »ich muss mich konzentrieren, hier muss ich dran bleiben.« Dies bedeutet, alle Außenreize abzuschalten und zu lernen, nicht auf sie zu achten. Die Daueraufmerksamkeit kann durch kurze Pausen körperlicher Aktivitäten unterstützt werden, die ebenfalls positiv und stimulierend auf das Gehirn wirken.

9 Trainingsprogramme

ADS-Kinder können sich durchaus kurzzeitig sehr gut konzentrieren, z. B. bei Computerspielen oder beim Bauen mit Legosteinen. In der Einzelsituation können sie sich besser konzentrieren als in der Schulklasse mit ihrer besonderen Geräuschkulisse. Dort können sie sich nur mit äußerster Anstrengung konzentrieren.

Da flackernde Bilder das Gehirn stimulieren, sind bei ADS-Kindern die hohen Bildfrequenzen der Zeichentrickfilme und Computerspiele beliebt. Dabei wird aber nur die kurze Aufmerksamkeit trainiert, das Kurzzeitgedächtnis wird gefüllt und manchmal überlastet, was wiederum eine verstärkte motorische Unruhe zur Folge hat.

Da hypoaktive Kinder eine sehr große Fantasie haben, hängen sie leicht ihren eigenen Gedanken nach. Sie leben in ihren Träumen oder spielen gedankenversunken mit ihren Schulsachen vor sich hin. Hinzu kommt, dass sie im Denken umstellungserschwert sind, eine Filterschwäche haben, also nur die Hälfte von dem mitbekommen, was in der Schulklasse gesagt wird, so dass ein Teil des Unterrichtsstoffes an ihnen vorbei rauscht. Mit Recht werden die gestörte Daueraufmerksamkeit und die Filterschwäche als zwei Kernprobleme des ADS bezeichnet.

Diagnose-Tipp aus der Praxis

Bin ich mir in der Diagnose des ADS unsicher, spiele ich mit drei bis vier Kindern in einer Behandlungsstunde ein Märchen mit Handpuppen und entsprechenden Kulissen. Zuvor wird das Märchen (z. B. Rotkäppchen) zu Hause vorgelesen oder im Video angesehen. Dann verabreden wir einen Termin, an dem alle Mitspieler in der Praxis zusammenkommen. Wir sprechen den Inhalt durch, verteilen die Rollen, proben das Stück und spielen es ein- oder auch zweimal dann den Eltern vor. Das Ganze dauert fast eine Stunde. Dabei kann ich gut beobachten, welches Kind wie lange dem Proben und Spielen folgen kann.

Das Training der Daueraufmerksamkeit bildet bei jeder Behandlung einen Schwerpunkt. In ausgeprägten Fällen kommt man dabei nicht ohne Stimulanzien aus. Wichtige Elemente einer Therapie wie die Schaffung einer stressfreien Umgebung, ein systematisches Problemlösetraining und das innere Sprechen als Trainingsmethode sind im folgenden Trainingsprogramm nach Wagner zusammengefasst.

Grundregeln für Aufmerksamkeitstraining (nach Wagner 1982)

a) Schaffung einer entspannten, spielerischen Atmosphäre
b) Viele, aber kurze Übungsphasen
c) Vermeiden von Ablenkungen
d) Schwierigkeitsgrad allmählich steigern
e) Attraktives Arbeitsmaterial
f) »Inneres Sprechen«

g) Kind soll Fehler (mit Hilfe) selbst finden
h) Lob und Ermutigung statt Tadel und Ungeduld
i) Zunächst nur Einzelbehandlung
j) Generalisierung der gelernten Fertigkeiten

Inhalt dieses Trainingsprogrammes ist die ständige Wiederholung gleicher Informationen, damit sich das neuronale Netz umbaut. Denn Nervenbahnen, die immer wieder aktiviert werden, bilden neue Synapsen mit neuen Nervenfasern, die allmählich zu dicken Nervenbahnen werden. Gelerntes und gewünschtes Verhalten wird somit schneller verfügbar und kann sich mit der Zeit automatisieren.

Training der Grob- und Feinmotorik

Kinder mit ADS haben meist bis zum 10. Lebensjahr deutliche Auffälligkeiten in der Motorik. Nach dieser Zeit ist die motorische Störung bei manchen Kindern nicht mehr auffällig, je nach Schweregrad, Trainingsintensität und Intelligenz. Auch hypoaktive Kinder können sich in ihrer Bewegung nicht bremsen und z. B. den Druck der Hand nicht regulieren. Deshalb erkennt man sie sehr oft an ihrer verkrampften Haltung des Stiftes, am Nichteinhalten können von Linien sowie an ihren Fragmenten von Buchstaben und Zahlen. Sie haben schnell Probleme mit Bögen und Ecken, diese genau dort hin zu bekommen, wo sie eigentlich hingehören. Treffen zwei Linien zu einer Ecke zusammen, so wird der typische »ADS-Zipfel« gemalt, da die Kinder ihre Hand nicht abbremsen können (▶ Abb. 9a).

Das ungenaue, schlechte Schriftbild mit seinen typischen Merkmalen verrät oft ein ADS-Kind (aber Vorsicht, kein einzelnes Symptom, sondern nur viele gemeinsam können die Diagnose ADS belegen!).

Auch beim Test, einen Menschen zu zeichnen, zeigen ADS-Kinder immer wieder Gemeinsamkeiten. Fast alle zeichnen dabei Hände und Arme überdimensional. Fragt man die Kinder, warum sie ihre Figuren so zeichnen, wissen sie keine Antwort oder sagen: »Die Hände sind die, die mich immer wieder ärgern, die wollen nicht so wie ich will, deshalb haben die eine große Bedeutung, deshalb sind die so wichtig« (▶ Abb. 13).

In der Schule sollte es für Lehrer möglich sein, von der Benotung in Schrift oder Handarbeiten bei ADS-Kinder abzusehen. Denn gerade dieses feinmotorische Unvermögen führt oft zu großer Verzweiflung der Kinder.

Die Entwicklung und das Training der Fein- und Grobmotorik setzt beim Menschen bereits früh ein. Über seine motorischen Fähigkeiten beginnt schon der Säugling Gefühle abzureagieren und soziale Kontakte zu knüpfen. Eine motorische Entwicklung des Kindes bahnt im Gehirn den Weg für spätere kognitive Fähigkeiten.

9 Trainingsprogramme

Ein Kind mit einer guten motorischen Entwicklung verfügt im Allgemeinen auch über eine ausreichend gute Intelligenz. Klafft zwischen motorischen und kognitiven Fähigkeiten eine Lücke, so sollte man nach einer Störung forschen. Diese kann sowohl im organischen, im seelischen als auch im sozialen Bereich ihre Ursache haben.

Die ersten und wichtigsten Trainer für die Fein- und Grobmotorik des Kindes sind die Eltern. Bewegungsspiele und Sport sollten lange vor der Einschulung ein wichtiger Teil der Freizeitgestaltung der Kinder sein. Zeigen sich Auffälligkeiten im Bewegungsablauf, in der Fein- oder Grobmotorik und in der Körperkoordination sollte professionelle Hilfe in Form von Mototherapie, Krankengymnastik oder Ergotherapie nach gründlicher ärztlicher Diagnostik mit gezieltem Auftrag und unter Einbeziehung der Eltern erfolgen.

> **Zur Diagnostik motorischer Störungen**
>
> Im Säuglingsalter erfolgt die Diagnostik nach Vojta, bei motorischen Auffälligkeiten wird nach einem speziellen Übungsprogramm behandelt. Ab dem zweiten Lebensjahr haben sich die altersspezifischen Skalen der Münchener Funktionellen Entwicklungsdiagnostik nach Egelkraut und Köhler und der Denver-Suchtest sehr bewährt. Mit ihrer Hilfe können gezielt einzelne Funktionen trainiert werden.

 ▶ Häufig reicht es, den Eltern individuell zusammengestellte Übungsprogramme zu übergeben, deren Erfolg der behandelnde Arzt kontrollieren sollte. Die meisten Eltern sind nach entsprechender Anleitung gern bereit, selber aktiv und regelmäßig mit ihrem Kind zu üben. Das Training der Motorik ist um so erfolgreicher, je früher damit begonnen wird. Gerade antriebsschwache, hypoaktive Kinder können durch regelmäßigen Sport Schnelligkeit, Geschicklichkeit und Reaktionsvermögen trainieren. Ballspiele haben hierbei eine große Bedeutung, da sie Geschwindigkeit und Reaktion mit einbeziehen. Zum motorischen Training der hypoaktiven Kinder sind besonders Federball, Tischtennis, Handball und Fußball sowie Tischfußball sehr geeignet. Je häufiger pro Woche trainiert wird und je motivierter das Kind ist, desto schneller können vorhandene Entwicklungsrückstände aufgeholt werden. ◀◀

Training bei Wahrnehmungsstörungen

Alle Kinder und Jugendlichen mit ADS haben eine neurobiologisch bedingte veränderte Wahrnehmung und Reaktionsbereitschaft.

Wenn ADS-Kinder bei der Sache sind, haben sie eine sehr gute Wahrnehmung, aber nur dann, und das ist selten. In diesen Momenten ist ihre Wahrnehmung wesentlich besser als bei vielen anderen Kindern. Sie können dann »überfocussieren«, z. B. sehr gut hören, riechen, schmecken, fühlen – durchschauen alles, man kann ihnen nichts vormachen. Jedoch verarbeiten sie das Aufgenommene anders. Sie haben einen oberflächlich abtastenden Wahrnehmungsstil mit viel zu großer Empfindlichkeit. Dazu kommen viel Fantasie sowie ein geringes Selbstwertgefühl, das misstrauisch und selbstunsicher macht. Was sie in ihrer Fantasie wahrnehmen, glauben sie. So sind Ängste vorprogrammiert und oft die ersten Symptome eines hypoaktiven Kindes im Alter von fünf bis acht Jahren.

Welche Wahrnehmungsstörungen gibt es?

Die Wahrnehmung erfolgt über das Sehen, Hören, Riechen, Schmecken, Tasten, Spüren, Greifen und die Sprache. Eine falsche Wahrnehmungsverarbeitung kann die Folge einer einzelnen oder einer kombinierten Störung sein. Solche Störungen sind:

- eine mangelnde Kontrolle der Körperhaltung
- eine Berührungsempfindlichkeit an der Körperoberfläche
- eine Körperschemastörung
- eine Gleichgewichtsstörung
- eine visuomotorische Störung
- eine auditive Störung (hören)
- eine visuelle Störung (z. B. gestörtes Binokularsehen)
- Störungen der Seitigkeit

Bei einem ADS besteht meist eine *Kombination* von mehreren Wahrnehmungsstörungen, da zu viele Informationen das Gehirn erreichen, welche sich dann breitflächig verteilen, was eine zu oberflächliche Wahrnehmung zur Folge hat

Ein typischer Bericht über ein hypoaktives Kind mit Wahrnehmungsstörungen:

Nils, acht Jahre alt, besucht die zweite Schulklasse, er leidet unter multiplen Wahrnehmungsstörungen, einem ADS ohne Hyperaktivität und unter einer Rechtschreibschwäche. Die Mutter schildert ihn so:

Nils kann immer noch nicht sicher Rad fahren. Er kann zwar gut Tauchen und sich über Wasser halten, aber Schwimmen kann man das nicht nennen. Klettern und schnelles Rennen meidet er lieber, Bewegungen auf einem instabilen Untergrund (z. B. Rolltreppe, Trampolin) sind für ihn problematisch. Manchmal stolpert er über seine eigenen Beine. (Beeinträchtigung der Körperkoordination)

Nils' Schrift ist krakelig, er kann Linien nicht einhalten, nichts korrekt ausschneiden oder vorsichtig handhaben, alles wird immer mit voller Kraft gemacht. Er drückt beim Schreiben viel zu sehr auf (Beeinträchtigung der Fein- und Graphomotorik).

Es ist schwer für Nils, sich länger zu konzentrieren. Rasch wird er ungeduldig und klagt über Langeweile. Bei auftretenden Schwierigkeiten oder

> bei Anforderungen, die er nicht bewältigen zu können glaubt, beginnt er zu kaspern und spricht mit Babystimme. Er braucht immer jemanden, der sich mit ihm beschäftigt (Beeinträchtigung der Daueraufmerksamkeit und Konzentration).
> Aufgaben, die nur ein Sinnesorgan beanspruchen, kann Nils bewältigen. Nicht jedoch, Gehörtes in Buchstaben wiederzugeben oder vorgelegte Muster mit Würfeln nachzulegen. Dann motzt und weint Nils. Sinnfreie Wörter kann er meist nachsprechen, aber nicht aufschreiben. Zahlen und Buchstaben schreibt er oft spiegelverkehrt. Buchstaben wie d-t, f-w, k-g, r-ch verwechselt er (Beeinträchtigung der Visuomotorik und der auditiven Wahrnehmung).
> Drei Aufträge auf einmal erteilt, kann Nils sich nicht merken (Beeinträchtigung von Arbeitsgedächtnis und Merkfähigkeit).

Kinder mit ADS können nicht filtern, alle Außenreize sind gleich wichtig. Unwichtiges kann nicht »übersehen oder überhört« und herausgefiltert werden, was wiederum eine Reizüberflutung zur Folge hat. Diese führt bei innerer Verunsicherung zur Irritation des Wahrgenommenen und zu Ängsten. Anhaltende Ängste können eine psychische Dekompensation mit Desorientierung und Erregung bis zur Panik auslösen.

Diese psychische Dekompensation wird dann z. B. durch Schmerzen, die die Kinder sich selbst zufügen (Sich-schlagen, Mit-dem-Kopf-gegen-die-Wand-Stoßen, Ritzen der Haut u.ä.) wieder abreagiert. Frühzeitig kann ein schwer betroffenes Kind auf diese Weise stereotype (immer wiederkehrende) Verhaltensweisen entwickeln, die dem autistischen Verhalten ähnlich sind oder Zwangscharakter haben. Stereotype Bewegungsmuster dienen auch dem ADS-Kind zum Abreagieren seiner inneren Unruhe, was bei ständiger Wiederholung sich automatisiert (z. B. das Kippeln mit dem Stuhl).

Psychodynamik autoaggressiver Handlungen

Gefühl des Mangels an Zuwendung und Verständnis
+
Innere Verunsicherung und Enttäuschung
↓
Aggressive Anspruchshaltung (Abwehrverhalten)
+
Hilflosigkeit bei geringem Selbstwertgefühl
↓
Resignation mit Ablehnung der eigenen Person
↓
Frustabbau durch autoaggressive Handlungen
↓
Sich ritzen, um Gefühl der Entlastung zu spüren (bei Jugendlichen) oder
Mit dem Kopf gegen die Wand schlagen (bei Kindern)

Die vielen Misserfolgserlebnisse bedingen ein Gefühl des »An-sich-Zweifelns« und der Unsicherheit, hinzu treten die Merkschwäche und die Vergesslichkeit, alles zusammen kann das Kind »zwingen«, zur Notlüge zu greifen, um seine Identität zu wahren. »Das Kind lügt immer«, lautet dann die Klage der Eltern.

Ihr geringes Selbstwertgefühl, ihre innere Verunsicherung und veränderte Wahrnehmung sowie ihre vielen Ängste machen die Kinder sehr abhängig von den Eltern. Sie wollen und können nirgends ohne die Eltern sein. Sie haben Angst, dass den Eltern etwas passiert und so entwickeln sie Trennungsängste, die bewirken, dass sie immer in der Nähe ihrer Eltern bleiben wollen.

Das sind nur einige Beispiele für Folgen veränderter Wahrnehmung, die eine psychotherapeutische Behandlung erforderlich machen. Denn Angst ist hierbei selbst die Folge einer gestörten Wahrnehmung, die katastrophenähnlich und emotional bedrohlich aufgeladen ist.

Besonders geeignete Behandlungsarten sind die kognitive Psychotherapie und die Verhaltenstherapie. Beide Behandlungsmethoden haben als Ziel, Denkmuster zu korrigieren, ein positives Selbstbild aufzubauen und eine realitätsgetreue Wahrnehmung zu trainieren. Dabei sollte die Therapie auf das Symptom, auf die Persönlichkeit und auf das Milieu positiven Einfluss nehmen.

Wie könnte bei hypoaktiven Kindern der Beginn eines Wahrnehmungstrainings aussehen? Einige beispielhafte Vorsätze dazu, die vom Kind täglich geübt werden sollten:

- Ich sehe genau hin und überprüfe, ob die anderen das auch so gesehen haben.
- Ich höre genau hin und überprüfe, ob die anderen das auch so gehört haben.
- Ich merke mir das, was wichtig ist, genau.
- Ich erzähle genau, wie alles war.
- Wenn mir etwas nicht passt, werde ich nicht gleich wütend.
- Ich überprüfe meine Aussage.
- Ich überdenke meine Reaktion, ich handle nicht spontan.
- Zwischen gut und böse gibt es viele Abstufungen. Ich falle nicht von einem Extrem ins andere.
- Ich will keine schlechte Laune mehr haben.
- Welche Ängste stören mich und was steckt dahinter und wie kann ich das ändern?

Training schulischer Fertigkeiten – erfolgreich lernen trotz ADS

Beim ADS vom vorwiegend unaufmerksamen Typ stehen Schwierigkeiten beim Lernen und in der sozialen Kompetenz im Vordergrund. Deren Behandlung erfordert eine individuelle lern- und verhaltenstherapeutische Begleitung mit Anleitung der Eltern als Coach. Dabei sind Lese- Rechtschreib- und Rechenschwäche die wichtigsten und häufigsten ADS-bedingten Teilleistungsstörungen.

Leider zweifeln noch immer zu viele Eltern, Therapeuten und Pädagogen an der Existenz von ADS bedingten Teilleistungsstörungen. Die neuesten wissenschaftlichen Erkenntnisse über die neurobiologischen Ursachen des ADS ermöglichen es, einen Zusammenhang zu Teilleistungsstörungen herzustellen und erfolgreiche Therapiestrategien zu erarbeiten.

> Das Aufmerksamkeitsdefizitsyndrom mit und ohne Hyperaktivität ist eine durch mehrere Gene vererbte neuro-psycho-soziale Beeinträchtigung der Informationsverarbeitung mit Auffälligkeiten auf der neuromotorischen, emotionalen, kognitiven und Verhaltensebene.

Folgende Beeinträchtigungen, die über Jahre bestehen und unter Belastung zunehmen müssen, sind sowohl wichtige diagnostische Kriterien als auch Schwerpunkte für Trainingsprogramme ADS-bedingter Teilleistungsstörungen:

- Aufmerksamkeit und Konzentration können nicht willentlich konstant gehalten werden.
- Selbstorganisation und Aktivierung für eine Routinetätigkeit fallen schwer.
- Die Gefühlssteuerung ist spontan und ungebremst.
- Zwischen Kurz- und Langzeitgedächtnis kommt es zu Informationsverlusten.
- Die verschiedensten motorischen und Wahrnehmungsbereiche (Hören, Sehen, Fühlen, Kraftsteuerung, Koordination, Reaktionsgeschwindigkeit, Impulskontrolle) können betroffen sein.

> Die Ursachen dafür liegen in der besonderen Art der neuronalen Vernetzung der Nervenbahnen im Gehirn. Infolge der genetisch bedingten Stirnhirnunterfunktion bestehen beim AD(H)S Reizfilterschwäche mit Reizüberflutung und Botenstoffmangel. Dadurch wird die Ausbildung von stabilen Lernbahnen, die eine Automatisierung von Lernen und Verhalten ermöglichen, von Anfang an beeinträchtigt. Abgespeichertes Wissen und Verhaltensvorsätze können dadurch nicht schnell und korrekt genug abgerufen werden. Die Verbindungen zwischen Kurz- und Langzeitgedächtnis sind instabil und zu sehr stress- und belastungsabhängig, so dass wichtige Zentren für Lesen Schreiben und Rechnen, die im Langzeitgedächtnis liegen, zu wenig konkrete Informationen erhalten, die bei Bedarf wieder abgerufen werden können.

Welche Aufgaben hat das Stirnhirn und wie machen sich seine Defizite bemerkbar?

- Ausblenden unwichtiger Informationen, um eine selektive Aufmerksamkeit zu ermöglichen
- Abschätzen von Folgen

- Prioritäten setzen
- Angefangenes auch beenden
- Impulse steuern und unterdrücken
- Abwarten können
- Ein Zeitgefühl entwickeln

Das sind alles sehr wichtige Funktionen, die für ein erfolgreiches Lernen, für ein gutes Selbstwertgefühl und für eine altersentsprechende soziale Kompetenz von großer Bedeutung sind. Denn Reizüberflutung und Mangel an Botenstoffen beeinträchtigen die Entwicklung von neuronalen Lernbahnen im Gehirn. Das Stirnhirn reguliert die Impulssteuerung und sorgt dafür, dass nur die im Moment wichtigen Informationen aufgenommen und weitergeleitet werden. Seine Unterfunktion bedeutet Reizfilterschwäche, es gelangen dabei viel zu viele Informationen, auch unwichtige, in das Gehirn. Je nach Schweregrad des Betroffenseins und der inneren und äußeren Belastung wird dadurch die Informationsverarbeitung von Anfang an beeinträchtigt. Dies deshalb, weil die Ausbildung dicker Lernbahnen (neuronale Säulen), die erst eine Automatisierung von Lernprozessen und Verhaltensregulierungen ermöglichen, stark verzögert verläuft. Wiederholtes und konzentriertes Üben ist deshalb eine wichtige Voraussetzung für die Automatisierung im Lernprozess, wodurch ein schnelles und auf Erfahrung beruhendes angepasstes und erfolgreiches Denken und Handeln ermöglicht wird. Mangelt es an diesen Lernbahnen, kann sich der Lernprozess nicht automatisieren. Den Betroffenen fällt es dann schwer, sich zu entscheiden, aus Fehlern zu lernen und Gelerntes schnell abzurufen. Sie leiden darunter, dass sie vieles ändern wollen, was ihnen aber nicht gelingt. »Alles fällt schlechter als erwartet aus«, weil ihr neuronales Netzwerk durch anhaltende Reizüberflutung zu einem feinen Netz kleiner »Nebenstraßen« wurde. Die für die Automatisierung wichtigen »Autobahnen« konnten sich nicht altersentsprechend und zuverlässig entwickeln. Das verunsichert die Betroffenen, worauf sie mit Aggressionen oder Rückzug reagieren, je nach individueller, neurobiologisch fundierter Veranlagung.

Beim ADS besteht außer einer Unterfunktion im Stirnhirnbereich zudem zusätzlich immer ein Mangel an unterschiedlichen Botenstoffen. Botenstoffe (Neurotransmitter) leiten die Informationen im Nervensystem weiter und befinden sich in den Schaltstellen der Nervenbahnen (► Kap. 5).

> Die wissenschaftliche Lernforschung konnte mittels Bild gebender Verfahren nachweisen, dass das Gehirn von Kindern und Jugendlichen mit einem ausgeprägten ADS anders funktioniert und dass deshalb besondere Lernstrategien erforderlich sind, um erfolgreich zu sein.

Trotz guter oder oft sogar sehr guter Intelligenz können die Betroffenen wegen ihrer anderen Art der neuronalen Vernetzung ihre Aufmerksamkeit nicht gezielt ausrichten und besonders für Routineaufgaben nicht aufrechterhalten. Bei großem

Interesse und guter Motivation können sie sich dagegen sehr gut konzentrieren, aber eben nur dann. Ist ihr Gehirn von Reizen überflutet, haben sie das Gefühl der Langenweile, dann können sie sich auf nichts konzentrieren. Sie »driften« ab, klinken sich aus, träumen vor sich hin oder beginnen, durch motorische Aktivitäten, wie ständiges Bewegen der Arme und Beine, Schaukeln, Kippeln, Nägelknabbern oder Malen, ihr Gehirn zu stimulieren. Von ihrer Umgebung und vom Unterricht bekommen sie dann kaum etwas mit. Hinzu kommen noch Schwierigkeiten, einmal abgerufene Antworten zu überprüfen, um sie bei Bedarf schnell zu korrigieren.

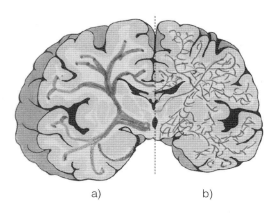

a)   b)

Abb. 24a: Neuronale Vernetzung (schematisch dargestellt) Gehirnquerschnitt:
  a) Normale Vernetzung bei guter Reizfilterung. Die Gedächtnisbalken für schnelles Reagieren und Handeln können sich gut ausbilden, eine Automatisierung ist möglich.
  b) Filterschwäche, diffuse Vernetzung. Eine schnelle Informationsbearbeitung ist nicht möglich.

Rechts feinwabige neuronale Vernetzung infolge Überflutung mit Informationen und Reizen beim ADS. Dagegen bei Nichtbetroffenen links die dicken Nervenbahnen, die die Informationen vom Arbeitsgedächtnis auf direktem Weg in die entsprechenden Zentren zum Langzeitgedächtnis leiten (▶ Abb. 24a). Von dort ist dann die Information ohne Umwege sofort wieder abrufbar.

Alle Informationen kommen vom Stirnhirn zum Arbeitsgedächtnis (▶ Abb. 24b), nur die mit Angst und Gefahr besetzten Informationen gehen gleich in den Mandelkern, der durch Ausschüttung von Stresshormonen eine schnelle und reflektorisch ablaufende Reaktion im Körper auslöst. Alle anderen Informationen werden im Arbeitsgedächtnis sortiert und gelangen dann mit Hilfe der hier farbig und schematisch eingezeichneten Nervenbahnen zu den entsprechenden Zentren im Langzeitgedächtnis, wo sie abgespeichert werden.

Auf diese Weise entwickelt sich durch Lernen und ständiges Üben z. B. im Schreibzentrum der Großhirnrinde ein Wortbildgedächtnis, von dem, vorausgesetzt die

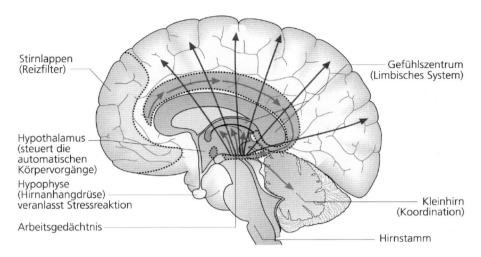

Abb. 24b: Das Arbeitsgedächtnis als Zentrum der Informationsverarbeitung zum Langzeitgedächtnis.

Wörter sind dort richtig geschrieben abgespeichert, dem Kind beim Schreiben sofort über die entsprechenden Nervenbahnen signalisiert wird, wie das betreffende Wort zu schreiben sei. Wird es falsch geschrieben, wirkt es auffällig. Aber gerade dieses Wortbildgedächtnis kann sich bei einer Reizüberflutung und gleichzeitig bestehender Konzentrationsschwäche nicht schnell und zuverlässig genug ausbilden.

Die gleiche Ursache trifft auch für die ADS-bedingte Rechenschwäche zu. Das Lösen von einfachen Rechenaufgaben wie z. B. Minusaufgaben ist nicht automatisiert, das Kind benötigt dazu seine Finger. Bekannte Rechenwege können nicht abgerufen werden (im nachfolgenden Kapitel näher beschrieben), wobei jedoch ein Zahlenverständnis vorhanden ist.

Langsames Arbeitstempo erschwert die Mitarbeit im Unterricht

Warum ist das Arbeitstempo der hypoaktiven Kinder so langsam? Eine wichtige Frage und eine große Belastung für die Betroffenen. Es gibt dazu derzeit noch keine Studienergebnisse. Aber aus entwicklungsneurologischer Sicht bilden die Nervenbahnen für motorische Fähigkeiten, die sich im Gehirn als erstes infolge der zunehmenden aktiven und koordinierten Bewegung des Säuglings entwickeln, die Basis für die sich etwas später entwickelnden kognitiven Lernbahnen. In der Regel sind hypoaktive ADS-Kinder in den ersten Lebensjahren eher ruhig, zurückhaltend und nicht so waghalsig wie ihre hyperaktiven Geschwister. Diese entwickeln durch ihren großen Bewegungsdrang viel mehr motorische Fähigkeiten und damit neuronale Bahnen, von denen sie dann im Laufe ihrer kognitiven Entwicklung profitieren, indem sie schneller reagieren können.

Eine intensive motorische Frühförderung in der Familie könnte so das spätere Arbeitstempo gerade bei diesen hypoaktiven Kindern verbessern helfen, unabhängig von einer zu diesem Zeitpunkt noch nicht möglichen ADS-Diagnose.

Im Kleinkind- und Vorschulalter kann das Arbeitstempo durch Rate- und Reaktionsspiele, Auswendiglernen von Reimen und Gedichten und deren häufiges Abfragen verbessert werden.

Bewegung und Sport – ein notwendiger Bestandteil jeder ADS-Therapie

An dieser Stelle sei auch auf die große Bedeutung von körperlicher Bewegung und sportlicher Betätigung hingewiesen, die einen wichtigen Bestandteil jeder ADS-Therapie bilden sollten. Regelmäßiges, sportliches Training verbessert nicht nur die Konzentration und damit die schulischen Fertigkeiten, sondern auch Verhaltensregulierung, Selbstwertgefühl und soziale Kompetenz. Für hypoaktive Kinder sind die Sportarten besonders zu empfehlen, die ein schnelles Reagieren erfordern, wie Tischtennis, Tennis, Fechten, Tischfußball, Trampolinspringen, Judo und vor allem Ballsportarten. Sie vermitteln Geschicklichkeit und Schnelligkeit, beides wichtig zum Abbau der Langsamkeit. Sport und Bewegung sind somit ein wichtiger Bestandteil jeder ADS-Therapie, weil sie die Konzentration verbessern und Stress abbauen. Die Sportgruppe vermittelt Sozialverhalten, wie man sich behauptet und wann man sich besser unterordnet, um Erfolge zu haben und Freunde zu gewinnen.

Lerntherapeutische Strategien bei Lese- und Rechtschreibschwäche

Die Lese-Rechtschreibschwäche (Legasthenie) ist eine Schwäche des Kindes beim Erlernen des Lesens und des Schreibens bei sonst guter intellektueller Ausstattung (der Intelligenzquotient sollte nicht unter 80 sein). Es gibt hierfür verschiedene Ursachen und auch verschiedene Schweregrade.

> Bei der ADS-bedingten Lese- und/oder Rechtschreibschwäche ist die Weiterleitung von Informationen infolge Mangel an leistungsfähigen Gedächtnisbahnen und Botenstoffen vom Arbeitsgedächtnis zum Langzeitgedächtnis in beiden Richtungen erschwert. Gelerntes kann deshalb nicht automatisiert und somit schnell verfügbar abgerufen werden. Das Wortbildgedächtnis, als ein hoch spezialisiertes Zentrum, erhält zu wenig entsprechende Informationen und entwickelt sich deshalb verzögert. Durch Reizüberflutung des Arbeitsgedächtnisses und der besonderen Art der neuronalen Vernetzung gehen außerdem noch wichtige Informationen verloren.

Typisch für eine ADS-bedingte Rechtschreibschwäche sind folgende Symptome:

- Keine altersentsprechende Daueraufmerksamkeit
- Fehler bei der Groß- oder Kleinschreibung
- Kleinschreibung am Satzanfang
- Das gleiche Wort wird im Text sowohl richtig als auch falsch geschrieben
- Wörter werden verkehrt geschrieben, jedoch richtig buchstabiert
- Meist wird so wie gehört und ohne nachzudenken geschrieben
- Auslassen von Buchstaben und Wörtern
- Einfache Wörter werden häufig falsch geschrieben, weil der Fokus der Konzentration auf das Schreiben schwerer Wörter ausgerichtet wird
- Fehler schon häufig geschriebener einfacher Wörter wie »wier, vür, nemhn, behkomen« werden nicht bemerkt, weil deren korrekte Schreibweise im Wortbildgedächtnis nicht abgespeichert ist und beim Schreiben nicht nachgedacht wird
- Die Vorsilbe »ver« wird im gleichen Text mal mit v und mal mit f geschrieben, auf Nachfrage weiß das Kind meist sofort, wie die Vorsilbe »ver« geschrieben wird.
- Alles, was mit Emotionen verbunden ist, speichert das Gehirn von ADS-Kindern grundsätzlich besser ab. Dazu gehört auch fehlerhaftes Schreiben, über das man sich ärgert. Diese falsch geschriebenen Wörter werden dann abgespeichert und verunsichern
- Erlernte Regeln werden beherrscht, aber bei Bedarf nicht angewendet
- Richtig Geschriebenes wird durch »Korrektur« oft erst fehlerhaft
- Mit der Länge des Diktates nimmt die Fehlerzahl zu
- Obgleich das Diktat zu Hause beim Üben fehlerfrei geschrieben wird, werden in der Schule bei gleichem Text dann doch wieder viele Fehler gemacht, weil das Diktatschreiben in der Schule für diese Kinder negativen Stress bedeutet, der ihre Fähigkeit zum Nachdenken blockiert
- Buchstabieren und Schreiben am Computer gelingen besser, weil hier vor dem Bedienen der Taste nachgedacht wird

Wie kann ADS-Kindern beim Lernen geholfen werden?

Nach einer gründlichen Diagnostik des ADS wird mit dem Kind und seinen Eltern ein individueller Therapieplan aufgestellt. Das Kind benennt dafür seine Probleme, unter denen es am meisten leidet. Dann werden dem Kind und seinen Eltern die Gründe für seine Probleme erklärt und ihnen gezeigt, wie sie beseitigt werden können. Es wird gemeinsam eine Therapievereinbarung mit konkreten Vorgaben getroffen, die vom Kind, von seinen Eltern und vom Therapeuten unterschrieben wird. Zum Beispiel: täglich um 16 Uhr ein kurzes Diktat mit der Mutter im Kinderzimmer schreiben und beim Schreiben genau nachdenken, wie das Wort geschrieben wird:

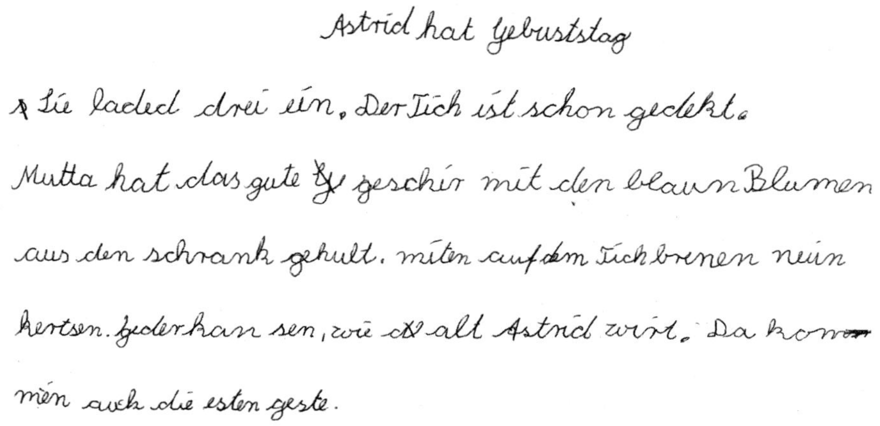

9 Trainingsprogramme

Astrid hat Geburtstag

Sie ladet drei ein. Der Tich ist schon gedekt. Mutta hat das gute Gschir mit den blaun Blumen aus den schrank gehult. miten auf dem Tich brenen neun kertsen. jeder kan sen, wie alt Astrid wird. Da komen men auch die esten geste.

Abb. 25: Typische Rechtschreibung eines hypoaktiven Kindes.

- Groß oder klein, was ist es für ein Wort (der, die, das)
- Den Wortstamm erfragen (Nennform, Einzahl, Mehrzahl)
- Die Vor- und Nachsilben beachten, ihre Schreibweise auswendig lernen (ver-, vor-, fort-, ent- oder -lich, -ig, usw.)

> **Schreibtraining bei ADS-Kindern mit Rechtschreibschwäche**
>
> Sinnvoll ist es, ein ADS-Kind mit Rechtschreibschwäche jeden Tag zu einer vereinbarten Zeit vier bis fünf Sätze schreiben zu lassen, jedoch nicht länger als fünf Minuten. Die Sätze werden mit dem Kind sofort danach korrigiert und die Fehler ausführlich besprochen. In den folgenden Tagen ist dieses Vorgehen zu wiederholen: das gleiche Diktat ist erneut zu schreiben und die gemachten Fehler sind wiederum zu besprechen. Dieses ist täglich solange fortzusetzen, bis dem Kind keine Fehler mehr unterlaufen. Erst danach ist es für das Kind ratsam, einen neuen Text zu schreiben. Dessen Schwierigkeitsgrad sollte nur langsam steigen. Auch das neue Diktat sollte solange täglich wiederholt werden, bis es dem Kind gelingt, den Text fehlerlos zu schreiben.
> Wichtig! Beim Schreiben soll das Kind lernen nachzudenken. Dieses Training, über einige Monate regelmäßig durchgeführt, verbessert bei den Kindern die Rechtschreibnote um zwei bis drei Stufen. So können systematisch im Rahmen einer Stimulanzientherapie Lerndefizite aufgeholt werden.

Typisch für ADS ist, dass Üben allein nicht ausreicht. Es entstehen trotz Übens immer mehr Wissenslücken, die schließlich nicht mehr von allein aufzuholen sind. Die täglichen Hausaufgaben kosten diesen Kindern und Jugendlichen viel mehr Zeit und Kraft, so dass sie die Motivation zum Üben verlieren, Lernen und Hausaufgaben verweigern.

> Lernen muss erfolgreich sein, nur das motiviert. Die Motivation ist der Motor für erfolgreiches Lernen und dieses wiederum bildet die Basis für ein gutes Selbstwertgefühl!

Lernen setzt ausreichende intellektuelle Fähigkeiten voraus. Deshalb ist bei einer ausgeprägten Rechtschreibschwäche die Durchführung eines Intelligenztestes erforderlich. Dessen Ergebnis wird auch für die korrekte Bewertung der normierten Rechtschreibteste benötigt. ADS-Kinder verfügen viel häufiger als vermutet über eine gute bis sehr gute Intelligenz, weil ihr Gehirn viele Informationen aufnimmt, die leider nicht immer, wenn sie gerade benötigt werden, verfügbar sind. Im Intelligenztest (HAWIK) der Betroffenen zeigt sich dann eine große Differenz zwischen dem Verbalteil und dem Handlungsteil. Unter dieser Diskrepanz leiden sie. Ist diese Differenz sehr groß, ist die Wahrnehmungsverarbeitung entsprechend schwer beeinträchtigt, was dann gezieltes Üben unter Stimulanzientherapie erfordert.

> Die Stimulanzien gleichen die Unterfunktion des Stirnhirns und den Botenstoffmangel aus. Ihre Gabe allein reicht aber nicht! Das Kind braucht Vorsätze und muss regelmäßig üben. Mit Hilfe der Stimulanzien kann ein ADS-Kind nur so erfolgreich lernen, wie es das auch könnte, wenn es kein ADS hätte! Ein Therapieziel dabei ist, den IQ des Handlungsteils dem des Verbalteils anzugleichen.

Die praktische Arbeit beweist immer wieder, dass Kinder mit einer ADS-bedingten Lese-Rechtschreibschwäche und/oder Rechenschwäche von dieser konsequent durchgeführten kombinierten Therapie sehr profitieren (▶ Abb. 26), vorausgesetzt sie üben regelmäßig. Dazu brauchen sie aber einen Coach.

Leseschwäche-Trainingsprogramme beim ADS

Je nach den vorhandenen Defiziten müssen die Lernprogramme unterschiedlich konzipiert werden. Denn die Beeinträchtigung des Lesens kann beim ADS sehr unterschiedlich und vielschichtig bedingt sein und folgende Bereiche einzeln oder in der Kombination betreffen:

- Schwere Beeinträchtigungen visuomotorischer Fähigkeiten
- Die gezielte Aufmerksamkeit kann nicht aufrecht gehalten werden
- Das Wortbildgedächtnis hat zu wenig Wörter abgespeichert
- Das Abrufen von Wortbildern gelingt nur sehr langsam und ungenau
- Es besteht eine Winkelfehlsichtigkeit oder Blicksteuerungsschwäche

Bei der visuomotorischen Beeinträchtigung kann das Kind sich Schreibweise und Bedeutung der Buchstaben nicht merken, um daraus ein Wort zu bilden. Oft werden die Buchstaben auch spiegelverkehrt geschrieben. Hier müssen die

9 Trainingsprogramme

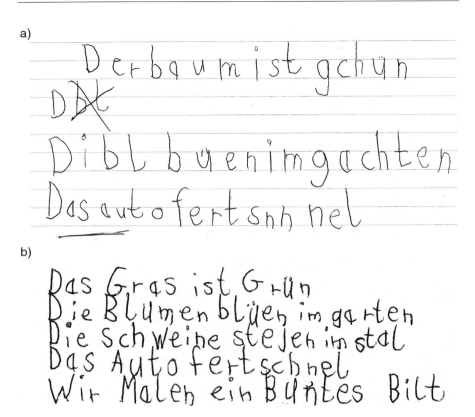

Abb. 26: Rechtschreibung eines 8-jährigen hypoaktiven Jungen vor a) und nach b) Therapiebeginn (Juni 2000 bzw. Januar 2001)

einzelnen Buchstaben immer wieder intensiv geübt werden. Erst einzeln, dann zwei, dann drei zusammenziehen und das Schreiben oft wiederholen. Wenn das Kind immerzu »abdriftet« und träumt, ist ein kurzzeitiges Üben in der Kleinstgruppe mit Augenkontakt erforderlich, das durch körperliche Betätigungen unterbrochen werden sollte.

Liegt es am mangelhaften Wortbildgedächtnis, kann das Kind nicht vorausschauend lesen. Es liest buchstaben- oder silbenweise und muss sich dabei so anstrengen, dass es vom Inhalt des Gelesenen kaum etwas mitbekommt. Lesetraining bedeutet, täglich mehrmals denselben Abschnitt laut vorzulesen, immer wieder, bis es fließend geht. Das Lesepensum richtet sich nach der Klassenstufe, aber 15 Minuten sollten es schon sein.

Bei der Blicksteuerungsschwäche liest das Kind stockend und fingerführend, da es sonst in den Zeilen verrutscht. Die Wörter am Rande des Textes werden unscharf gesehen. Um das auszugleichen wird der Kopf beim Lesen und Schreiben oft schief gehalten. Hierbei ist ein Augenmuskeltraining erforderlich, wie es von einigen Optikern oder Sehschulen angeboten wird. Bei einer ausgeprägten Beeinträchtigung des beidäugigen Sehens bei der seitlichen Bewegung der Augen am Rande des Gesichtsfeldes kann eine Prismenbrille vorübergehend erforderlich sein. Übrigens ist die Blicksteuerungsschwäche eine reine Störung der muskulären Abstimmung beider Augen und keine Augenkrankheit an sich. Diese Kinder können beim Blick nach vorn hervorragend sehen, vorausgesetzt, es besteht keine Kurz- oder Weitsichtigkeit. Beides hat nichts miteinander zu tun! Die neurobiologische Ursache der Winkelfehlsichtigkeit ist eine vom Kleinhirn bedingte Koordinationsstörung der Augenmuskeln bei der Feinabstimmung der Muskeln beider Augen miteinander. Deren exakte Diagnose ist nur mit der Mess- und Korrektionsmethode nach H.J. Haase am Polatest möglich. Eine Bescheinigung von »Adleraugen« reicht nicht aus, weil hierbei weder die Zusammenarbeit beider Augen noch die erforderliche und belastende Anstrengung bei deren Störung berücksichtigt wurde.

Bei all diesen unterschiedlichen Formen der ADS-bedingten Leseschwäche sollte man, wenn intensives Üben unter Einbeziehung der Eltern nach drei bis vier Wochen keinen Erfolg zeigt, zum täglichen Trainingsprogramm Stimulanzien dazugeben. Richtig angewandt, ist das Üben sofort erfolgreicher.

Training bei Rechenschwäche

Kinder mit ADS können den Rechenweg zumeist schlecht automatisieren. So dauert es oft sehr lange, bis sie ohne den Gebrauch der Finger oder anderer Hilfsmittel Plus- und Minusaufgaben bis 20 und das Einmaleins schnell und sicher im Kopf rechnen können. Durch diese fehlende Automatisierung der Grundrechenarten haben sie später Probleme beim Kopfrechnen. Hierin liegt bei ADS-Kindern ein Hauptgrund für ihre Rechenschwäche. Diese fehlende Automatisierung ist Folge von Botenstoffmangel und der dadurch beeinträchtigten Zusammenarbeit von Kurz- und Langzeitgedächtnis. Natürlich sind regelmäßiges Üben und eine gute Lernmotivation dabei genau so wichtig.

Typische Symptome einer ADS-bedingten Rechenschwäche:

- Die Kinder beherrschen den Zahlenbegriff
- Sie können die Konzentration nicht aufrechterhalten und driften ab
- Sie rechnen mit den Fingern, einfache Rechenaufgaben sind nicht automatisiert
- Einmal bekannte Rechenwege werden vergessen und können nicht abgerufen werden
- Den Zehnerraum übergreifende Minusaufgaben und das 1×1 sind nicht automatisiert und infolge unzureichend angelegter Lernbahnen nicht sofort abrufbar
- Schwierigkeiten beim Lösen von Textaufgaben, deren Fragestellung nicht verstanden wird, weil das Denken dabei nicht gezielt ausgerichtet werden kann
- Unsicherheiten bei Überschlagsrechnungen und Schätzungen, weil ein schneller Abgleich mit im Gehirn abgespeicherten Vergleichswerten nicht möglich ist

Wird das einfache Rechnen nach mehrfachem Üben endlich beherrscht, kann das Lösen von Textaufgaben weiterhin Probleme bereiten, weil eine Gehirnhälfte für das Zahlenrechnen zuständig ist, die andere für das rechnerische Denken bzw. für das Lösen komplizierter Textaufgaben. Die Verbindung beider Hirnhälften miteinander stellt eine Art Datenautobahn dar, die nur funktioniert, wenn die für Rechnen erforderlichen Verbindungsbahnen gut entwickelt sind.

Frühzeitiges Mengentraining, Vor- und Rückwärtsrechnen von 1 bis 10 sollte deshalb schon im Vorschulalter spielerisch geübt werden. Individuelle Schwächen beim Rechnen sind die Grundlage für individuelle Trainingsprogramme, die gleich in der ersten Klasse beginnen sollten, wenn sich erste Schwierigkeiten z. B. beim Lösen von Minusaufgaben von 1 bis 20 zeigen. Die Aufgaben müssen so oft geübt werden, bis sie auswendig beherrscht und automatisch gelöst werden können. Das Kind muss sofort wissen, dass z. B. $12 - 8 = 4$ ist. Die Einerzahl bleibt immer 4, egal welche Zehnerzahl vor der 2 steht. Das setzt intensives Üben voraus.

Auch das 1×1 muss intensiv gelernt und auswendig beherrscht werden. Dabei hat sich folgende Lernstrategie bewährt:
Zum Beispiel: 1 mal 7 = 7
2 mal 7 = 14 usw.

Danach die Reihe so lernen: 7, 14, 21… und sich die Zahlen dabei bildlich vorstellen, laut vor sich hin sprechen, im Zimmer auf und ab gehen und abfragen lassen. Die Aufgaben müssen wiederholt, die Lernbahnen hoch und runter »bedient« werden, damit die Rechenbahnen sich »dick« anlegen, sich richtig gelöste Aufgaben im Rechenzentrum abspeichern und schnell abgerufen werden können.

Ein wichtiger Grundsatz besteht darin, sich möglichst nur immer einen Rechenweg einzuprägen, den aber sicher zu beherrschen:
z. B. $72 - 29 = 72 - 20 = 52 - 9 = 43$

Auch hierbei gilt: Wenn eifriges Üben erfolglos bleibt, ist die Zugabe von Stimulanzien erforderlich, damit durch regelmäßiges und tägliches Üben das Kind den Anschluss an das Klassenniveau möglichst schnell erreicht.

Problemlösetraining für Textaufgaben

Das innere Sprechen als wichtige Methode zur Verbesserung der Konzentration. Damit soll das Kind lernen, seine Gedanken unter Kontrolle zu bekommen.
Hier ein Beispiel für das Lösen von Rechenaufgaben:

1. Wie lautet die Aufgabe?
2. Wie löse ich sie am besten?
3. Habe ich auch an alles gedacht?
4. Ich habe Zeit, ich muss mich nicht beeilen.
5. Ich muss genau überlegen und mich konzentrieren.
6. So, jetzt rechne ich die Aufgabe und lasse mich nicht ablenken.
7. Ich überprüfe noch einmal die gerechnete Aufgabe und den Rechenweg.
8. Stimmt das Ergebnis?
9. Ich finde keinen Fehler.

Wird das einfache Rechnen mit Zahlen durch intensive Üben und Wiederholen der Rechenwege und Zahlenfolgen beim 1 mal 1 dann beherrscht, bereitet das Lösen von Textaufgaben meist weiterhin noch Probleme. Auch das kann durch ständiges und motiviertes Üben verbessert werden. Stimulanzien unterstützen die Ausbildung funktionsfähiger Rechenbahnen, vorausgesetzt es wird intensiv geübt.

Üben von Aufsatzschreiben

Kinder und Jugendliche mit ADS schreiben im Allgemeinen ihre Aufsätze zu kurz oder zu lang und kommen schnell vom Thema ab. Sie können vor dem Schreiben nicht konzentriert genug eine ausführliche und zum Thema gut durchdachte Gliederung aufstellen und sich dann auch daran halten. Ihnen fällt immer wieder etwas Neues und vermeintlich auch Besseres ein. Sie erfassen infolge ihrer vorwiegend oberflächlichen Wahrnehmung das Wichtigste zum Thema nicht, weil sie ihre Gedanken nicht ausreichend lange genug auf dieses Thema ausrichten können, da sie ständig zu viele Ideen im Kopf haben, kreativ und spontan denken. Durch ihr unsicheres Zeitgefühl befürchten sie, sowieso nicht rechtzeitig fertig zu werden. Also fangen sie möglichst schnell an: »Es wird ihnen schon etwas zum Thema einfallen«.

Gelingt es ihnen, den Aufsatz mit mehr Konzentration und Routine zu verfassen, sind sie dank ihrer Kreativität oft sehr gute Aufsatzschreiber. Das sollten sie frühzeitig unter Anleitung der Eltern und der Lehrer üben, z. B. in Form von Bilder- und Personenbeschreibungen und Nacherzählen von Geschichten. Das wichtigste Trainingsprogramm für gutes Aufsatzschreiben sind sprachlich und inhaltlich gut geführte tägliche Gespräche innerhalb der Familie mit Einbeziehung der Kinder von klein auf.

> **Eine allgemeine Anleitung zum Schreiben eines Aufsatzes könnte folgende sein:**
>
> 1. Wie lautet das Thema?
> 2. Was muss dazu in den Hauptteil?
> 3. Wie beginne ich?
> 4. Wie gestalte ich den Schluss?
> 5. Ich mache mir eine Gliederung.
> 6. Habe ich an alles, was zum Thema wichtig ist, gedacht?
> 7. Jetzt schreibe ich streng nach der Gliederung und schmücke die Sätze aus.
> 8. Ich habe Zeit und schreibe ordentlich!
> 9. Zum Schluss lese ich alles langsam und gründlich noch einmal durch und achte auf Fehler und die Einhaltung der Zeitform.
> 10. Ich bin zufrieden, das habe ich gut gemacht!

Das Anfertigen von Hausaufgaben

> Ohne ordentlich geführtes Hausaufgabenheft und ohne tägliche Kontrolle der Hausaufgaben durch die Eltern mit Abfragen des Gelernten ist kein dauerhafter Lernerfolg bei Kindern und Jugendlichen mit ADS zu erzielen!

 ▶ Arbeitet das Kind zu Hause, sollte es möglichst die Aufgaben allein machen. Wenn nötig, sprechen sie die Aufgabe mit ihrem Kind vorher durch. Ist ihre Unterstützung während der Aufgaben nötig, so sprechen Sie Ihre Gedanken zur Lösung langsam und ruhig ihrem Kind vor. Überlassen Sie ihrem Kind alle Teile der Aufgabe, die es allein kann. Werden Sie niemals unruhig, unsicher oder aggressiv. Sie verunsichern nur ihr Kind. Es fühlt sich dann wie immer zu allem unfähig, wird innerlich wütend und nervös. Schließlich weint es und nun geht gar nichts mehr.

Machen Sie ihrem Kind keine Vorwürfe, auch nicht durch Gesten. Sprechen Sie die Arbeitszeit vorher mit dem Kind ab, stellen Sie vielleicht einen Kurzzeitwecker, damit Ihr Kind ein Zeitgefühl entwickelt. ◀◀

Was kann helfen, wenn Hausaufgaben Schwierigkeiten bereiten?

- Fester Platz, feste Zeiten, keine Störungen zulassen
- Hausaufgabenheft führen, danach die Reihenfolge festlegen und den Zeitbedarf abschätzen
- Eltern sollen Hausaufgabenheft und die Hausaufgaben täglich kontrollieren. Letzteres immer erst, wenn alle fertig sind. Da nach möglicher stressiger Diskussion nicht mehr konzentriert gearbeitet werden kann.
- Möglichst am gleichen Tag erledigen und am nächsten Tag dann noch einmal Gelerntes wiederholen und Geschriebenes durchsehen
- Viel visuell einprägen, das bleibt im Gedächtnis besser haften
- Sich aktiv auf den Unterricht am Folgetag vorbereiten, sich abfragen lassen, nur so kann sich die Mitarbeit verbessern
- Klassenarbeiten über mehrere Tage vorbereiten und den Stoff abfragen
- Beim Lernen Wichtiges unterstreichen und das mehrfach wiederholen, laut vor sich hin sprechen, dabei umhergehen
- Wichtiges sollte vier Mal die Lernbahn durchlaufen: 1. Beim Lernen, 2. Für sich wiederholen, 3. Sich abfragen lassen, 4. Vor dem Schlafengehen noch einmal durchlesen
- Hausaufgaben allein und zügig machen, sonst gelingen Klassenarbeiten nicht
- Merkzettel oder Karteikarten für ganz Wichtiges anlegen
- Kein Handy im Zimmer, keine Medien eingeschaltet, keine Haustiere, die ablenken, keine Geschwister oder Freunde, die warten und spielen wollen
- Wenn nötig, Pausen einlegen, Zimmer verlassen, sich bewegen
- Strukturiert nach Plan arbeiten und nach Beendigung nicht vergessen, sich zu loben, wenn alles oder vieles gelang

> Der richtige Umgang mit den Medien muss vom Kind erlernt und von den Eltern kontrolliert werden. Medien können helfen, aber auch schaden!

Computer- und Internetprogramme und -spiele mit viel »Action«, schneller Bildfolge, bunten Farben und stark emotional anregenden Inhalten wirken auf das Gehirn eines ADS´lers wie ein Stimulans. Deshalb empfinden die betroffenen Kinder und Jugendlichen diese Form der Neuen Medien auch als Konzentration verbessernd, anregend und gleichzeitig entspannend. Ihr durch Überforderung »untererregtes« Gehirns wird durch die optischen, akustischen und emotionalen Reize extrem aktiviert, ein gewünschtes und angenehmes Gefühl täuscht eine entspannte Konzentration vor. Für das Gehirn bedeuten diese entsprechenden Spiele und Filme aber eine Überlastung des Arbeitsgedächtnisses. Schulstoff, der dort in der letzten halben Stunde abgespeichert wurde, »fliegt raus« und kann nicht zum Langzeitgedächtnis weitergeleitet werden. Wenn nun nach dieser anregenden »Gehirndusche« gelernt werden soll, ist im Arbeitsgedächtnis dafür kein Platz mehr. Der Lernstoff wird nicht aufgenommen und geht verloren.

> Kinder und Jugendliche sollten ca. 30 Minuten vor und nach dem Lernen auf Actionfilme und Computerspiele verzichten. Sie überlasten sonst ihren Arbeitsspeicher, Gelerntes kann nicht aufgenommen und in die entsprechenden Zentren weitergeleitet werden. Er geht also in dieser Zeitspanne zum größten Teil verloren.

Diese Art von Filmen und Spielen kann außerdem süchtig machen, weil sie das im Gehirn verankerte Belohnungssystem über längere Zeit aktivieren und beeinflussen. Ein Abschalten dieser Programme kann (vorübergehend) zu suchttypischen Entzugserscheinungen führen. Hiervon sind besonders Kinder und Jugendliche mit ADS betroffen, weil bei ihnen eine mehr oder weniger ausgeprägte ADS-bedingte Unterfunktion des Belohnungssystems vorliegt.

Computer- bzw. Internetspiele und Filme mit starkaggressiven Inhalten können zudem die Hemmschwelle von Kindern und Jugendlichen gegenüber Gewalt senken. Sie tauchen dabei in eine irreale Welt ab, in der ihre soziale Kompetenz und ihr Selbstwertgefühl nicht wirklich, sondern nur in der Phantasie verbessert werden.

Selbstwertgefühl und soziale Kompetenz verbessern – zwei wichtige Ziele jeder ADS-Therapie

Eine ganz wichtige Zeitspanne für die Entwicklung und für die Prägung des Selbstwertgefühls eines jeden Menschen liegt zwischen dem 8. und 12. Lebensjahr.

Wird diese Zeitspanne mit vielen negativen Erfahrungen und Defiziten erlebt, bleibt negatives Selbstvertrauen mehr oder weniger stark lebenslang erhalten. Deshalb ist es so wichtig, den Kindern mit ausgeprägtem ADS und hohem Leidensdruck in dieser Zeit erfolgreich zu helfen, ein gutes Selbstwertgefühl zu erlangen.

Wie kann ein gutes Selbstwertgefühl erreicht werden?

1. Das Selbstwertgefühl entwickelt sich aus den täglich gemachten Erfahrungen und deren persönlicher Bewertung.
   ADS-Kinder müssen zuerst Erfolge haben und lernen, diese realistisch und positiv zu bewerten, anstatt wie gewohnt alles negativ abzuwerten. Im Allgemeinen kann ein Kind mit ADS kein Lob genießen und sich selbst schon gar nicht loben. Deshalb ist es so wichtig, mit dem Kind zu üben, Positives zu beachten und sich loben zu lernen. Als Trainingsprogramm eignet sich die tägliche positive Tagesreflexion am Abend im Kreise der Familie. Hierbei sollten auch die Eltern als Vorbild aufzählen, was ihnen heute alles gut gelang und weshalb sie heute mit sich zufrieden waren. Das Kind soll lernen, tagsüber schon Positives zu reflektieren, worüber es dann am Abend im Beisein aller Familienmitgliedern berichtet, damit es sich nicht abgefragt fühlt. Das Positive kann auch kurz aufgeschrieben werden, dadurch wird es nachlesbar und nicht so schnell vergessen bzw. verdrängt.
2. Das Selbstwertgefühl entwickelt sich aus der Anerkennung und Akzeptanz des sozialen Umfeldes.
   Hierbei spielen die Mitschüler, die Peergruppe und die Autoritätspersonen wie Lehrer, Trainer und Verwandte eine große Rolle.
   Das Lob der Eltern, so wichtig es auch ist, verliert mit zunehmendem Alter des Kindes an Bedeutung. Die Erfahrung lehrte es, dass seine Eltern aus Liebe zu ihm vieles positiver sehen, das tröstete, machte aber ihre sonst negative Erfahrung nicht ungeschehen.
3. Das Selbstwertgefühl entwickelt sich aus der gespürten Fähigkeit, Denken und Handeln anderer zu beeinflussen.
   Wie die Meinung des Kindes zählt, wie es sich beachtet fühlt und wie es ihm gelingt, andere Kinder von seinen Ideen zu überzeugen, das spürt jedes Kind täglich, und danach beurteilt es seine eigene Wertigkeit. Eine Gymnasiastin beschrieb das so:
   »Am meisten leide ich darunter, dass mich keiner bemerkt.«
4. Das Selbstwertgefühl entwickelt sich aus der täglichen Erfahrung, wie ich von Anderen akzeptiert, gebraucht und geschätzt werde.
   Die Entwicklung eines guten Selbstwertgefühls wird wesentlich davon beeinflusst, wie die Betroffenen die Wertschätzung ihrer Person durch Gleichaltrige im Alltag erfahren, ohne sich ausnutzen zu lassen oder deren Freundschaften durch Geschenke zu erkaufen. Kinder und Jugendliche mit schlechtem Selbstwertgefühl lassen sich leicht zu sog. »Mutproben« verleiten, nur um die Anerkennung der Anderen zu erreichen, die aber nicht selten mit Spott und Mitleid darauf reagieren.
5. Das Selbstwertgefühl entwickelt sich aus der Gewissheit, den täglichen Anforderungen gewachsen zu sein.

Eine solche Gewissheit und das damit entstehende Selbstbewusstsein erwachsen aus der Erfahrung, gestellte Aufgaben erfolgreich lösen und über Gelerntes bei Bedarf auch sicher verfügen zu können.

Soziales Kompetenztraining

Voraussetzung für eine gute und altersentsprechende soziale Kompetenz ist ein gutes Selbstwertgefühl. Konnte das verbessert werden, kann man mit den Betroffenen an der Verbesserung ihres Sozialverhaltens gezielt arbeiten.

Jede Therapie lebt von ihren Erfolgen. Das hypoaktive Kind muss als erstes in der Therapie erfahren, dass es neben einigen Defiziten viele gute Eigenschaften und Fähigkeiten hat. Diese sollte es von nun an bewusst fördern und genießen, z. B. im Sport (denn viele ADS-Kinder sind gute Sportler), im schöpferischen Gestalten (z. B. im Töpfern, Malen, Basteln – ADS-Kinder sind oft sehr kreativ und mit Behandlung ausdauernd und ehrgeizig), im musischen Bereich (Spielen eines Musikinstrumentes oder Teilnahme am Chor). Hier können hypoaktive Kinder die direkten Erfolge ihrer Therapie in der Verbesserung ihrer handwerklichen, sportlichen und künstlerischen Fähigkeiten, ihrer leichteren sozialen Kontaktaufnahme und in dem erfolgreicheren Durchsetzen ihrer Interessen in der Gruppe Gleichaltriger erfahren. Gerade das Vergleichen und Messen mit Gleichaltrigen benötigen hypoaktive Kinder, um ein positives Selbstwertgefühl zu entwickeln.

Bisher war das hypoaktive Kind durch seine negative Erfahrung in der Gruppe Gleichaltriger nicht in der Lage sich angemessen durchzusetzen. Durch seine Defizite war es verunsichert. Es war kein ausgeglichener Spielpartner, zu ungeschickt in der Feinmotorik, zu unbeständig, immer wollte es etwas Neues machen ohne das Angefangene zu beenden, konnte nicht aufräumen, keine Kritik vertragen, reagierte überschießend und war sofort beleidigt. Es stand abseits und erwartete, dass die anderen Kinder seine Wünsche erraten.

Selbstsicherheit und soziale Kompetenz setzen (nach Petermann) die Fähigkeit voraus, eigene Rechte und Pflichten im konkreten sozialen Umfeld zu erkennen, richtig widerzuspiegeln und durch angemessenes Reagieren und Agieren die individuellen mit den gesellschaftlichen Interessen in Übereinstimmung zu bringen.

Die wesentlichen Bestandteile der sozialen Kompetenz sind gleichzeitig auch die Schwerpunkte für ein individuelles Trainingsprogramm:

- Die Fähigkeit, andere Menschen zu verstehen, sich in ihr Denken und Fühlen hineinzuversetzen.
- Die Fähigkeit der Selbstreflexion, seine Gefühle und Fähigkeiten richtig einzuschätzen, diese sozial angepasst, aber für sich auch erfolgreich nutzen zu können.
- In sozialen Situationen über Selbstsicherheit zu verfügen.

- Seine Gedanken und seine Äußerungen im Verlauf von Gesprächen unter Kontrolle zu haben.
- Mit Aufgeschlossenheit und Besonnenheit auf Andere zu gehen können.
- Im Handeln und Denken flexibel zu sein und sozial angepasst seine eigenen Ziele zu verwirklichen.

Soziale Inkompetenz lässt sich dagegen mittels vier Punkten bewerten:

- Die Unfähigkeit, Forderungen zu stellen
- Die Unfähigkeit, »Nein« sagen zu können und andere Personen zu kritisieren
- Die Unfähigkeit, Kontakte herzustellen
- Die Angst vor eigenen Fehlern und öffentlicher Beachtung

Was beeinträchtigt beim ADS die Entwicklung einer altersentsprechenden sozialen Kompetenz?

Die Betroffenen reagieren infolge ihrer veränderten Wahrnehmung anders und können das ohne professionelle Hilfe nur selten ändern. Sie fühlen sich schnell überfordert, hilflos und ausgegrenzt, worauf sie mit Rückzug reagieren. Innerlich verunsichert, wirken sie auf andere schwach, dadurch sind sie leicht angreifbar, werden gemobbt und zum Außenseiter. Bei psychischer Belastung geraten sie schnell in Stress, der ihr Denken, Handeln und Sprechen blockiert. In ihrer Hilflosigkeit reagieren sie dann unangemessen heftig, für andere völlig unverständlich aggressiv oder zu sensibel mit Weinen, das sie nicht unterdrücken können.

Als solche hilflosen Außenseiter bedürfen diese ADS-Kinder und -Jugendliche dringend einer professionellen Therapie mit symptomorientierter verhaltens- und lerntherapeutischer Begleitung und einer Anleitung der Mutter als Coach. Bei dieser ausgeprägter Symptomatik ist die Gabe von Stimulanzien erforderlich.

Beispiele für ein soziales Kompetenztraining
Die Schwerpunkte eines Trainings der sozialen Kompetenz sind individuell unterschiedlich und mit den Betroffenen abzustimmen.

- Es beginnt mit einer Bestandsaufnahme: »Was kann ich gut, was will ich ändern, was stört mich?«
- Dabei Wichtiges und Unwichtiges unterscheiden, Prioritäten setzen, sich entscheiden lernen.
- Eine tägliche Liste mit aktuellen Aufgaben und Vorsätzen erstellen, nach Dringlichkeit geordnet.
- Personen und deren Verhalten beurteilen und das auch begründen können.
- Eigene Gefühle wahrnehmen, benennen und darüber sprechen.
- Tagesreflexion: Was war besonders gut, sich loben lernen, aber auch: Was lief nicht so gut und wie kann ich das ändern?
- Schwarz-Weiß-Denken vermeiden, Kompromisse machen und Vorurteile abbauen.
- Sich eine eigene Meinung bilden, diese auch vertreten und sich abgrenzen können.
- Keine Abwertung zulassen, mit Kritik umgehen und sich angemessen wehren lernen.

- Das Verhalten zu einigen Mitschülern ändern, Kontakte suchen in der Schulpause und am Nachmittag durch gemeinsame Interessen und Hobbys wie Sport, Musik, PC usw.
- Freunde einladen und mit ihnen etwas gemeinsam unternehmen.
- Nicht in Neue Medien (Computer, Internet) fliehen, sondern zeit- und inhaltlich kontrolliert und begrenzt mit ihnen umgehen.

Ein weiterer wichtiger Bestandteil des sozialen Kompetenztrainings beim ADS ist die Schaffung von Ritualen. Sie sind Fixpunkte, die Gedanken ausrichten und Halt geben. Sie ermöglichen durch ständiges Wiederholen, dass sich gewollte und geplante Handlungen automatisieren. Dadurch reduzieren Rituale die täglichen Diskussionen, die innere Verunsicherung und helfen, sich Erfolgserlebnisse zu verschaffen, die das Belohnungssystem aktivieren, was dann »Glückshormone« ausschüttet.

Selbstwertgefühl und soziale Kompetenz zu verbessern sind die wichtigsten Therapieziele jeder ADS-Therapie. Sie ermöglichen einen bleibenden Therapieerfolg. Natürlich sind dazu oft mehrere Jahre erforderlich, eine intensive und motivierte eigene Mitarbeit, verständnisvolle Eltern als Coach und erfahrene Therapeuten.

Simon, ein 11 jähriger Gymnasiast mit einem ADS ohne Hyperaktivität bekam in der 5. Klasse trotz Stimulanzienbehandlung Probleme wegen seines Sozialverhaltens. Er wirkte auf seine Mitschüler schwach, wurde deshalb gehänselt, ausgegrenzt und geriet in die Rolle des »Schwarzen Peters«. Seine Mitschüler störten bewusst den Unterricht, sie beschuldigten ihn, er wurde bestraft. Sie bewarfen ihn mit Papierkügelchen, schlugen ihn mit dem Lineal und zupften an seinen Haaren. In der Therapie übten wir, wie er sich am wirkungsvollsten wehren könnte. Zuerst besprachen wir, ob und was für Freunde er hat. Diese Freundschaften sollte er verstärken durch gemeinsame Spiele, Besuche und Freizeitaktivitäten. Dann übten wir intensiv, bei welcher passenden Gelegenheit er ganz laut sagen sollte: »Ich lasse mir das nicht mehr länger gefallen!!« Damit überraschte er alle, auch den Lehrer, der nun wissen wollte, was geschehen sei. Hieraus sollte er antworten: »Fragen Sie bitte die anderen, ich bin keine Petze!«

Das kostete ihn viel Überwindung, aber er wurde endlich in Ruhe gelassen und erntete zuerst Verwunderung und dann Anerkennung, vor allem bei seinen Freunden. Für ihn war es ein wichtiger Schritt in Richtung psychische Stabilität.

Wichtige Schritte zur Verbesserung des Sozialverhaltens im Überblick:

- Pflichten und Rechte in der Familie vereinbaren (Vertrag)
- Problemlösung üben, Konflikte vermeiden
- Die Gefühle der Anderen beachten
- Freundschaften pflegen
- Umgang mit den Geschwistern
- Sich sozial angemessen behaupten
- Seine Gefühle unter Kontrolle haben
- Sein Verhalten realitätsgerecht beurteilen
- Gemeinsame Abendreflexion

10 So kommt Ihr Kind voran

Allgemeine Hinweise

Das hypoaktive Kind bleibt im Allgemeinen durch die ihm angeborene verlangsamte Wahrnehmungsverarbeitung und Reaktionsgeschwindigkeit in seiner sozialen Reife und in der Weiterentwicklung seiner intellektuellen Fähigkeiten zurück. Dieser Reiferückstand prägt im Wesentlichen die Schwere des späteren Krankheitsbildes. Ein sozial altersentsprechend entwickeltes Kind kann dagegen leichter mit seinen kognitiven und motorischen Defiziten umgehen und zeigt eine bessere Therapiemotivation. Auch ein verwöhntes Kind, dass sich gleich in seine Hilflosigkeit flüchtet, hat es später ebenfalls viel schwerer, den Anforderungen gerecht zu werden. Aber nicht nur ADS-Kinder, sondern alle Kinder sollten frühzeitig zur Selbstständigkeit erzogen werden. Dazu ein paar wichtige Hinweise aus der Praxis.

Tipps im Umgang mit hypoaktiven Kindern

- Halten Sie immer zu Ihrem Kind und geben Sie ihm dies zu verstehen. Sie sind seine Stütze, die es dringend braucht.
- Sagen Sie Ihrem Kind öfter: »Auf mich kannst du dich verlassen« und handeln Sie auch danach.
- Vertrauen Sie immer zuerst Ihrem Kind, erst dann hinterfragen Sie die Ereignisse »ob es auch wirklich so war?«
- Entschuldigen Sie sich immer, wenn Sie einen Fehler gemacht haben. Sie vermitteln dadurch, dass auch Sie sich irren können.
- Wenn Sie »Schlechtes« über Ihr Kind gesagt bekommen oder hören, reagieren Sie nicht abwertend, sondern sagen Sie immer: »Zuerst muss ich mein Kind dazu befragen«.
- Sprechen Sie nicht in Gegenwart ihres Kindes mit jemanden, der über Ihr Kind nur Negatives zu sagen hat und sich z. B. über es beklagt, ohne dass Ihr Kind dazu gehört wird: Ihr Kind wird sich dabei sehr unwohl fühlen und Frustrationen entwickeln.
- Gibt es unter den Geschwistern Streit, entscheiden Sie nur nach dem, was Sie wirklich gesehen haben und nicht nach dem, was Sie von den Kindern erzählt

bekommen. Ihr ADS-Kind ist sowieso immer der »Sündenbock«. Helfen Sie ihm, aus dieser Rolle herauszukommen. Dazu ist oft die Mithilfe der Geschwister erforderlich.
- Zeigen Sie keine Ungeduld. Geben Sie nach gemeinsamer Absprache Zeit vor, die möglichst einzuhalten ist (Kurzzeitwecker, Uhr).
- Versuchen Sie immer ruhig zu bleiben, vermeiden Sie zu schreien. Wenn Sie sich nicht mehr beherrschen können, entfernen Sie sich kurzzeitig.
- Beziehen Sie in Entscheidungen, die Ihr Kind betreffen, dieses mit ein. Lassen Sie aber bei Ihrem Kind keinen Zweifel aufkommen, dass letzten Endes immer die Eltern bestimmen.
- Verwöhnen Sie Ihr Kind nicht, besonders nicht in materieller Hinsicht. Es ist falsch, wenn Kinder für eine Leistung stets die Hand aufhalten, um dafür etwas zu bekommen.
- Loben Sie Ihr Kind, das braucht es. Es hat viel Negatives erlebt. Loben Sie auch seine Bemühungen, selbst wenn sie nicht gelingen sollten.
- Verbringen Sie mit Ihrem Kind viel Zeit gemeinsam mit Sport, Spiel und Wandern. Körperliche Bewegung ist für alle hypoaktiven Kinder als Training von Geschicklichkeit und Geschwindigkeit wichtig.
- Unterstützen Sie Hobbys wie Sport, kreatives Gestalten oder Musizieren. Treffen Sie Absprachen, dass Ihr Kind eine Aktivität mit Konstanz ausübt und nicht so schnell von einer Gruppe in die andere wechselt.
- Motivieren Sie Ihr Kind, seine sich selbst gestellten Ziele zu erreichen. Es verfällt sonst leicht in die altgewohnten Verhaltensweisen.
- Vereinbaren Sie feste Spiel- und Übungszeiten. Diese beginnen Sie mit den Worten: »Jetzt habe ich nur für dich Zeit«. Bestehen Sie auf die Einhaltung dieser Termine, sowohl in Bezug auf deren Anfang und Ende.
- Zeigen Sie Ihrem Kind, wie es sich entspannen und »innerlich« Ruhe »befehlen« lernt.
- Informieren Sie sich ausführlich über das ADS. Reden Sie mit Fachleuten und besuchen Sie Seminare. Lassen Sie sich nicht so schnell verunsichern.
- Nutzen Sie den Behandlungsbeginn Ihres Kindes für einen Neubeginn in Ihrer gemeinsamen Beziehung. Räumen Sie ein, manches bisher nicht richtig gewusst und somit nicht verstanden zu haben.
- Glauben Sie immer zuerst Ihrem Kind. Bedenken Sie, es ist vergesslich und ersetzt das Vergessene durch eigene Fantasie, was es dann auch selbst glaubt. Fordern Sie Ihr Kind auf, noch einmal genau nachzudenken, wie es eigentlich wirklich war.
- Erkennen Sie bei Ihrem Kind die positiven Seiten des ADS und fördern Sie diese. Es braucht Sie dringend zur Selbstbestätigung. Jedes ADS-Kind hat viele Stärken.
- Stempeln Sie Ihr Kind nicht als krank ab. ADS haben heisst, neurobiologisch in vieler Hinsicht anders veranlagt zu sein. Eine rechtzeitige Behandlung wird Ihrem Kind ermöglichen, sich wie alle anderen Kinder zu entwickeln.
- Helfen Sie Ihrem Kind, sich immer wieder feste Strukturen und Vorsätze zu geben. Macht Ihr Kind Fortschritte, werden im Trainingsprogramm neue Ziele gesetzt.
- Rechnen Sie mit Rückschlägen. Trotz einer kontinuierlichen Besserung wird es immer ein Auf und Ab sein.

- Bestrafen Sie wenn nötig nach vorheriger Ankündigung Ihr Kind nach dem Fehlverhalten sofort. Schieben Sie eine Strafe nicht auf und seien Sie nicht nachtragend.
- Fehlverhalten sollte immer Konsequenzen haben. Auch eine zeitlich begrenzte Nichtbeachtung ist wirkungsvoll.
- Treffen Sie mit Ihrem Kind gemeinsam vorausschauend Absprachen. Lernen Sie als Eltern, Konflikte und mögliche Probleme im Voraus zu erkennen, um einen Streit nicht erst aufkommen zu lassen.
- Lassen Sie nicht den ganzen Tag das Fernsehgerät laufen, gehen Sie mit gutem Beispiel voran. Soll Ihr Kind lernen, den Tagesablauf zu strukturieren, überprüfen Sie zunächst Ihren eigenen.
- Seien Sie in allem ein Vorbild. Verstößt Ihr Kind gegen Regeln, überlegen Sie zunächst, ob es das Verhalten von Ihnen gesehen haben kann.
- Legen Sie innerhalb Ihrer Ehe bzw. Partnerschaft einen einheitlichen Erziehungsstil fest und drängen Sie auf dessen Einhaltung.
- Überlegen Sie sich das Androhen von Strafen ganz genau, ehe Sie ausgesprochen werden. Einmal verkündet, sollten diese auch eingehalten werden. Ansonsten sollten Sie Ihrem Kind erklären, warum Sie sich doch anders entschieden haben.
- Vermeiden Sie sinnlose Diskussionen mit Ihrem Kind, beenden Sie diese mit einem festen Standpunkt.
- Fordern Sie Ihr Kind immer wieder auf, Entscheidungen allein zu treffen, um eigenen Erfahrungen sammeln zu können.
- Zeigen Sie Ihrem Kind, wenn es etwas nicht von allein kann, aber machen Sie nicht gleich alles selber.
- Sorgen Sie an kritischen Tageszeiten wie morgens und abends für einen gleich bleibenden Ablauf. Jede Veränderung irritiert das hypoaktive Kind erst einmal.

Was ist bei den Hausaufgaben zu beachten?

- Hausaufgaben täglich erledigen, an einem festen Platz, möglichst immer zur gleichen Zeit, keine Störung zulassen
- Ein Hausaufgabenheft führen, die Reihenfolge der Aufgaben festlegen und deren Zeitbedarf abschätzen
- Selbständigkeit einfordern
- Täglich üben und den Lernstoff wiederholen
- Hausaufgaben erst kontrollieren, wenn alle fertig sind

Wie die Schule erfolgreich in die Behandlung mit einbezogen wird

Oft fallen den Lehrern die typischen Symptome der Hypoaktivität zuerst auf. Sie beschreiben diese in den Schulzeugnissen sehr genau und geben oft viele und gut gemeinte Ratschläge. Leider sind bisher noch nicht alle Lehrer in der Lage, das Erscheinungsbild des ADS richtig einzuordnen. Wäre das der Fall, käme manches Kind sicher eher zur Diagnostik und zur Behandlung. Bei einer entsprechenden Empfehlung gegenüber den Eltern bliebe vielen Kindern damit ein langer Leidensweg erspart. Fahrlässig handeln jedoch diejenigen Lehrer, die die Symptome der Hypoaktivität erkennen, die das ADS aber für eine Modekrankheit halten und eine (medikamentöse) Behandlung bei ausgeprägter ADS-Symptomatik ablehnen. Sie sind irrtümlicherweise der Meinung, die Behandlung mache die Kinder süchtig, stelle sie nur »ruhig« und beeinflusse die Persönlichkeitsentwicklung des Kindes negativ.

Für eine Zusammenarbeit zwischen Arzt und Lehrer ist es erforderlich, dass der Arzt von der Schweigepflicht durch die Eltern entbunden wird.

Die Zusammenarbeit mit der Schule ist dabei in der Behandlung eines ADS-Kindes sehr wichtig. Die Einschätzung des Kindes durch den Lehrer vor und nach Beginn der Behandlung gibt dem behandelnden Arzt wertvolle Hinweise. Die meisten Eltern sind gern bereit, den Lehrern Informationsmaterial über ADS zum Lesen zu geben, wobei spezifische Infos über *hypoaktive* Kinder noch sehr spärlich vorhanden sind. Aber gerade hinsichtlich der Hypoaktivität haben viele Lehrer einen Nachholbedarf: Da sich ihre Erfahrungen und Einschätzungen allein aus der Schul- und Unterrichtssituation mit hyperaktiven Kindern ergeben, behaupten sie in ihrer Unkenntnis der medizinischen Sachlage, das betroffene Kind habe kein ADS.

Die Besonderheiten bei der Therapie hypoaktiver Kinder im Überblick

- Eine intensive Führung durch die Eltern ist über Jahre erforderlich.
- Um ihre Therapieziele zu erreichen, müssen hypoaktive Kinder ständig motiviert werden, bis sie sich durch Erfolge selber motivieren und dazu auch die nötige Reife haben.
- Ein Training zur verbesserten Wahrnehmung und zur Temposteigerung ist erforderlich.
- Bei der Behandlung der Teilleistungsstörungen sollte auf Automatisierung in den Grundrechenarten, im Lese- und Schreibvorgang hingearbeitet werden, was beim ausgeprägtem ADS nur durch regelmäßiges Training unter Stimulanzienwirkung erreichbar ist.
- Neben der Beseitigung von Defiziten im Leistungs- und Verhaltensbereich ist das Erreichen einer altersentsprechenden sozialen Reife mindesten genau so wichtig.
- Besonderheiten in der medikamentösen Therapie: Langzeitpräparate von Stimulanzien wirken oft schlechter als kurzwirksame. Manchmal ist die Kombination mit einem Noradrenalin-Wiederaufnahmehemmer erforderlich.
- Viel körperliche Bewegung und sportliches Training sind für die Therapie wichtig.
- Ziel eines jeden individuellen Therapieplanes ist ein positives Selbstwertgefühl, das auch ausreichend stabil ist.

Um mit einem ADS-Kind richtig umgehen und es in seiner Entwicklung fördern zu können, müssen zuerst seine Lehrer das ADS mit all seiner Problematik verstehen und begreifen lernen.

> **Wünsche an Lehrerinnen und Lehrern von ADS-Kindern**
>
> Kinder mit ADS benötigen eine feste Struktur im Unterricht bei ruhiger Gelassenheit der Lehrerin bzw. des Lehrers. Deshalb sollte in der Klasse eine feste Sitzordnung eingehalten werden und der Unterricht strukturiert, interessant und anschaulich sein. Der Lehrer sollte sich Kenntnisse über das ADS erwerben, gerecht sein und auch schon das Bemühen des Kindes anerkennen. Er sollte mit den Kindern Vereinbarungen treffen, Strukturhilfen geben – wie kurzer Blickkontakt oder kurzes Berühren des Kindes – ihm Verständnis und Zuwendung signalisieren. Hat eine Lehrerin bzw. ein Lehrer erst einmal das Vertrauen und die Sympathie eines ADS-Kindes gewonnen, kann er von ihm viel verlangen. Unter solchen optimalen Schulbedingungen können ADS-Kinder sehr gute Leistungen erbringen. Lehnen sie den Lehrer ab, fühlen sie sich ungerecht behandelt, blockieren sie im Unterricht.

11 Was sind die Folgen einer unzureichenden oder fehlenden Behandlung von ADS mit Hypoaktivität?

Wie schwer Kinder durch ADS beeinträchtigt werden, wird von der Stabilität ihrer Persönlichkeit, ihrer Intelligenz, der Schwere der ADS-Symptomatik und ihrer Dauer, sowie vom Verhalten des sozialen Umfeldes bestimmt. Diese Faktoren bewirken im Wesentlichen das Ausmaß der psychischen Beeinträchtigung des Kindes. Wird dem Kind nicht geholfen, d. h. zeigt niemand Verständnis für seine Schwierigkeiten, fühlt es sich unverstanden, hilflos und allein gelassen. Auf diese Weise kann es zu einer Fehlregulation der aufgestauten Affekte kommen. Die Kausalzusammenhänge werden nicht mehr richtig wahrgenommen oder geleugnet. Es entsteht ein von Angst und Unsicherheit geprägtes Missverständnis der Umwelt. Damit ist die Grundlage für eine *neurotische Fehlentwicklung* gelegt.

> **Was verstehen wir unter neurotischer Fehlentwicklung?**
>
> Neurosen* sind lang andauernde erlebnisbedingte Störungen der Person-Umwelt-Beziehung mit seelischer oder/und körperlicher Symptomatik.
> Die Definition der Weltgesundheitsorganisation lautet: »Neurosen sind biografisch abzuleitende und seelisch reaktiv entstandene und unterhaltene Störungen der Person/Umweltbeziehung«.

Die Symptome einer reaktiven Fehlentwicklung sind Anpassungs- und Verhaltensstörungen durch Fehlinterpretation der Umwelt mit sich entwickelndem Fehlverhalten und Fehlreaktionen von Organsystemen. Die reaktive Fehlentwicklung ist also nicht angeboren, sondern sie entwickelt sich im Laufe der Kindheit. Sie wird durch Konflikte und Belastungen ausgelöst und setzt eine gefühlsmäßige Überempfindlichkeit voraus. Dauert diese Belastung sehr lange und können diese affektiven Spannungszustände nicht selbst bewältigt werden, bilden sich Selbstschutz- und Dekompensationsmechanismen mit seelischer und psychischer Symptomatik heraus. Vorbedingungen dafür sind ein mangelhaftes Selbstwertgefühl, irrationale Schuldzuweisungen und eine verzerrte Wahrnehmung der Umwelt.

---

* Der Begriff der »Neurose« wird im Hinblick auf das Kindesalter in der Wissenschaft zunehmend durch den Begriff »reaktive Fehlentwicklung« ersetzt, was deren eigentlichen Ursache besser entspricht.

> Voraussetzung für die Entstehung einer reaktiven Fehlentwicklung ist also eine sehr große psychische Belastung bei entsprechend großer Sensibilität mit gefühlsmäßiger Steuerungsschwäche und unangemessener, nicht angepasster Reaktion der sozialen Umgebung.

Reaktive Fehlentwicklungen sind z. B.:

- Psychoreaktive Schmerzzustände (Kopfschmerzen, Bauchschmerzen)
- Ängste, Schulangst, Versagensangst, Dunkelangst, Trennungsangst
- Schlafstörungen, Einschlafstörungen, Schlafwandeln
- Alpträume
- Einnässen, tags oder nachts
- Magen-Darmbeschwerden (rezidivierende Durchfälle)
- Erbrechen
- Essstörungen
- Sprachstörungen (Stammeln oder Stottern)
- Stereotype Bewegungsmuster, die sich automatisieren können und dann die Entwicklung eines Aspergersyndroms fördern.

Viele hypoaktive Kinder, die zur Behandlung kommen, haben bereits solche reaktive Fehlentwicklungen ausgebildet. Aber auch bei sehr vielen Jugendlichen, die an einer depressiven Verstimmung, einer Zwangs- oder Angstkrankheit, einer Essstörung oder an einem Asperger-Syndrom leiden, ergeben sich bei genauer Befragung über ihre soziale und schulische Entwicklung oft Hinweise für das Vorliegen eines nicht erkannten und nicht behandelten Aufmerksamkeitsdefizitsyndroms mit Hypoaktivität. (In meiner Praxis ist dies bei über 50 % jener Jugendlichen der Fall.)

Auch bei Jugendlichen mit übermäßigem Nikotin-, Alkohol- oder Drogenkonsum lassen sich manchmal Symptome eines nicht erkannten ADS mit Hypoaktivität in der Kindheit nachweisen. Der übermäßige »Genuss« von Nikotin, Alkohol und Drogen bedeutet bei ihnen oft eine Form der Selbstmedikation. Unter diesen Rauschmitteln fühlen sich die Jugendlichen erstmals innerlich ruhig und frei von ihren Ängsten.

Das *hyperaktive* Kind reagiert sich oft mithilfe seines aggressiven Verhaltens nach außen hin ab. Es entwickelt einen Selbstschutz, indem es immer behauptet, andere seien an seinem Verhalten schuld, selber habe es keine Schuld. Mithilfe seiner Aggression »befreit« es sich letzten Endes (zeitweilig) von seinem Frust und seinen Emotionen.

Das *hypoaktive* Kind dagegen leidet viel mehr. Von Anfang an beschuldigt es sich immer selbst, hält sich für unfähig und für den Sündenbock. Es entwickelt selten spezifische Verhaltensweisen, um sich nach außen hin abzureagieren. Von diesen Kindern hören wir solche Äußerungen wie: »Ich tauge gar nichts, am liebsten wäre ich tot, ihr habt mich sowieso nicht lieb, mit mir habt ihr immer Ärger.« Sie deuten auf einen schweren psychischen Konflikt hin und sollten aufhorchen lassen.

11 Was sind die Folgen einer unzureichenden oder fehlenden Behandlung

Wenn sich die psychischen Beschwerden des Kindes an Organen manifestieren, also über organische Störungen zum Ausdruck kommen, sprechen wir von *psychosomatischen Erkrankungen*. Typische Beispiele dafür sind Kopfschmerzen und Bauchschmerzen, auch Schlafstörungen, Einnässen, Einkoten, Schwindelgefühle. Sie setzen immer den Ausschluss einer organischen Erkrankung durch einen Arzt voraus.

Ein nicht ausreichend behandeltes ADS in der Kindheit ist ein Risikofaktor im *Erwachsenenalter*. Bei solcherart betroffenen Erwachsenen finden sich laut wissenschaftlicher Statistik im Verhältnis zur Durchschnittsbevölkerung

- doppelt so häufig ein Nikotinmissbrauch
- doppelt so häufig ein Alkoholmissbrauch
- viermal so häufig ein Cannabismissbrauch
- siebenmal so häufig ein Kokainmissbrauch
- doppelt so häufig ein Medikamentenmissbrauch
- eine erhöhte Selbstmordrate

Ein eindeutiger Zusammenhang, d. h. ein überzufällig gemeinsames Auftreten von ADS und folgenden Krankheiten besteht bei

- Depressionen (20–44 % häufiger in Verbindung mit ADS)
- Teilleistungsstörungen: Rechtschreibschwäche (60 % häufiger bei ADS)
- Rechenschwäche
- Störung der Sprach- und Feinmotorik
- Angststörungen (20–50 % häufiger bei gleichzeitigem ADS)
- Tic-Symptomatik und Tourette-Syndrom (10–30 % häufiger bei gleichzeitigem ADS)
- Zwangsstörung (20–50 % häufiger bei gleichzeitigem ADS)
- Einnässen (bis 25 % häufiger in Kombination mit ADS)
- Schlafstörungen
- Essstörungen
- Seelische Belastungsstörungen nach einem Trauma können schlechter verarbeitet werden
- Abhängigkeitskrankheiten
- Störungen im Sozialverhalten

Diese Auflistung beruht vorwiegend auf Untersuchungen des ADS mit Hyperaktivität, sie würde vermutlich beim ADS mit Hypoaktivität ähnlich ausfallen, zumal eine klare Trennung von hyperaktiven und hypoaktiven Verhaltensweisen im Erwachsenenalter nicht immer möglich ist. Es gibt zwischen beiden Formen des ADS viele fließende Übergänge, wenn man deren gesamte Symptomatik betrachtet. Die ausgeprägte Hyperaktivität lässt im *Erwachsenenalter* nach, es bleiben aber eine innere Unruhe, eine emotionale Steuerungsschwäche, eine Affektlabilität, eine Überempfindlichkeit, eine Vergesslichkeit, eine Störung der Daueraufmerksamkeit, ein nicht automatisiertes Schriftbild und eine feinmotorische Ungeschicklichkeit erhalten, nicht alle Symptome bei jedem Betroffenen und nicht alle Symptome in gleicher Ausprägung. Die meisten Erwachsenen mit einer ADS-Veranlagung klagen über die ständige Fülle von Gedanken, die sie im Kopf haben und die ein zielgerichtetes Denken erschweren.

Der Erwachsene lernt, mit dem ADS zu leben und dessen positive Seiten zu schätzen, soweit er ein gutes Selbstbewusstsein behalten hat. Nicht selten entwickeln sich ADS'ler früher oder später zu Perfektionisten. Ein ausgeprägter Perfektionismus hat viel mehr mit dem ADS gemeinsam, als man oberflächlich betrachtet vermutet.

Im späteren Leben verwischen oft deren Ursachen und deren seelische und körperliche Folgen, wobei sich das ADS im Laufe des Lebens deutlich bessern kann, aber seine Folgen in Form einer reaktiven Fehlentwicklung bestehen bleiben.

 ▶ Eine rechtzeitige ADS-Diagnostik ist wichtig, um im Bedarfsfall zeitig handeln zu können, noch vor Ausbildung einer reaktiven Fehlentwicklung. Dabei ist die Pubertät eine kritische Phase. Geringes Selbstwertgefühl, sozialer Reiferückstand verbunden mit belastungsbedingtem negativen Dauerstress können, wenn keine entsprechende Behandlung erfolgt, zu psychischen und psychosomatischen Erkrankungen führen. Sind erst einmal Spätschäden eingetreten, so ist die Behandlung um ein Vielfaches schwieriger, zeitaufwendiger und teurer, wenn sie überhaupt noch erfolgreich ist. ◀◀

Die wichtigsten reaktiven Fehlentwicklungen hypoaktiver Kinder seien im Folgenden hier genannt.

Angststörungen

Angst als ein stimmungsmäßiges Gefühl von Einengung, Unsicherheit, Beunruhigung, hilfloses Ausgesetztsein, der Schutzlosigkeit, Furcht und Sorge zu versagen, ausgelacht zu werden, den Anforderungen nicht gerecht zu werden, das Gefühl isoliert, nicht verstanden, ausgeschimpft zu werden. Angst entsteht beim hypoaktiven Kind aus dem Gefühl heraus: »Ich brauche ständig Hilfe und kann das nicht so gut wie die anderen, niemand versteht mich. Mit mir stimmt etwas nicht, ich bin anders als die anderen«. Daraus kann im Laufe der Zeit eine Angststörung entstehen. Diese Angststörung macht vom Antrieb her unruhig und unsicher. Sie verhindert das Behalten der Übersicht, ruhiges Überlegen und genaues Erkennen und Wahrnehmen. Alle Beruhigungsversuche und jeder Zuspruch sind bei den Betroffenen wirkungslos.

Diese Ängste verunsichern und machen gegenüber anderen und vor allem gegenüber sich selbst aggressiv. Diese Ängste blockieren.

Das hypoaktive Kind, das sich gefühlsmäßig von vornherein schlecht steuern kann, gerät schnell in Panik: Dann geht gar nichts mehr, kein logischer Gedanke kann in Ruhe zu Ende gedacht werden. Dieses Panikgefühl führt zu einer für das hypoaktive Kind typischen Blackout-Reaktion, d. h. das Kind versagt plötzlich in

Situationen, die es bisher noch gut beherrschte. So kann es z. B. während einer Klassenarbeit aufgrund einer Kleinigkeit völlig das Konzept verlieren, so dass sein ganzes Wissen wie weg ist. Nachdem es die Arbeit dann abgegeben hat und einige Zeit verstrichen ist, könnte das hypoaktive Kind wieder alle in der Arbeit geforderten Aufgaben komplikationslos lösen. Angst und Panik sind Folgen einer nicht mehr kompensierbaren seelischen Belastung bei ADS bedingter Persönlichkeitsstruktur.

Zwangsstörungen

Wir unterscheiden Zwangsgedanken und Zwangshandlungen. Beide Formen kommen überzufällig häufig bei hypoaktiven Kindern und Jugendlichen vor, die schon eine längere Zeit unter ihrer Symptomatik gelitten haben.

Zwangsgedanken sind Gedanken, die immer wiederkehren und ohne realen Hintergrund sind. Sie verunsichern und haben dann Fehlreaktionen und Fehleinschätzungen zur Folge.

Zu den Zwangshandlungen gehören alle sich wiederholenden stereotypen (gleich bleibenden) Bewegungsmuster und Handlungen, wie z. B. Grimassieren, sich über bestimmte Körperteile zu streichen, plötzliches unmotiviertes Lachen (Lachzwang), ständiges Klatschen und Geräuschemachen, sich immer wieder waschen zu müssen (Waschzwang), die Wohnung ständig zu putzen (Putzzwang), immer wieder bestimmte Dinge zu kontrollieren (Kontrollzwang), alles zählen zu müssen (Zählzwang), alles, was man sieht, zu sammeln (Sammelzwang) und anderes mehr.

Solche Zwangshandlungen und Zwangsgedanken sind bei vielen hypoaktiven Kindern nachweisbar, denn Zwang und ADS haben neurobiologische Gemeinsamkeiten. Gedanken und Handlungen, die immer wiederholt werden, formen die neuronalen Bahnen im Gehirn so um, dass sich diese dadurch automatisieren und verselbständigen können.

Zwangskrankheiten können isoliert oder auch zusammen mit einem ADS vorkommen. In jedem Fall werden mit Hilfe dieser Zwangshandlungen innere Spannungen abreagiert und ausgeglichen. Sie können aber damit nur vorübergehend unterdrückt werden, so dass die Zwangshandlungen sich ständig wiederholen und schließlich automatisieren.

Impulshandlungen

Impulshandlungen hypoaktiver Kinder sind Folge der gestörten Impulssteuerungsschwäche beim ADS und können im Rahmen ihrer Ausübung einen dranghaften Charakter haben.

Unter Impulshandlungen verstehen wir verschiedene überwältigende, durchschlagende und unbesonnene Handlungen, die Folge eines freiheitseinschränkenden Dranges sind, der von innen heraus kommt (deshalb auch Dranghandlungen genannt). Ohne jede Kontrolle oder Möglichkeit der Überprüfung werden diese Handlungen durchgeführt und deren Folgen zunächst nicht bedacht. Dabei muss einem inneren Handlungsdruck plötzlich nachgegeben werden. Diese Handlungen haben einen Entladungscharakter für Frust und innere Spannungen. Bei ständiger Wiederholung können sie sich automatisieren, d. h. sie laufen dann unkontrolliert ab und sind schwerer zu unterdrücken.

Solche Impulshandlungen können sich äußern in:

- Sich-selbst-Schlagen
- Sich-an-der-Haut-Ritzen
- Krankhaftes »Stehlen«, d. h. einem Anderen etwas wegnehmen zu müssen, ohne sich selbst bereichern zu wollen
- Weglaufen

Sowohl das Wegnehmen als auch das Weglaufen bedeuten für das hypoaktive Kind eine Befreiung von einem unerträglichen psychischen Spannungsdruck, beides stellt eine sog. Entladungsreaktion dar. Gleichzeitig können hypoaktive Kinder damit auch Minderwertigkeitsgefühle und Rachegelüste kompensieren. Vor den Handlungen empfinden die Betroffenen einen inneren Drang, eine große Anspannung, von der sie sich durch diese Tat befreien. Sie folgen einem inneren Befehl, dem sie sich nur mit äußerster Kraft widersetzen können. Die betroffenen Kinder beschreiben gleich nach der Tat kurzzeitig ein gewisses Gefühl der Befriedigung und der inneren Befreiung. Danach folgt aber fast immer ein schneller Gefühlsumbruch in Scham, Reue, Angst und Unsicherheit bis hin zur Selbstverachtung.

Alle entwendeten Gegenstände sind meist von geringem Wert oder für das Kind völlig wertlos, diese Gegenstände hätte es auch auf andere Weise problemlos haben können. Dieser »Diebstahl« wird meist allein, spontan und ohne Komplizen durchgeführt. Angst, Resignation und Schuldgefühle nach der Tat verhindern aber nicht deren Wiederholung, wenn die seelische Ursache nicht beseitigt wird. Die Kinder fühlen sich dabei als Versager und unfähig, diesen »Stehlimpuls« zu unterdrücken.

Oft werden durch »Stehlen« auch Personen unbewusst »bestraft«, die in den Augen der betroffenen Kinder besonders ungerecht zu ihnen waren. In meiner Praxis habe ich viele hypoaktive Kinder erlebt, die mir aus diesem Grund vorgestellt wurden. Sie nahmen denjenigen Personen etwas weg, von denen sie seit Jahren glaubten »schikaniert« zu werden. Dafür sprach, dass sie nur diesen Personen ungeplant und aus einer Gelegenheit heraus etwas wegnahmen, niemals jedoch Personen, zu denen sie ein gutes Verhältnis hatten.

> **Jessica, ein Beispiel für pathologisches Stehlen bei einem hypoaktiven Kind**
>
> Jessica, eine zwölfjährige Realschülerin mit guten Schulleistungen, wurde mir vorgestellt, da sie nach der Schule immer wieder im gleichen Kaufhaus kleine Spielsachen, Schokolade oder Überraschungseier entwendete und damit »Schande« über ihre angesehene Familie brachte. Sie bekam schon reichlich Taschengeld, damit sie diese »Klauereien« nicht nötig hatte. Sie versicherte immer wieder, es nicht mehr zu tun. War dann aber immer selbst so enttäuscht und verzweifelt, wenn sie es doch wieder tun »musste«. Einmal von der Polizei zur Rede gestellt, drohte sie sich umzubringen, wenn ihre Familie davon etwas erfahren würde.
> Die Ursache für Jessicas Stehlen war eine seit Jahren schwere psychische Beeinträchtigung durch ein ADS ohne Hyperaktivität mit Versagensängsten, Selbstwertproblematik und großer Unzufriedenheit mit sich selbst. Aber niemand ahnte es. War sie doch sowohl im Verhalten als auch im Leistungsbereich in der Schule durch ihre sehr gute Intelligenz bisher nicht wesentlich aufgefallen. Gelegentlich war sie von ihren schriftlichen Noten so enttäuscht, dass sie weinte. Sie galt bei den Lehrern als überfordert und bei den Mitschülern als »Mimose« und wurde ausgelacht.
> Jessica berichtete, dass sie schon am Morgen wusste, wenn gewisse schulische Belastungen wie ein Diktat oder eine Mathematikarbeit anstanden, dass sie nach der Schule wieder im gleichen Supermarkt irgendetwas entwenden würde, ob sie wollte oder nicht. Sie hatte richtig Angst davor.
> Ihren Zwang zum Stehlen erzählte sie ihrer Mutter, die das aber überhaupt nicht verstehen konnte und mit immer größerer Bestrafung drohte.
> Mithilfe einer verhaltenstherapeutischen und medikamentösen Behandlung verschwanden Jessicas Zwangshandlungen und Selbstzweifel. Sie konnte ihr Verhalten wieder steuern.

Selbstwertkrisen

Selbstwertkrisen sind die Folge eines mangelnden Selbstbewusstseins, wozu jedes schwere und unbehandelte ADS führen kann. Das Selbstbewusstsein eines jeden Menschen wird im Wesentlichen in der Kindheit geprägt, wobei ein besonders wichtiger Zeitraum der des achten bis elften Lebensjahres ist.

In der Schule und somit in der Gemeinschaft erfährt jedes Kind, dass es in der Lage ist, neue Fertigkeiten durch Lernen und Üben zu erwerben. Aber gerade ein hypoaktives Kind erfährt immer wieder, dass es etwas *nicht* kann, auch nicht, wenn es regelmäßig übt. Hier stößt es an Grenzen, die es selbst nicht begreift und die andere ebenfalls häufig nicht nachvollziehen können. Es entwickelt ein mangelndes

Selbstbewusstsein, das zu einer unsicheren, umweltabhängigen, ich-bezogenen Einstellung mit erhöhter Verletzlichkeit führt.

Geringes Selbstbewusstsein, unzulängliche Entscheidungsfähigkeit, Ängstlichkeit und unangepasstes Durchsetzungsvermögen sind dann weitere Folgen. Dieses geringe Selbstwertgefühl bildet die Grundlage für Handlungen, die Kinder begehen, um sich Freundschaften zu erkaufen. Da intelligente hypoaktive Kinder im Allgemeinen einen sehr starken Willen haben, fällt es ihnen leicht, ihre innere Unsicherheit durch einen energischen Machtkampf nach außen zu kompensieren. »Gekämpft« wird hierbei um Dinge, die mehr Anerkennung und Zuwendung bringen. Ein solcher Machtkampf über das Essen ausgetragen, kann schließlich der Ausgangspunkt für eine spätere Essstörung sein. Hier wird oft das »Nichtessen« als Waffe eingesetzt, um mehr Zuwendung zu erreichen oder durch das mögliche Erreichen selbst gestellter Ziele sein Selbstwertgefühl zu verbessern.

Depressionen

Als man das ADS ohne Hyperaktivität noch nicht kannte wurden viele antriebsarme und hypoaktive Kinder für depressiv gehalten. Nach der Statistik haben 17-30 % aller Erwachsenen mit ADS eine Depression. Der Übergang vom ADS zur Depression geschieht fließend. Wobei Serotoninmangel, negativer Dauerstress und psychische Labilität von ursächlicher Bedeutung sind. Bei zu großer psychischer Belastung und entsprechender Veranlagung sind Kinder und Jugendliche mit ADS ohne Hyperaktivität besonders gefährdet eine Depression zu bekommen. Deshalb sind folgende Symptome zu beachten, die für eine Depression sprechen:

- kontinuierliche, über mehrere Wochen oder Monate anhaltende traurige Grundstimmung
- grundloses Weinen
- Gefühl der inneren Unruhe
- Unfähigkeit, Freude zu empfinden und glücklich zu sein
- schneller Stimmungswechsel
- Anhaltende Müdigkeit, Appetit- und Schlafstörungen
- große Gleichgültigkeit in allen Dingen
- Verminderte Konzentration und Daueraufmerksamkeit
- ein ständiges Gefühl der Mattigkeit und Kraftlosigkeit mit fehlendem Antrieb
- Versagensängste
- Verlust jeglicher Interessen
- Rückzug mit dem Gefühl von Wertlosigkeit und Schuld
- keine Zukunftspläne, Suizidgedanken

Die Behandlung von Kindern und Jugendlichen mit ADS und Depression erfordert eine Gabe von Antidepressiva, Stimulanzien allein reichen dabei nicht.

Psychosomatische Beschwerden sind Reaktionen des Körpers auf schwere und länger andauernde seelische und/oder soziale Belastungen. Eine primäre organische Erkrankung liegt also nicht vor. Oft ist der Schmerz das einzige Symptom. Schulkinder und Jugendliche sind davon besonders häufig betroffen.

Die psychosomatischen Beschwerden werden als eine intra-psychische Störung (innere Verarbeitung einer seelischen Beeinträchtigung) angesehen, wobei das Familienklima, die persönliche Empfindlichkeit und die Fähigkeit, Stress zu verarbeiten und die soziale Belastung abzubauen, für deren Entstehung wesentlich sind. Die psychosomatischen Beschwerden sind also multifaktoriell bedingt und auch als solche zu behandeln.

Essstörungen

Sie umfassen Magersucht, Bulimie und Übergewicht durch stressbedingtes Frustessen, die sog. Binge-Eating-Störung. Sie entstehen vorwiegend unter psychischer Belastung, wenn im Vorfeld Selbstwertprobleme und erhöhte Stressempfindlichkeit bestanden. Verhindert Stress das Hungergefühl gelingt es den Betroffenen erfolgreicher abzunehmen, um dadurch Anerkennung zu erreichen.

Erzeugt Stress dagegen Heißhunger, wird zu viel Nahrung aufgenommen. Um Übergewicht zu vermeiden, wird erbrochen, was sich bei ständiger Wiederholung automatisieren kann und zur Bulimie wird.

Wenn Essen innerlich beruhigt, besteht bei Menschen mit innerer Unruhe die Tendenz, eine Esssucht zu entwickeln, weil Essen ihr Belohnungssystem aktiviert.

(Den Zusammenhang von ADS und Essstörungen, wie er sich in der Praxis zeigte, habe ich in meinem Buch »Essstörungen und Persönlichkeit-Magersucht, Bulimie und Übergewicht, Warum Essen und Hungern zur Sucht wird« ausführlich beschrieben.)

Einnässen und Einkoten

Angesichts der überdurchschnittlichen psychischen Belastung hypoaktiver Kinder verwundert es nicht, dass diese auch vermehrt einnässen. Dass ADS-Kinder mehr als andere gesunde Kinder tagsüber einnässen und darunter sehr leiden, fällt auf. Oft werden sie aus diesem Grund in einer kinder- und jugendpsychiatrischen Praxis vorgestellt. Inzwischen weiß man, dass ADS-Kinder häufig einen imperativen Harndrang haben. Sie müssen ganz plötzlich dringend zur Toilette und können den Urin kaum noch halten. Beim Herunterziehen der Hose entleert sich dann regelmäßig schon ein Teil der Blasenfüllung.

11 Was sind die Folgen einer unzureichenden oder fehlenden Behandlung

Auch bei körperlicher Anstrengung und Aufregung kommt es zum spontanen Urinabgang. Manche ADS-Kinder müssen andauernd zur Toilette, da sie immerzu einen Harndrang haben. Das betrifft sowohl hyper- als auch hypoaktive Kinder.

Diese gestörte Harnentleerung mag neurobiologisch und psychisch bedingt sein. Unter der Behandlung, die eine psychische Stabilisierung des ADS-Kindes zur Folge hat, bessert sich die Symptomatik.

Das Einkoten beim ADS-Kind ist Folge eines sog. Überlaufens. Die Kinder halten an, weil sie aus vielerlei Gründen nicht bei Stuhldrang zur Toilette gehen. Sie nehmen sich dafür keine Zeit. Dadurch kommt es zur Überdehnung des Enddarms mit »etwa bohnengroßen« Stuhlentleerungen im Sinne eines Überlaufens. Mit regelmäßigem Toilettentraining, festen Zeiten und leicht abführender Kost bei gleichzeitiger psychischer Stabilisierung und sozialer Zuwendung verschwand das Einkoten mit der ADS-Verhaltenstherapie allmählich.

12 Therapiebegleitende Maßnahmen

> Sinnvoll und wichtig sind alle diejenigen therapiebegleitenden Maßnahmen, die dem hypoaktiven Kind zu einer guten sozialen Eingliederung verhelfen, ihm Erfolge und Lob einbringen, in ihm ein positives Selbstwertgefühl bewirken und ihm helfen, seine Defizite zu beseitigen. Alle auch noch so guten therapeutischen Maßnahmen können jedoch keine Erziehung und keine Beschäftigung der Eltern mit ihrem Kind und dessen Problemen ersetzen. *Therapiebegleitend* sind sie nur ein Baustein im gesamten Therapiekonzept. Sie sollten individuell und gezielt eingesetzt werden, aber nicht als Ersatz für die eigentlichen Kernpunkte der ADS-Therapie beim hypoaktiven Kind (▶ Kap. 8). Die Frage nach alternativen Behandlungsmethoden ist in der Praxis seltener geworden. Bei einer Unterfunktion unterschiedlicher Bereiche im Gehirn können sie nur vorübergehend einen Placebo-Effekt auslösen, der einzelne Symptome betrifft. Getragen vom Glauben an ihre Wirksamkeit. Bei ausgeprägter ADS-Symptomatik gibt es zur Stimulanzientherapie keine besseren Alternativen.

Wichtige therapiebegleitende Maßnahmen sind:

Ergotherapie

Gezielt eingesetzt, leistet die Ergotherapie wertvolle unverzichtbare Dienste. Sie kann die ärztliche Behandlung wesentlich unterstützen und Defizite des hypoaktiven Kindes abbauen. Sie kann dazu beitragen, Selbstvertrauen aufzubauen in Bezug auf: Fein- und Grobmotorik, Konzentration und Daueraufmerksamkeit, Körperkoordination und Schnelligkeit, Selbstständigkeit, angepasstes Sozialverhalten, Steigerung des Selbstbewusstseins u. a. Zur Behandlung von Defiziten in der Wahrnehmung sollte die Ergotherapie frühzeitig, am besten schon vor der Einschulung eingesetzt werden. Alle ADS-Kinder haben mehr oder weniger eine Beeinträchtigungen ihrer Sensomotorik. Aber nicht in jedem Fall ist eine Ergotherapie erforderlich. Sie ist immer eine ärztlich verordnete Maßnahme mit konkretem Auftrag und genauer Zielvorgabe nach gründlicher Diagnostik. Sie erfordert Kenntnisse über die ADS-Problematik von Seiten des Ergotherapeuten. Sie kann nicht ein häusliches, möglichst spielerisches, aber regelmäßiges Üben der Eltern mit ihrem Kind ersetzen.

Logopädie

Hypoaktive Kinder haben oft eine verzögerte Sprachentwicklung, eine gestörte Mundmotorik und eine Atemrhythmusstörung. Nicht selten ist ihre Sprache undeutlich, Endungen werden verschluckt oder Buchstaben ganz und gar anders gesprochen. So ist neben einer Ergotherapie nicht selten ebenfalls eine Sprachtherapie erforderlich, vor allem dann, wenn hypoaktive Kinder stammeln oder stottern. Ein Frühzeichen für ADS ist das zu starke und lang andauernde Sabbern und der stets offene Mund der Kleinkinder.

In der logopädischen Behandlung ist die Mitarbeit der Eltern unumgänglich. Dazu müssen sie fachlich gut angeleitet werden. Üben Eltern und Kinder sodann zuhause, erleben sie beide die Freude, gemeinsam Fortschritte erreicht zu haben. Die wirkt sich positiv auf ihre Beziehung aus.

Sport und Bewegungstherapie

Sport und Bewegungstherapie bilden zwei wichtige Bestandteile der Behandlung. ADS-Kinder sollten in Sportvereinen aktiv tätig sein. Als häufig ausgezeichnete Sportler können sie dort durch gute Leistungen ihr Selbstwertgefühl steigern. Das Training der Grobmotorik, der Schnelligkeit und der Körperkoordination ist für die körperliche und geistige Entwicklung der hypoaktiven Kinder sehr wichtig. Sie sollten so früh wie möglich regelmäßig und im Verein Sport treiben. ADS-Kinder sollten dabei nicht ausgegliedert werden, ihre sportliche Betätigung im Rahmen eines Behindertensports ist nur in Ausnahmefällen vorübergehend zu akzeptieren. Sie sollten sich vielmehr mit seelisch und körperlich gesunden Kindern messen und sich bemühen, ihr Verhalten auf allen Gebieten diesen anzupassen.

Am wichtigsten für die körperliche Betätigung hypoaktiver Kinder ist ihre gute Eingliederung in die Familie und den Freundeskreis. Der gemeinsame Sonntagsausflug, die Radtour mit Freunden oder der Familie, der Spielnachmittag mit den Eltern oder gleichaltrigen Freunden, die gemeinsamen Besuche des Schwimmbades, regelmäßiges Fußball-, Tischtennis- und Federballspielen oder Wandern sollten beispielsweise ein fester Bestandteil im Wochenplan der Familie sein.

Neurobiofeedback

Neurobiofeedback bedeutet die Veränderung der eigenen Gehirnwellen zum Erreichen einer als angenehm empfundenen Entspannung, die im Körper ein Gefühl des Wohlbefindens auslöst. Dieser Vorgang kann im Elektroenzephalogramm (EEG) bildlich dargestellt werden. Dem gleichen Ziel dienen die bereits oben genannten Entspannungsübungen, nur soll der Effekt beim Neurobiofeedback ein viel größerer sein.

> Für das Neurobiofeedback wird in der Praxis ein spezielles EEG-Gerät mit Computeranschluss benötigt. Bei tiefer Entspannung sollen die für das ADS typischen und störenden Theta-Wellen in Alpha-Wellen umgewandelt werden. Alpha-Wellen im EEG weisen auf einen entspannten Zustand hin, bei dem ausreichend Botenstoffe (Neurotransmitter) gebildet werden (▶ Kap. 6).

Gezielt wird das Neurobiofeedback-Verfahren bei ADS-Patienten besonders in Amerika angewandt.

Dieses Verfahren wird von einigen Wissenschaftlern sogar als mögliche Alternative zur medikamentösen Therapie bei einigen ADS-Patienten propagiert. Man sollte aber wissen, dass ca. 50 Sitzungen erforderlich sind, die ständig wiederholt werden müssen, um die AD(H)S-Symptomatik zu beeinflussen.

Beim Neurofeedback wird die Aufmerksamkeit über visuelle Computerbilder unter EEG-Kontrolle trainiert. Die Betroffenen sollen erlernen, ihre Gehirnwellen bewusst zu regulieren. Diese Methode ist sehr zeitaufwendig, teuer und erfordert viel Motivation. Neurofeedback ist als therapiebegleitende Maßnahme geeignet, allein überzeugt seine Wirkung auf Dauer nicht und ersetzt keine Therapie mit Stimulanzien bei ausgeprägter ADS-Symptomatik.

Therapiebegleitende Maßnahmen sind sehr wichtig, sie müssen aber begleitenden Charakter behalten und dürfen bei einem ausgeprägten ADS-Syndrom nicht dazu führen, dass wichtige Behandlungszeit verschenkt wird. »Zeit« bedeutet bei hypoaktiven Kindergarten- und Schulkindern immer wichtige Entwicklungsphasen, die nur schwer oder gar nicht nachgeholt werden können. Deshalb kann es für hypoaktive Kinder neben der Lern- und Verhaltenstherapie und der medikamentösen Behandlung keine sog. »alternativen« Therapien geben, ohne dass wertvolle Zeit vergeudet wird.

Ausblick

In den letzten Jahren hat sich sowohl in der Diagnostik als auch in der Therapie des Aufmerksamkeits-Defizit-Syndroms ohne Hyperaktivität sehr viel geändert. Die wissenschaftliche Forschung erbrachte viele neurobiologische Erkenntnisse, die zunehmend in die Praxis Einzug halten, wie die aktuelle Bezeichnung: ADS vom unaufmerksamen Typ für ein ADS ohne Hyperaktivität. Damit stehen nicht mehr Verhaltensauffälligkeiten im Vordergrund, sondern Schwierigkeiten beim Lernen. Es gilt die besondere Art der neuronalen Vernetzung therapeutisch zu beeinflussen. Dazu ist eine kontinuierliche, ganztägige, multimodale Therapie erforderlich, verbunden mit speziellen lern- und verhaltenstherapeutischen Strategien. Wie mit dieser Therapie langfristige Erfolge zu erzielen sind, habe ich in diesem Buch beschrieben. Dabei geht es nicht nur um die Beseitigung einzelner Symptome, sondern Selbstwertgefühl und Sozialverhalten auf Dauer zu verbessern, um einer lebenslangen psychischen Beeinträchtigung vorzubeugen. Das gelingt nicht ohne die Mitarbeit der Betroffenen, deren Praktizieren eines Selbstmanagements und der Anleitung der Eltern als Coach.

Heute bedeutet die Therapie des ADS: Sein eigenes Denken und Handeln begreifen, sein soziales Umfeld realistisch wahrnehmen, von seinen Stärken profitieren können, seine Schwachstellen bewusst minimieren, selbst gestellte Ziele erreichen, Erfolge und Anerkennung genießen, um mit sich zufrieden zu sein. Eine solche Therapie ist möglich, wenn sie früh genug beginnt und konsequent durchgezogen wird. Dann sollte es in ferner Zukunft nicht mehr nötig sein, AD(H)S als Behinderung einzustufen. Kinder mit AD(H)S benötigen frühzeitig eine altersentsprechende therapiebegleitende Förderung. Das erfordert Therapeuten mit neurobiologischen und entwicklungspsychologischen Kenntnissen. Dann erst wird auch mit Sicherheit immer häufiger an einen möglichen Zusammenhang von ADS und Leserechtschreib- und Rechenschwäche gedacht.

Für alle hypoaktiven Kinder sowie ihren Eltern, Lehrern und Betroffenen habe ich dieses Buch geschrieben. Ich möchte allen Betroffenen Hoffnung und Mut machen, sich auf eine Diagnostik und Therapie einzulassen, die ihnen vielleicht erstmals einen erfolgreichen Weg aufzeigt.

Ein mühsamer Weg aus einem Teufelskreis, der ohne eine solche Therapie zumeist über die Schulzeit hinaus bestehen bleibt und manchen Erwachsenen ein Leben lang daran hindert, seine Persönlichkeit mit all ihren Fähigkeiten voll zu entfalten. Viele von ihnen drohen aufzugeben, zu resignieren. Ihnen möchte ich Mut machen.

Kinder erzählen von ihrer Behandlung

Ein 11-jähriger Junge berichtet: »Früher habe ich im Unterricht nur immer ›bla-bla-bla‹ verstanden; wurde ich aufgerufen, wusste ich nicht, was gerade gefragt war. Manchmal bekam ich richtig vorgesagt, das war meine Rettung. Aber einige Mitschüler machten sich einen Spaß daraus und sagten mir etwas vor, was gar nicht gefragt war, dann lachten mich alle aus. Ich nahm mir vor, besser aufzupassen, das gelang nur eine kleine Weile. Jetzt, nach der Behandlung, kann ich dem Unterricht folgen, ohne mich groß anzustrengen, und ich verstehe auch alles. Die Stunden sind auf einmal nicht mehr so langweilig.«

Ein 12-jähriges Mädchen berichtet: »Wenn ich die Tablette genommen habe, merke ich nach einer Weile, wie mein Gehirn ›einrastet‹. Dann bekomme ich alles viel besser mit und kann mehr nachdenken. Ich überprüfe mehr, bevor ich etwas tue oder sage, das gibt mir Sicherheit, die ich vorher nicht kannte.«

Ein 14-jähriges Mädchen berichtet: »Wenn die Tablette zu wirken beginnt, fällt es wie ein Schleier von meinem Gesicht, ich sehe und höre alles viel deutlicher und kann mir auch viel mehr merken. Wenn ich jetzt etwas lese, behalte ich das auch. Früher habe ich Seiten von Büchern gelesen, mir aber nie deren Inhalt merken können.«

Ein 10-jähriger Junge berichtet: »In der Schule beim Mannschaftsspiel war ich immer der letzte, der für die Mannschaft aufgerufen wurde. Es hieß immer, wer mich bekommt, der verliert. Ich empfand mich selbst als schwerfällig; ehe ich reagierte, war schon alles gelaufen. Ich hasste deshalb Sport. Jetzt nach der Behandlung bin ich viel schneller mit meinen Reaktionen. Ich werde auch fast immer als erster in die Mannschaft gewählt. Nun sagen meine Klassenkameraden sogar manchmal, wer mich bekommt, der gewinnt.«

Literatur für Eltern und Therapeuten

Aust-Claus E, Hammer PM (2005) Das ADS-Buch, Neue Konzentrationshilfen für Zappelphilippe und Träumer. Oberstebrink, Ratingen
Barkley RA (1998) Attention deficit hyperactivity disorder. A handbook for diagnosis and treatment. 2. Auflage. Guilford, New York
Born A, Oehler Cl (2011) »Gemeinsam wachsen« – der Elternratgeber ADHS. Verhaltensprobleme in Familie und Schule erfolgreich meistern. Kohlhammer, Stuttgart
Born A, Oehler Cl (2012) Lernen mit ADS-Kindern. Ein Praxishandbuch für Eltern, Lehrer und Therapeuten. 9. Auflage. Kohlhammer, Stuttgart
Breuer H, Weuffen M (2006) Lernschwierigkeiten am Schulanfang, Schuleingangs-diagnostik zur Früherkennung und Frühförderung. 7. Auflage. Beltz, Weinheim
Döpfner M, Frölich J, Lehmkuhl G (2000) Leitfaden Kinder- und Jugendpsychotherapie, Bd.1, Hyperkinetische Störungen. 1. Auflage. Hogrefe, Göttingen
Döpfner M, Frölich J, Metternich TW (2007) Ratgeber ADHS: Informationen für Betroffene, Eltern, Lehrer und Erzieher zu Aufmerksamkeitsdefizit-/Hyperaktivitätsstörungen. 2. Auflage. Hogrefe, Göttingen
Döpfner M, Schürmann S, Frölich J (2007) Therapieprogramm für Kinder mit hyperkinetischem und oppositionellem Problemverhalten THOP: Materialien für die klinische Praxis. 4. Auflage. Beltz, Weinheim
Ehmann H (1995) Ist mein Kind Legastheniker? Ein Ratgeber zur Lese- und Rechtschreibschwäche, Beck, München
Fitzner, T, Stark H-W (Hrsg.) (2002) ADS: verstehen – akzeptieren – helfen. Das Aufmerksamkeitsdefizitsyndrom mit und ohne Hyperaktivität. Beltz, Weinheim
Goleman D (1997) Emotionale Intelligenz. Deutscher Taschenbuch Verlag, München
Hallowell E, Ratey J (1998) Zwanghaft zerstreut. ADD – Die Unfähigkeit, aufmerksam zu sein. Rowohlt, Reinbek
Hartmann T (2009) Eine andere Art die Welt zu sehen. ADD – Eine praktische Lebenshilfe für aufmerksamkeitsgestörte Kinder und Jugendliche. 12. Auflage. Schmidt-Römhild, Lübeck
Kiphard, E J (1983) Motopädagogik. Verlag Modernes Lernen, Dortmund Klasen E (1971) Das Syndrom der Legasthenie. Huber, Bern
Knölker U (2001) Aufmerksamkeitsdefizit/Hyperaktivitätsstörungen (ADHS) Fakten und Legenden, Probleme und Lösungen. Bremen, Unimed
Krause J, Krause K-H (2009) ADHS im Erwachsenenalter: Die Aufmerksamkeitsdefizit/Hyperaktivitätsstörung bei Erwachsenen. 3. Auflage. Schattauer, Stuttgart
Neuhaus C (2002) Das hyperaktive Kind und seine Probleme. 11. Auflage. Urania, Freiburg
Neuhaus C (2007) Hyperaktive Jugendliche und ihre Probleme. Erwachsen werden mit ADS. Was Eltern tun können. 7. Auflage. Urania, Freiburg
Neuhaus C (2003) Das hyperaktive Baby und Kleinkind. Symptome deuten – Lösungen finden. Berlin, Urania
Neuhaus C (2012) ADHS bei Kindern, Jugendlichen und Erwachsenen. Symptome, Ursachen, Diagnose und Behandlung. Reihe Rat & Hilfe. 3. Auflage. Kohlhammer, Stuttgart
Neuhaus C u. a. (2009) Neuropsychotherapie der ADHS. Das Elterntraining für Kinder und Jugendliche (ETKJ ADHS) unter Berücksichtigung des selbst betroffenen Elternteils. Kohlhammer, Stuttgart
Ohlmeier MD, Roy M (Hrsg.) (2012) ADHS bei Erwachsenen – ein Leben in Extremen. Ein Praxisbuch für Therapeuten und Betroffene. Kohlhammer, Stuttgart

Simchen H (2005) Kinder und Jugendliche mit Hochbegabung. Erkennen, stärken, fördern – damit Begabung zum Erfolg führt. Kohlhammer, Stuttgart

Simchen H (2010) Die vielen Gesichter des ADS. Begleit- und Folgeerkrankungen richtig erkennen und behandeln. 3. Auflage. Kohlhammer, Stuttgart

Simchen H (2008) Verunsichert, ängstlich, aggressiv. Verhaltensstörungen bei Kindern und Jugendlichen – Ursachen und Folgen. Kohlhammer, Stuttgart

Solden S (2001) Die Chaos-Prinzessin – Frauen zwischen Talent und Misserfolg. Bundesverband der Eltern zur Förderung hypoaktiver Kinder e.V.

Steinhausen H-C (2006) Psychische Störungen bei Kindern und Jugendlichen. Lehrbuch der Kinder- und Jugendpsychiatrie. 6. Auflage. Elsevier, München

Steinhausen H-Ch, Rothenberger A, Döpfner M (2009), Handbuch ADHS. Grundlagen, Klinik, Therapie und Verlauf der Aufmerksamkeitsdefizit-Hyperaktivitätsstörung. Kohlhammer, Stuttgart

Sternberg RJ (1999) Erfolgsintelligenz. Warum wir mehr brauchen als IQ und EQ. Lichtenberg, München

Suchodoletz W v. (Hrsg.) (2006) Therapie der Lese-Rechtschreib-Störung (LRS). Traditionelle und alternative Behandlungsmethoden im Überblick. 2. Auflage. Kohlhammer, Stuttgart

Suchodoletz W v (2007) Lese-Rechtschreib-Störung (LRS) – Fragen und Antworten. Eine Orientierungshilfe für Betroffene, Eltern und Lehrer. Reihe Rat & Hilfe. Kohlhammer, Stuttgart

Trott GE (1993) Das hyperkinetische Syndrom und seine medikamentöse Behandlung. Ambrosius Barth, Leipzig, Heidelberg

Voss VH (2002) Unaufmerksam und hyperaktiv. Sozialpädiatrie aktuell. Bd. 2 Kirchheim

Wender PH (2002) Aufmerksamkeits- und Aktivitätsstörungen bei Kindern, Jugendlichen und Erwachsenen. Ein Ratgeber für Betroffene und Helfer. Mit einem Vorwort von G-E Trott. Aus dem Englischen von F Badura. Kohlhammer, Stuttgart

Hilfreiche (Internet-)Adressen

ADHS Deutschland e.V., Selbsthilfe für Menschen mit ADHS
Poschingerstraße 16, 12157 Berlin
www.adhs-deutschland.de

zentrales adhs-netz (Universitätsklinikum Köln)
www.zentrales-adhs-netz.de
www.adhs.info
E-Mail: zentrales-adhs-netz@uk-koeln.de

ADAPT – Arbeitsgruppe zur Förderung von Personen mit AD/HS und Teilleistungsschwächen
Hardtg. 19, A-1190 Wien www.adapt.at

Elternselbsthilfe »ADS/Hyperaktivität« Frankfurt/Main
ax: 069/791212732
www.ads-hyperaktivitaet.de

Juvemus, Vereinigung zur Förderung von Kindern mit Teilleistungsschwächen (MCD) e.V.
Brückenstr. 25, 56220 Kronitz
www.juvemus.de

ADD – Online
(Informationsdienst erstellt von Pierro Rossi und Martin Winkler)
www.psychologie-online.ch

Verein zur Förderung wahrnehmungsgestörter Kinder e. V.
Ben-Gurion-Ring 161, 60437 Frankfurt/M.
www.wahrnehmungsstoerung.com

Schweizerische Fachgesellschaft SFG ADHS
Schulweg 2, 2562 Port
www.sfg-adhs.ch, info@sfg-adhs.ch

Schweizerische Info- und Beratungsstelle für Erwachsene ADHS 20+
Bahnhofstr. 15, 5600 Lenzburg
info@adhs20plus.ch

Mein Verhaltenstagebuch*

Eine Hilfe für Kinder und Jugendliche
zum alltäglichen Umgang mit
ADS mit Hyper- oder Hypoaktivität

Anhang zum Werk:
Helga Simchen: ADS. Unkonzentriert, verträumt,
zu langsam und viele Fehler im Diktat.
Hilfen für das hypoaktive Kind.
W. Kohlhammer Verlag, Stuttgart
8. Auflage 2012

* Dieses Verhaltenstagebuch darf gerne fotomechanisch entnommen werden.

Mein Verhaltenstagebuch

1. Was heißt ADS?
2. Warum habe gerade ich ADS und was bedeutet das?
3. ADS-Kinder haben auch Vorteile
4. Was finde ich gut an mir?
5. Wie kann ich mich ändern?
6. Was möchte ich ändern?
7. So teile ich meinen Tag ein
8. Was will ich in dieser Woche alles erreichen?
9. Mein Platz in der Familie
10. Was ist durch die Behandlung besser geworden?

Name: _____

1. Was heißt ADS?

ADS ist die Abkürzung von **A**ufmerksamkeits-**D**efizit-**S**yndrom.

ADS heißt, einen Mangel an Daueraufmerksamkeit zu haben. Dir fällt es schwer, dich über längere Zeit auf etwas zu konzentrieren, was nicht mehr interessant genug ist. Dir ist langweilig. Dann wirst du unruhig, kannst nicht mehr richtig zuhören, bekommst nur noch wenig mit. Auch wenn du aufpassen möchtest, gelingt es dir nicht. Du beginnst dich selbst zu beschäftigen und bist mit deinen Gedanken ganz wo anders, du träumst. Viele Kinder merken, wenn sie sich bewegen, können sie aufmerksamer sein. Sie brauchen also diese Unruhe, um sich besser konzentrieren zu können. Sie müssen »zappeln« oder mit dem Stuhl kippeln, sie können nicht anders.

2. Warum habe gerade ich ADS und was bedeutet das?

Die Anlage zum ADS wird vererbt, was nicht immer nur nachteilig sein muss. Viele können damit gut umgehen und müssen nicht darunter leiden. Nur **die** Kinder brauchen Hilfe, die es nicht schaffen, sich zu ändern und dadurch benachteiligt sind. Diese Kinder merken, dass sie anders sind. Sie können sich und die Reaktion ihrer Umwelt nicht verstehen. Dabei leidet ihr Selbstwertgefühl, sie sind innerlich verunsichert und werden, wenn niemand ihnen hilft, aggressiv oder ängstlich. Sie glauben schließlich, dass keiner sie lieb hat. Denn sie haben außer ihrem Problem mit der gestörten Daueraufmerksamkeit auch noch folgende Probleme:

- das genaue Hinhören und das Behalten von wichtigen Dingen fällt ihnen schwer, sie vergessen viel.
- sie regen sich schnell auf und sind sehr empfindlich, reagieren zu stark und können sich nur schlecht beruhigen.
- sie müssen sich ständig bewegen, sie sind hyperaktiv, sie müssen immer reden oder alles anfassen.
- sie haben eine undeutliche Schrift und können Linien schlecht einhalten.
- unter Stress geht bei ihnen gar nichts mehr.
- sie sind in allem zu langsam und träumen vor sich hin (hypoaktiv).

Das sind einige wichtige Erscheinungen, die einem Kind mit ADS manchmal schwer zu schaffen machen.

3. ADS-Kinder haben auch Vorteile!

- Sie haben eine gute Beobachtungsgabe, wenn sie aufpassen.
- Sie können schnell reagieren und kombinieren, wenn sie bei der Sache sind.
- Sie durchschauen einen anderen Menschen ganz genau und merken sofort, ob er es ehrlich meint.
- Sie haben einen ausgesprochen starken Gerechtigkeitssinn und setzen sich sofort für andere ein, denen Unrecht geschieht.
- Sie spüren, wenn jemand Hilfe braucht.
- Sie sind sehr kreativ und haben immer wieder neue Ideen. Sind sie von einer Sache begeistert, zeigen sie großen Einsatz, ohne sich selbst zu schonen.
- Sie können sich körperlich sehr einsetzen und, wenn sie wollen, sehr viel arbeiten.
- Sie haben für etwas einmal bewusst aufgenommenes ein »Bombengedächtnis«; besonders negative Erlebnisse werden nicht wieder vergessen.
- Sie sind klug und wissen das auch. Nur ihr Wissen können sie bei schriftlichen Arbeiten in der Schule oft nicht beweisen.

4. Was finde ich gut an mir?

5. Wie kann ich mich ändern?

Du musst dich informieren: W-W-W

- Was ist mit mir los?
- Wer kann mir helfen?
- Wie sieht diese Hilfe aus?
- Du musst deine Stärken kennen und einen festen Willen haben, dich ändern zu wollen.
- Du brauchst Eltern, die dich verstehen und dir helfen.
- Du brauchst Lehrer, die das Problem ADS kennen und dir helfen, einiges zu ändern.
- Du brauchst Geschwister, die deine Bemühungen unterstützen.
- Du brauchst einen Therapeuten, mit dem du die einzelnen Schritte erarbeitest.
- Du brauchst einen Plan, nachdem du dich richtest, denn alles auf einmal geht nicht.

Es ist zu schaffen, du musst nur wollen! Du bist die Hauptperson, ohne deine Mitarbeit geht gar nichts!

6. Was möchte ich ändern?

7. So teile ich meinen Tag ein

6 bis 7 Uhr	
7 bis 8 Uhr	
8 bis 9 Uhr	
9 bis 10 Uhr	
10 bis 11 Uhr	
11 bis 12 Uhr	
12 bis 13 Uhr	

13 bis 14 Uhr	
14 bis 15 Uhr	
15 bis 16 Uhr	
16 bis 17 Uhr	
17 bis 18 Uhr	
18 bis 19 Uhr	
19 bis 20 Uhr	
20 bis 21 Uhr	

Meine Regeln zum Tagesablauf

Eine Hilfe, um meinen Alltag zu meistern

1. Wenn ich morgens geweckt werde, stehe ich rasch auf.
2. Ich gehe ins Bad, dann ziehe ich mich an ohne zu trödeln.
3. Ohne zu motzen komme ich zum Frühstück und esse auch etwas.
4. Ich gehe zeitig aus dem Haus, ohne dass ich vorher noch spiele oder lese.
5. Nach der Schule esse ich Mittagbrot und bereite meine Hausaufgaben vor.
6. Meine Hausaufgaben mache ich pünktlich und zügig in der dafür vorgesehenen Zeit, ohne mich zwischendurch mit etwas anderem zu beschäftigen.
7. Wenn ich glaube, eine Aufgabe nicht lösen zu können, denke ich in Ruhe nach und versuche, erst einmal selbst eine Lösung zu finden, ehe ich fragen gehe.
8. Ich schreie nicht herum und werde nicht gleich wütend, wenn etwas nicht sofort klappt. Hausaufgaben müssen sein.
9. Erst wenn die Hausaufgaben auf Richtigkeit und Vollständigkeit kontrolliert sind, darf ich spielen gehen. Wenn nötig, verbessere ich sie vorher noch.
10. Meine Freunde wissen, dass sie mich während der Hausaufgabenzeit nicht anrufen oder stören dürfen.
11. Manchmal muss ich nach den Hausaufgaben noch etwas für die Schule üben, dies wird genau mit meinen Eltern abgesprochen und zeitlich festgelegt.
12. Am Abend komme ich nicht zu spät und nach Absprache mit meinen Eltern pünktlich nach Hause.
13. Nach dem Abendbrot putze ich meine Zähne und packe sorgfältig meinen Schulranzen.
14. Ich überdenke abends noch einmal den Tag und überlege, was morgen alles zu erledigen ist.
15. Zu einer vereinbarten Zeit liege ich im Bett, ohne dass ich unnötige Gründe suche, mein Zimmer zu verlassen. Alles Notwendige erledige ich vorher.

8. Was will ich in dieser Woche alles erreichen?

Mein **Arbeitsplan** für die Woche vom _____ bis _____

Was will ich in dieser Woche alles erreichen?

	Erstens:	Zweitens:	Drittens:
	....	....	....
	....	....	....
	....	....	....
	....	....	....
Kontrolle	ja nein	ja nein	ja nein
Montag			
Dienstag			
Mittwoch			
Donnerstag			
Freitag			
Samstag			
Sonntag			

Wie war ich mit mir zufrieden?
☐ gar nicht
☐ muss noch besser werden
☐ bin zufrieden
☐ bin stolz auf mich

Was war besonders gut?

_____

_____

_____

Was war besonders schlecht?

_____

_____

_____

9. Mein Platz in der Familie

- In der Familie habe ich Pflichten und Rechte. Diese Pflichten und Rechte werden gemeinsam im Familienrat festgelegt und dann auch von allen Familienmitgliedern eingehalten.

  Meine Pflichten sind:

  − _____

  − _____

  − _____

- In der Familie habe ich einen eigenen Wohnbereich, den ich in Ordnung halte.
- Wenn ich Ärger oder Wut habe, so bespreche ich das ganz ruhig mit meinen Eltern. Auch kritische Hinweise von meinen Eltern nehme ich ruhig auf und denke darüber nach und gebe mir Mühe, mich zu ändern. Dabei erwarte ich klare Ratschläge, um unnötige Diskussionen zu vermeiden.
- Für die Freizeitgestaltung werden in der Familie gemeinsame Absprachen getroffen. Dabei bin ich ein gleichberechtigter Partner.
- Meinen Standpunkt vertrete ich in einem angemessenen Ton; ich erwarte von meinen Eltern, dass auch ich in höflicher Form Kritik üben darf, wenn mir etwas nicht gefällt.

Datum_____

_____   _____
Jugendlicher   Eltern

10. Was ist durch die Behandlung besser geworden?

Helga Simchen

Die vielen Gesichter des ADS

Begleit- und Folgeerkrankungen richtig erkennen und behandeln

4., überarb. und erw. Auflage 2015
255 Seiten mit 31 Abb., 1 Tab. und
2 Grafiken. Kart.
€ 26,99
ISBN 978-3-17-026954-5

Das Aufmerksamkeitsdefizitsyndrom (ADS) bedeutet weit mehr als nur eine Beeinträchtigung von Konzentration und Verhalten. Seine Ursachen sind eine genetisch bedingte Stirnhirnunterfunktion mit Reizüberflutung und Botenstoffmangel, was eine besondere Art der Vernetzung von Nervenzellen im Gehirn zur Folge hat. Diese Besonderheit verleiht den Betroffenen nicht nur Nachteile, sondern auch besondere Fähigkeiten, über die sie leider bei ausgeprägter ADS-Problematik nicht immer verfügen können. Eine rechtzeitige und ursachenorientierte Behandlung mit individueller und problemorientierter lern- und verhaltenstherapeutischer Begleitung sowie dem Praktizieren eines Selbstmanagements kann verhindern, dass Selbstwertgefühl und Sozialverhalten in eine Negativspirale geraten. Das erzeugt Dauerstress, der Ursache für viele psychische und psychosomatische Erkrankungen ist.
Das vorliegende Buch informiert über diesen Zusammenhang und zeigt den Jugendlichen und Erwachsenen, was sie tun können, damit sie nicht unter ihrer ADS-Problematik leiden, sondern dessen Vorteile nutzen können.

Leseproben und weitere Informationen unter www.kohlhammer.de

W. Kohlhammer GmbH · 70549 Stuttgart
vertrieb@kohlhammer.de

Kohlhammer

Helga Simchen

AD(H)S – Hilfe zur Selbsthilfe

Lern- und Verhaltensstrategien
für Schule, Studium und Beruf

2015. 243 Seiten mit 33 Abb. Kart.
€ 26,99
ISBN 978-3-17-023351-5

Dieses praxisorientierte Werk weist auf die große Bedeutung des Selbstmanagements als Bestandteil jeder AD(H)S-Behandlung hin. Betroffene können viel tun, um ihr AD(H)S nicht als Krankheit zu erdulden, sondern ihre besonderen Fähigkeiten zu fördern. Das Buch vermittelt nützliche und in der Praxis erfolgreich erprobte Strategien, wie betroffene Jugendliche und Erwachsene sich selbst und Eltern ihren Kindern gezielt helfen können, Leistungsvermögen und Sozialverhalten zu verbessern. Warum, wie und was kann und sollte getan werden, um auch mit AD(H)S erfolgreich zu sein? Das Wissen zur Beantwortung dieser Fragen macht Betroffene unabhängig von den noch viel zu wenig vorhandenen AD(H)S-Verhaltenstherapeuten. Die beschriebenen therapeutischen Strategien können sofort angewandt werden, damit wertvolle Zeit nicht ungenutzt verstreicht. Auch für den Coach vermittelt das Buch viele Informationen für seine erfolgreiche Tätigkeit.

Leseproben und weitere Informationen unter www.kohlhammer.de

W. Kohlhammer GmbH · 70549 Stuttgart
vertrieb@kohlhammer.de